中国职业教育改革与发展报告

——2021年度文件资料汇编

Zhongguo Zhiye Jiaoyu Gaige yu Fazhan Baogao

——2021 Niandu Wenjian Ziliao Huibian

全国职业高等院校校长联席会议　编

中国教育出版传媒集团

高等教育出版社·北京

图书在版编目（ＣＩＰ）数据

中国职业教育改革与发展报告:2021年度文件资料汇编／全国职业高等院校校长联席会议编. --北京：高等教育出版社,2023.1
　ISBN 978-7-04-059949-7

　Ⅰ.①中… 　Ⅱ.①全… 　Ⅲ.①职业教育-发展-研究报告-中国-2021 　Ⅳ.①G719.2

中国国家版本馆 CIP 数据核字（2023）第 018522 号

策划编辑	叶　波	责任编辑　桑　丽	封面设计　杨立新	版式设计　马　云
责任绘图	马天驰	责任校对　窦丽娜	责任印制　朱　琦	

出版发行	高等教育出版社	网　　址	http://www.hep.edu.cn
社　址	北京市西城区德外大街4号		http://www.hep.com.cn
邮政编码	100120	网上订购	http://www.hepmall.com.cn
印　刷	唐山市润丰印务有限公司		http://www.hepmall.com
开　本	787mm×1092mm　1/16		http://www.hepmall.cn
印　张	14.75		
字　数	310 千字	版　次	2023 年 1 月第 1 版
购书热线	010-58581118	印　次	2023 年 7 月第 2 次印刷
咨询电话	400-810-0598	定　价	88.00 元

本书如有缺页、倒页、脱页等质量问题,请到所购图书销售部门联系调换

版权所有　侵权必究
物料号　59949-00

编委会

策划：董　刚　　张慧波　　贾瑞武
主编：任君庆
编委：魏荷琳　　闫亚歌　　潘余洁
　　　许　俊　张　振　李晓秋

前　言

2021 年是"十四五"开局之年,也是全面建设社会主义现代化国家新征程的起步之年。4 月,我国首次以党中央、国务院名义召开全国职业教育大会。会议前夕,习近平总书记对职业教育工作作出重要指示强调,在全面建设社会主义现代化国家新征程中,职业教育前途广阔、大有可为。2021 年,职业教育政策供给力度进一步加大,职业教育类型定位更加巩固,现代职业教育体系不断健全,职业教育进入了提质培优、增值赋能的高质量发展新阶段。

为总结凝练职业教育改革发展的成功经验,全国职业高等院校校长联席会议综合梳理了 2021 年与职业教育相关的领导重要讲话、国家政策、研究成果等,编辑成书。本书分为"领导讲话""政策文件""研究探索"和"信息参考"四编。

本书在编纂过程中,得到教育部职业教育与成人教育司院校发展处的大力支持和指导,高等教育出版社对本书的出版给予了支持,宁波职业技术学院对本书的编辑工作给予了帮助,在此一并表示感谢。

本书是对 2021 年职业教育改革与发展的梳理和归纳,对职业教育战线的领导、教师和研究人员具有重要的参考作用。由于受视角和数据的局限,不妥与疏漏之处敬请读者批评指正。

全国职业高等院校校长联席会议

2022 年 5 月

目　录

第三编 研究探索

第四编　信息参考

第 一 编

领导讲话

1. 习近平：对职业教育工作作出重要指示

　　新华社北京 2021 年 4 月 13 日电　中共中央总书记、国家主席、中央军委主席习近平近日对职业教育工作作出重要指示强调，在全面建设社会主义现代化国家新征程中，职业教育前途广阔、大有可为。要坚持党的领导，坚持正确办学方向，坚持立德树人，优化职业教育类型定位，深化产教融合、校企合作，深入推进育人方式、办学模式、管理体制、保障机制改革，稳步发展职业本科教育，建设一批高水平职业院校和专业，推动职普融通，增强职业教育适应性，加快构建现代职业教育体系，培养更多高素质技术技能人才、能工巧匠、大国工匠。各级党委和政府要加大制度创新、政策供给、投入力度，弘扬工匠精神，提高技术技能人才社会地位，为全面建设社会主义现代化国家、实现中华民族伟大复兴的中国梦提供有力人才和技能支撑。

（来源：新华网）

2. 习近平:在福建考察闽江学院

2021 年 3 月 25 日上午,习近平来到闽江学院考察调研。闽江学院前身是福州师范高等专科学校和闽江职业大学。在福州工作期间,习近平曾兼任闽江职业大学校长 6 年时间,提出的"不求最大、但求最优、但求适应社会需要"的办学理念影响深远。2018 年 10 月,习近平曾就闽江学院成立 60 周年致贺信。在闽江学院校史和应用型办学成果展示厅,习近平肯定学院在坚持应用型办学、深化产教融合等方面取得的成绩。习近平指出,要把立德树人作为根本任务,坚持应用技术型办学方向,适应社会需要设置专业、打好基础,培养德智体美劳全面发展的社会主义建设者和接班人。

校园广场上师生们高喊"总书记好""习校长好",习近平向大家挥手致意。习近平强调,实现第二个百年奋斗目标,实现中华民族伟大复兴,青年一代责任在肩。希望同学们树立远大理想、热爱伟大祖国、担当时代责任、勇于砥砺奋斗、练就过硬本领、锤炼品德修为,努力成为对社会有用的人、道德高尚的人,积极投身全面建设社会主义现代化国家的伟大事业。

(来源:新华社)

3. 习近平回信勉励全国高校黄大年式教师团队代表

在第三十七个教师节来临之际,中共中央总书记、国家主席、中央军委主席习近平9月8日给全国高校黄大年式教师团队代表回信,对他们寄予殷切期望,并向全国广大教师致以节日的祝贺和诚挚的祝福。

习近平在回信中表示,你们以黄大年同志为榜样,立足本职岗位,凝聚团队力量,在教书育人、科研创新等方面取得了可喜成绩,我感到很高兴。

习近平强调,好老师要做到学为人师、行为世范。希望你们继续学习弘扬黄大年同志等优秀教师的高尚精神,同全国高校广大教师一道,立德修身,潜心治学,开拓创新,真正把为学、为事、为人统一起来,当好学生成长的引路人,为培养德智体美劳全面发展的社会主义建设者和接班人、全面建设社会主义现代化国家不断作出新贡献。

2017年,习近平总书记对吉林大学地球探测科学与技术学院教授黄大年的先进事迹作出重要指示。为贯彻落实习近平总书记重要指示精神,教育部2017年启动全国高校黄大年式教师团队创建活动,首批认定的201个教师团队来自全国200所高校,覆盖各学科门类和东中西各省份。近日,首批教师团队的代表给习近平总书记写信,汇报教学、科研等工作情况,表达了坚守教育报国理想、为民族复兴贡献力量的决心。

(来源:新华网)

4. 习近平：在中央人才工作会议上的讲话（摘要）

中央人才工作会议于 2021 年 9 月 27 日至 28 日在北京召开。中共中央总书记、国家主席、中央军委主席习近平出席会议并发表重要讲话，强调要坚持党管人才，坚持面向世界科技前沿、面向经济主战场、面向国家重大需求、面向人民生命健康，深入实施新时代人才强国战略，全方位培养、引进、用好人才，加快建设世界重要人才中心和创新高地，为 2035 年基本实现社会主义现代化提供人才支撑，为 2050 年全面建成社会主义现代化强国打好人才基础。

习近平在讲话中指出，在百年奋斗历程中，我们党始终重视培养人才、团结人才、引领人才、成就人才，团结和支持各方面人才为党和人民事业建功立业。党的十八大以来，党中央作出人才是实现民族振兴、赢得国际竞争主动的战略资源的重大判断，作出全方位培养、引进、使用人才的重大部署，推动新时代人才工作取得历史性成就、发生历史性变革。党对人才工作的领导全面加强，人才队伍快速壮大，人才效能持续增强，人才比较优势稳步增强，我国已经拥有一支规模宏大、素质优良、结构不断优化、作用日益突出的人才队伍，我国人才工作站在一个新的历史起点上。

习近平强调，当前，我国进入了全面建设社会主义现代化国家、向第二个百年奋斗目标进军的新征程，我们比历史上任何时期都更加接近实现中华民族伟大复兴的宏伟目标，也比历史上任何时期都更加渴求人才。实现我们的奋斗目标，高水平科技自立自强是关键。综合国力竞争说到底是人才竞争。人才是衡量一个国家综合国力的重要指标。国家发展靠人才，民族振兴靠人才。我们必须增强忧患意识，更加重视人才自主培养，加快建立人才资源竞争优势。

习近平指出，党的十八大以来，党中央深刻回答了为什么建设人才强国、什么是人才强国、怎样建设人才强国的重大理论和实践问题，提出了一系列新理念新战略新举措。一是坚持党对人才工作的全面领导，二是坚持人才引领发展的战略地位，三是坚持面向世界科技前沿、面向经济主战场、面向国家重大需求、面向人民生命健康，四是坚持全方位培养用好人才，五是坚持深化人才发展体制机制改革，六是坚持聚天下英才而用之，七是坚持营造识才爱才敬才用才的环境，八是坚持弘扬科学家精神。以上八条，是我们对我国人才事业发展规律性认识的深化，要始终坚持并不断丰富发展。

习近平强调，加快建设世界重要人才中心和创新高地，必须把握战略主动，做好顶层设计和战略谋划。我们的目标是：到 2025 年，全社会研发经费投入大幅增长，科技创新主力军队伍建设取得重要进展，顶尖科学家集聚水平明显提高，人才自主培养能力不断增强，在关键核心技术领域拥有一大批战略科技人才、一流科技领军人才和创新团队；到 2030 年，适应高质量发展的人才制度体系基本形成，创新人才自主培养能力显著提升，对世界优秀人才的吸引力明显增强,在主要科技领域有一批领跑者,在新兴前沿交叉领域有一批开拓者;到2035年,形成我国在诸多领域人才竞争比较优势,国家战略科技力量和高水平人才队伍位居世界前列。

习近平指出,加快建设世界重要人才中心和创新高地,需要进行战略布局。综合考虑,可以在北京、上海、粤港澳大湾区建设高水平人才高地,一些高层次人才集中的中心城市也要着力建设吸引和集聚人才的平台,开展人才发展体制机制综合改革试点,集中国家优质资源重点支持建设一批国家实验室和新型研发机构,发起国际大科学计划,为人才提供国际一流的创新平台,加快形成战略支点和雁阵格局。

习近平强调,要深化人才发展体制机制改革。要根据需要和实际向用人主体充分授权,发挥用人主体在人才培养、引进、使用中的积极作用。用人主体要发挥主观能动性,增强服务意识和保障能力,建立有效的自我约束和外部监督机制,确保下放的权限接得住、用得好。用人单位要切实履行好主体责任,用不好授权、履责不到位的要问责。要积极为人才松绑,完善人才管理制度,做到人才为本、信任人才、尊重人才、善待人才、包容人才。要赋予科学家更大技术路线决定权、更大经费支配权、更大资源调度权,同时要建立健全责任制和军令状制度,确保科研项目取得成效。要深化科研经费管理改革,优化整合人才计划,让人才静心做学问、搞研究,多出成果、出好成果。要完善人才评价体系,加快建立以创新价值、能力、贡献为导向的人才评价体系,形成并实施有利于科技人才潜心研究和创新的评价体系。

习近平指出,要大力培养使用战略科学家,坚持实践标准,在国家重大科技任务担纲领衔者中发现具有深厚科学素养、长期奋战在科研第一线,视野开阔,前瞻性判断力、跨学科理解能力、大兵团作战组织领导能力强的科学家。要坚持长远眼光,有意识地发现和培养更多具有战略科学家潜质的高层次复合型人才,形成战略科学家成长梯队。

习近平强调,要打造大批一流科技领军人才和创新团队,发挥国家实验室、国家科研机构、高水平研究型大学、科技领军企业的国家队作用,围绕国家重点领域、重点产业,组织产学研协同攻关。要优化领军人才发现机制和项目团队遴选机制,对领军人才实行人才梯队配套、科研条件配套、管理机制配套的特殊政策。要造就规模宏大的青年科技人才队伍,把培育国家战略人才力量的政策重心放在青年科技人才上,支持青年人才挑大梁、当主角。要培养大批卓越工程师,努力建设一支爱党报国、敬业奉献、具有突出技术创新能力、善于解决复杂工程问题的工程师队伍。要调动好高校和企业两个积极性,实现产学研深度融合。

习近平指出,要下大气力全方位培养、引进、用好人才。我国拥有世界上规模最大的高等教育体系,有各项事业发展的广阔舞台,完全能够源源不断培养造就大批优秀人才,完全能够培养出大师。我们要有这样的决心、这样的自信。要走好人才自主培养之路,高校特别是"双一流"大学要发挥培养基础研究人才主力军作用,全方位谋划基础学科人才培养,建设一批基础学科培养基地,培养高水平复合型人才。要制定实施基础研究人才专项,长期稳定支持一批在自然科学领域取得突出成绩且具有明显创新潜力的青年人才。要培养造就大批哲学家、社会科学家、文学艺术家等各方面人才。要加强人才国际交流。要用好用活各类人才，对待急需紧缺的特殊人才，要有特殊政策，不要求全责备，不要论资排辈，不要都用一把尺子衡量，让有真才实学的人才英雄有用武之地。要建立以信任为基础的人才使用机制，允许失败、宽容失败，鼓励科技领军人才挂帅出征。要为各类人才搭建干事创业的平台，构建充分体现知识、技术等创新要素价值的收益分配机制，让事业激励人才，让人才成就事业。

习近平强调，做好人才工作必须坚持正确政治方向，不断加强和改进知识分子工作，鼓励人才深怀爱国之心、砥砺报国之志，主动担负起时代赋予的使命责任。广大人才要继承和发扬老一辈科学家胸怀祖国、服务人民的优秀品质，心怀"国之大者"，为国分忧、为国解难、为国尽责。要优化人才表彰奖励制度，加大先进典型宣传力度，在全社会推动形成尊重人才的风尚。

习近平指出，各级党委（党组）要完善党委统一领导，组织部门牵头抓总，职能部门各司其职、密切配合，社会力量广泛参与的人才工作格局。各地区各部门要立足实际、突出重点，解决人才反映强烈的实际问题。要加大人才发展投入，提高人才投入效益。各级党委宣传部门，各级政府教育、科技、工信、安全、人社、文旅、国资、金融、外事等部门，要充分发挥职能作用，共同抓好人才工作各项任务落实。

（来源：新华社）

5. 李克强在第十三届全国人民代表大会第四次会议上作的政府工作报告（摘要）

国务院总理李克强在政府工作报告时说,过去一年,在新中国历史上极不平凡。面对突如其来的新冠肺炎疫情、世界经济深度衰退等多重严重冲击,在以习近平同志为核心的党中央坚强领导下,全国各族人民顽强拼搏,疫情防控取得重大战略成果,在全球主要经济体中唯一实现经济正增长,脱贫攻坚战取得全面胜利,决胜全面建成小康社会取得决定性成就,交出一份人民满意、世界瞩目、可以载入史册的答卷。全年发展主要目标任务较好完成,我国改革开放和社会主义现代化建设又取得新的重大进展。

就业优先政策要继续强化、聚力增效。着力稳定现有岗位,对不裁员少裁员的企业,继续给予必要的财税、金融等政策支持。延续降低失业和工伤保险费率,扩大失业保险返还等阶段性稳岗政策惠及范围,延长以工代训政策实施期限。拓宽市场化就业渠道,促进创业带动就业。推动降低就业门槛,动态优化国家职业资格目录,降低或取消部分准入类职业资格考试工作年限要求。支持和规范发展新就业形态,加快推进职业伤害保障试点。继续对灵活就业人员给予社保补贴,推动放开在就业地参加社会保险的户籍限制。做好高校毕业生、退役军人、农民工等重点群体就业工作,完善残疾人、零就业家庭成员等困难人员就业帮扶政策,促进失业人员再就业。拓宽职业技能培训资金使用范围,开展大规模、多层次职业技能培训,完成职业技能提升和高职扩招三年行动目标,建设一批高技能人才培训基地。健全就业公共服务体系,实施提升就业服务质量工程。运用就业专项补助等资金,支持各类劳动力市场、人才市场、零工市场建设,广开就业门路,为有意愿有能力的人创造更多公平就业机会。

发展更加公平更高质量的教育。构建德智体美劳全面培养的教育体系。推动义务教育优质均衡发展和城乡一体化,加快补齐农村办学条件短板,健全教师工资保障长效机制,改善乡村教师待遇。进一步提高学前教育入园率,完善普惠性学前教育保障机制,支持社会力量办园。鼓励高中阶段学校多样化发展,加强县域高中建设。增强职业教育适应性,深化产教融合、校企合作,深入实施职业技能等级证书制度。办好特殊教育、继续教育,支持和规范民办教育发展。分类建设一流大学和一流学科,加快优化学科专业结构,加强基础学科和前沿学科建设,促进新兴交叉学科发展。支持中西部高等教育发展。加大国家通用语言文字推广力度。发挥在线教育优势,完善终身学习体系。倡导全社会尊师重教。深化教育评价改革,健全学校家庭社会协同育人机制,规范校外培训。加强师德师风建设。在教育公平上迈出更大步伐,更好解决进城务工人员子女就学问题,高校招生继续加大对中西部和农村地区倾斜力度,努力让广大学生健康快乐成长,让每个孩子都有人生出彩的机会。

（来源：新华社）

6. 李克强对职业教育工作作出批示

新华社北京 2021 年 4 月 13 日电　中共中央政治局常委、国务院总理李克强作出批示指出,职业教育是培养技术技能人才、促进就业创业创新、推动中国制造和服务上水平的重要基础。近些年来,各地区各相关部门认真贯彻党中央、国务院决策部署,推动职业教育发展取得显著成绩。要坚持以习近平新时代中国特色社会主义思想为指导,着眼服务国家现代化建设、推动高质量发展,着力推进改革创新,借鉴先进经验,努力建设高水平、高层次的技术技能人才培养体系。要瞄准技术变革和产业优化升级的方向,推进产教融合、校企合作,吸引更多青年接受职业技能教育,促进教育链、人才链与产业链、创新链有效衔接。加强职业学校师资队伍和办学条件建设,优化完善教材和教学方式,探索中国特色学徒制,注重学生工匠精神和精益求精习惯的养成,努力培养数以亿计的高素质技术技能人才,为全面建设社会主义现代化国家提供坚实的支撑。

(来源:新华网)

7. 孙春兰：推动全国职业教育大会精神落地落实 加快构建现代职业教育体系

2021年4月22日至23日，中共中央政治局委员、国务院副总理孙春兰在安徽调研时强调，要深入贯彻习近平总书记关于职业教育的重要指示，全面落实全国职业教育大会精神，坚持立德树人、德技并修，优化职业教育类型定位，把握教育质量生命线，突出教师素质、教材改革、教法创新重点，聚焦人才培养、办学体制、考核评价、保障机制，打造纵向贯通、横向融通的现代职业教育体系，为促进经济社会发展和提高国家竞争力提供有力人才和技能支撑。

孙春兰强调，全国职业教育大会对职业教育改革发展具有里程碑意义，各地各部门要扎实抓好党中央、国务院决策部署的贯彻落实，把职业教育摆在与普通教育同等重要的位置，落实新增教育经费向职业教育倾斜的要求，扩大学校在专业设置、教师评聘、教学改革等方面自主权，完善社会评价机制，增强职业教育吸引力。要坚持内涵发展，实施中职办学条件达标工程，推动高职提质培优，稳步发展职业本科教育，以"职教高考"拓宽技能人才成长通道，以"岗课赛证"引领"三教"改革，建设一批高水平职业学校，实现产业、专业、就业一体。要健全多元办学格局，细化产教融合、校企合作激励政策，鼓励行业企业举办职业教育，只要符合职业院校办学标准，都要一视同仁、予以支持。要加强"双师型"教师队伍建设，打破学历和文凭限制，通过编制"周转池"等方式，健全"固定岗+流动岗"管理制度，吸引更多有实践经验的技术技能人才担任教师。

调研期间，孙春兰实地考察了六安技师学院、六安职业技术学院、合肥学院、合肥职业技术学院和合肥京东方、大陆马牌轮胎等企业，了解专业设置、教学改革、实训实习、校企合作等情况。在合肥师范附属第三小学，她调研学校"三点半"课后服务情况，要求深入贯彻德智体美劳全面发展的教育方针，扎实推进减轻义务教育阶段学生作业负担和校外培训负担工作，提升课堂教学质量，创新课后服务机制，提供更多丰富多彩的素质教育，让孩子们快乐成长、全面发展，不断增强人民群众教育获得感。

（来源：《光明日报》2021 年 4 月 24 日 02 版）

8. 孙春兰:推动创新创业教育深入发展 培养大批敢闯会创的高素质人才

2021年10月15日至16日,中共中央政治局委员、国务院副总理孙春兰在江西调研并出席第七届中国国际"互联网+"大学生创新创业大赛有关活动。她强调,要深入贯彻习近平总书记在中央人才工作会议上的重要讲话精神,落实党中央、国务院关于教育改革的一系列部署,加强人才自主培养,优化人才培养模式,把创新创业教育融入人才培养全过程,提升大学生创新创业能力,为推动高质量发展提供人才支撑。

这次大赛共有来自121个国家和地区、4 347所院校的228万个项目、956万人参赛。孙春兰观看了冠军争夺赛,参观了成果展,勉励青年学生不负时代、勇担使命,用青春铺路、让理想延伸。她指出,我国拥有世界上规模最大的高等教育体系,有各项事业发展的广阔舞台。高校要切实担负起人才培养的重任,潜心治学、因材施教,把课堂教学、加强实践、指导帮扶结合起来,通过多学科融合培养更多的拔尖创新人才和团队。要建好创新创业服务平台,开展双创实训、指导服务、孵化转化、资源对接一体化服务,推进产学研深度融合。各地各部门要认真落实《关于进一步支持大学生创新创业的指导意见》,加强财税扶持和金融政策支持,有针对性地解决创新创业中遇到的困难和问题,帮助优秀项目落地发展。

调研期间,孙春兰来到南昌市红谷滩区VR科创城,考察了国家职业教育虚拟仿真示范实训基地。她指出,实习实训是培养技术技能人才的关键环节,要通过虚实结合、理实一体等方式,帮助学生加深对专业理论的学习理解,再通过实际工作环境的训练掌握相关技术技能。要坚持类型定位,深化"三教"改革,产教融合、校企合作要始终围绕人才培养来开展,牢牢守住职业教育质量的生命线。要畅通职业发展通道,完善评价体系,落实职业院校与普通高校毕业生享受同等待遇的政策规定,增强职业教育认可度和吸引力。

孙春兰到南昌大学考察了新工科教育实践基地建设,希望学校扎根赣鄱大地办好大学,突出专业特色和办学质量,紧紧围绕地方经济社会发展,创新应用型人才培养模式,更好服务区域和国家发展。

(来源:新华网)

9. 乘势而上 狠抓落实 加快建设高质量教育体系

——在 2021 年全国教育工作会议上的讲话

原教育部党组书记、部长　陈宝生

（2021 年 1 月 7 日）

同志们：

今天，我们召开全国教育工作会议，学习贯彻党的十九大和十九届二中、三中、四中、五中全会精神，盘点总结过去一年的工作，就 2021 年教育工作进行部署。下面，我代表教育部党组作工作报告，讲三方面意见。

一、全面总结回顾 2020 年的工作

刚刚过去的 2020 年，是极不平凡的一年。这一年，世纪疫情和百年变局交织，形势错综复杂，给教育系统带来了一场大考、连环考。这一年，我们坚持以习近平新时代中国特色社会主义思想为指导，在党中央、国务院坚强领导下，迎难而上、砥砺奋进，付出艰苦努力，扛过了大疫大考，经受了大风大浪，交出了优异答卷。这一年，我们统筹疫情防控和教育改革发展，决战决胜教育脱贫攻坚，推进教育"十三五"规划圆满收官，一步一个脚印，一步一个台阶，走过波澜壮阔的奋斗历程，取得了让世界瞩目的辉煌成就，推动中国教育站在了新的历史起点上。

一是疫情防控取得重大战果。疫情是一年来我们最深刻的集体记忆。面对突如其来的新冠肺炎疫情，我们坚决贯彻党中央决策部署，迅速反应，果断行动，把守护师生生命安全和身体健康放在第一位，组织 50 多万所学校、2 亿多名在校生、2 200 多万名教职工打响疫情防控总体战、阻击战。教育系统 1.4 万名医护人员白衣为甲、逆行出征，驰援湖北抗疫一线，有关高校迅速组织科研力量奋力攻关。成功开展世界最大规模的线上教学，实现"停课不停教、停课不停学"，史无前例、世无前例。及时调整高考时间，以最高标准、最严举措确保考试安全，打了一场漂亮仗。千方百计做好高校毕业生就业工作，开展"百日冲刺"行动，推出超常规措施。特殊时期，特殊措施，特殊战果，非常不易。及时调整疫情防控常态化措施，秋季学期全面开学、正常开学、安全开学，教育教学秩序全面恢复，孩子们又回到充满生机的校园。坚持外防输入，落实"双稳"方针，维护海外留学人员健康安全。一年来，教育系统经受住了疫情冲击，稳住了阵地，历练了队伍，治理能力大幅提升。广大教师以最快速度适应线上教学的节奏，带领学生进行长达几个月的"云端"学习，用行动诠释了师者的担当，这是创造了历史的壮举！"90 后""00 后"在抗疫中的表现非常亮眼，他们不怕苦、不畏难、不惧牺牲，以实际行动证明了当代青年是充满希望、可堪大任的一代！伟大抗疫精神成为最厚重、

最鲜活的思政大课,广大师生接受了深刻思想洗礼,爱国热情空前高涨,"四个自信"更加坚定。

二是教育脱贫攻坚取得重大胜利。教育系统尽锐出战,部党组成员对口联系52个未摘帽县,向深度贫困堡垒发起总攻。强力推进控辍保学工作,全国义务教育阶段辍学学生由台账建立之初的60多万人降至682人,其中20多万建档立卡辍学学生实现动态清零,建立了控辍保学长效机制,长期存在的辍学问题得到历史性解决,创造了世界教育史上的奇迹。积极推进发展教育脱贫一批,数千万贫困家庭学生通过知识改变了命运、通过教育迎来了美好生活,探索了阻断贫困代际传递的有效途径。经过几年的持续奋斗,我们出色完成了教育脱贫攻坚各项目标任务,没有辜负党中央的重托,没有辜负老百姓的期望,没有辜负广大师生的辛苦,在新中国教育史上写下了浓墨重彩的一笔。

三是全面落实立德树人根本任务取得重大进展。坚持社会主义办学方向,全面贯彻党的教育方针,立德树人的蓝图更加清晰,制度更加完备,成效更加明显。坚持用习近平新时代中国特色社会主义思想铸魂育人,融入大中小学课程教材,分阶段组织编写学生读本,出版使用《习近平总书记教育重要论述讲义》,深化学校思政课改革创新,广大师生政治认同、思想认同、情感认同进一步增强。坚持和加强党对教育工作的全面领导,出台《关于加强高校党的政治建设的若干措施》,全面推进建党"百年行动",牢牢掌握意识形态工作领导权,党旗始终高高飘扬在育人一线,教育系统连续多年保持总体稳定。将爱国主义教育作为全年思想政治工作主题,开展"网上重走长征路""我和我的学校""90后·到""我们都是收信人@大接龙"、中职学校"文明风采"等活动。出台加强新时代劳动教育、体育、美育意见,促进学生全面发展、更加朝气蓬勃、更为向善向美。召开新时代第一次全国语言文字会议,出台关于全面加强新时代语言文字工作的指导性文件,推进语言文字工作治理体系和治理能力现代化。

四是教育改革开放实现重大突破。中央出台新中国第一个关于教育评价系统性改革的纲领性文件,为解决"五唯"顽瘴痼疾开出药方,社会各界高度关注、充分肯定。规范高校SCI论文、人才称号使用,印发深化高校教师职称制度改革文件,破除"唯论文""唯帽子"不良导向。北京等4个高考综合改革试点省份首次新高考平稳落地。努力建设技能型社会,强化职业教育类型定位,加快构建中国特色现代职业教育体系,在山东、甘肃、江西以及苏锡常等省市启动职业教育创新发展高地建设。抢抓疫情催生的新机遇,加快医学教育创新发展,实施高层次应用型公共卫生人才培养创新项目,深化医教协同。中央高校所属企业体制改革试点基本完成,为全面推开改革打下坚实基础。强化民办教育规范管理,四分之一的独立学院完成转设,义务教育阶段学校实现"公民同招"。发布新时代教育督导体制改革意见,探索和丰富各类督导监测评价手段,不断强化督导"长牙齿"效应。新中国首次全国研究生教育会议顺利召开,印发加快新时代研究生教育改革发展系列文件,卓越研究生教育建设全面启动。印发激发中小学办学活力的意见,首次出台加强高等学校法治工作意见,首次就教育惩戒问题制定发布规章。一体化在线政务服务平台全面应用,师生群众"不用跑"就获得更多便捷服务。面对严峻复杂形势,保持战略定力,坚持以开放的主动性对冲外部环境的不确定性,出台加快和扩大新时代教育对外开放文件,打造开放高地,扩大国际空间。主动开展国际抗疫合作,宣介我国教育系统抗疫经验和我国优质线上资源,召开2020年国际人工智能与教育会议、首届世界慕课大会,"云"上开展教育国际合作,推进全球教育治理,开创了对外开放新局面。

五是教育事业发展水平得到重大提升。啃下城镇小区配套幼儿园治理这块硬骨头,增加普惠性学位超过400万个。全国96.8%的县级单位实现义务教育基本均衡,义务教育大班额基本消除。残疾儿童少年义务教育入学率达95%以上。高职扩招任务连续两年完成。高等教育毛入学率超过50%,进入世界公认的普及化阶段。推广使用国家通用语言文字特别是推普脱贫工作取得重大进展,全国普通话普及率80.72%。"强基计划"开局良好,本科"双万计划"、高校科研"珠峰计划"等顺利开展,"四个回归"理念得到普遍认同。首轮"双一流"建设成果令人鼓舞、令人振奋。以"四点一线一面"为引领的教育布局结构不断优化,点线面结合、东中西呼应的新时代教育发展空间布局基本形成。在财政收支矛盾加大形势下依然保障教育优先投入,国家财政性教育经费占国内生产总值比例连续八年保持4%以上,实现义务教育教师平均工资收入水平不低于当地公务员的目标。

事非经过不知难。非凡之年取得非凡成就,十分不易、成之维艰。这是党中央、国务院高度重视、坚强领导的结果,是教育系统广大教职员工众志成城、攻坚克难的结果,是各级党委政府和全社会关心支持的结果。在此,我代表教育部党组,向关心支持教育事业的各级党委政府、有关部门和社会各界表示诚挚感谢!向长期以来奋斗在教育一线、为教育事业作出贡献的同志们表示衷心感谢!

"十三五"期间,我国教育事业取得新的显著成就,教育公平和质量较大提升,人民群众教育获得感明显增强,中国教育国际影响力明显提升。各级教育普及程度都达到或超过中高收入国家平均水平,新增劳动力接受过高等教育的比例超过一半,平均受教育年限达到13.8年,相当于大学一年级水平,全民终身学习的现代教育体系初步建成。习近平总书记对党的十八届三中全会以来的教育改革成效给予充分肯定,指出中国特色社会主义教育制度体系的主体框架基本确立,一些长期制约教育事业发展的体制机制障碍得到破解,一大批基层改革创新的经验做法不断涌现,教育面貌正在发生格局性变化。

平凡铸就伟大,英雄来自人民。每个人都了不起!在教育事业伟大成就的背后,无数倾情投入、担当作为的个人和集体让我们感动和自豪,无数攻坚克难、奋发进取的故事让我们铭记于心。不断奋进的工作作风,是中国教育的宝贵精神财富,激励着我们继续扬帆破浪、爬坡过坎、逐梦前行。

2016年7月以来,根据形势任务的发展变化,部党组对教育工作进行系统安排,提出发展抓公平、改革抓体制、安全抓责任、整体抓质量、保证抓党建"五个抓",部署实施"奋进之笔"、建设"奋进之部"、培育"奋进文化",形成"奋进三部曲"。特别强调践行"一线规则"并作出基本制度安排,把干部压到一线去,让干部在一线中熟悉情况,在一线中找到解题的"钥匙",在一线中磨砺成长。主旋律不要轻易变,焦点不要轻易调,近五年的教育改革发展实践充分证明,以上战略策划和工作部署是完全正确的,要长期坚持。

二、准确把握教育改革发展面临的新形势新任务

党的十九届五中全会是在"两个一百年"奋斗目标的历史交汇点、交汇期召开的一次会议,具有重要的历史意义。全会通过的《中共中央关于制定国民经济和社会发展第十四个五年规划和二〇三五年远景目标的建议》(以下简称《建议》),全篇贯穿习近平新时代中国特色社会主义思想,是一篇光辉的马克思主义文献,是指导"十四五"发展的纲领性文献和行动指南。

中央经济工作会议提出了"五个根本"的规律性认识:党中央权威是危难时刻全党全国各族人民迎难而上的根本依靠,人民至上是作出正确抉择的根本前提,制度优势是形成共克时艰磅礴力量的根本保障,科学决策和创造性应对是化危为机的根本方法,科技自立自强是促进发展大局的根本支撑。"五个根本"体现了党中央对在严峻挑战下做好工作规律性认识的不断升华,是在危机中育先机、于变局中开新局的科学指引。

"十四五"时期,我国教育进入高质量发展阶段。教育改革发展的外部环境和宏观政策环境已发生深刻变化,面临着新形势、新阶段、新理念、新格局、新目标、新要求,这给教育提出了五个方面的需求:新时代坚持和发展中国特色社会主义,全面贯彻党的教育方针,落实立德树人根本任务,这是对教育的政治需求。面对 14 亿人口,举办世界最大规模的教育,这是对教育量的需求。推进现代化、构建双循环格局、推动高质量发展,这是对教育质的需求。实现中华民族伟大复兴,推动中华文化传承与创新,这是对教育的文化需求。从发展中大国走近世界舞台中央、打造核心竞争力,这是对教育的结构需求。

面对新形势,应对新需求,关键是把握好"六个局":一是全局,全局是目标。全面建设社会主义现代化国家、实现中华民族伟大复兴的中国梦,是我们国家未来的发展目标。对教育来说,总的目标就是到 2035 年建成教育强国、实现教育现代化。二是变局,变局是环境。"变"在特定阶段的相对稳定状态,叠加起来就形成了变局。世界百年未有之大变局进入加速演变期,这是当前教育发展所处的最大环境。大变局不是偶然的,是党和国家事业发展必然的历史阶段,尤其是经过去年一年,我们要更加辩证、更加积极、更加全面地理解大变局。全局是目标,变局是环境。三是格局,格局是战略。新发展格局事关教育系统性、深层次变革,我们要从全局和战略的高度准确把握加快构建新发展格局的战略构想。四是开局,开局是起点。要起好步、开好局,把谋篇布局的工作做好,编制好教育"十四五"规划,谋划好今年的工作。五是布局,布局是配置,也就是教育资源如何配置。这次全会在 2035 年远景目标中强调"人的全面发展",并首次提出"全体人民共同富裕取得更为明显的实质性进展",在

部署"十四五"任务时强调"扎实推动共同富裕"。人的全面发展和共同富裕在教育领域的体现是有质量的公平。今后教育发展要更加突出有质量的公平。六是破局,破局是动力。"十四五"时期改革又到了新的关头,如何突破、从哪突破,关系到我们改革的成效,要紧盯解决突出问题,推动改革和发展深度融合、高效联动,让改革主动适应发展的需要、基层的需要、群众的需要。

落实好五中全会精神,方法上要聚焦"五找"。在认识上找差距。习近平总书记在全会的重要讲话有许多新的提法,《建议》提出了一些重要观点和论述,要有针对性地找差距,看一看我们在认识上跟上了没有。在工作上找短板。全系统一盘棋,按领域查找工作上特别是改革上的短板,看一看有哪些不适应的地方。在措施上找弱项。找出短板之后,紧跟着就要看一看在政策措施方面哪些需要完善、哪些需要调整、哪些落实得还不到位、哪些还流于形式。在落实上找问题。部党组始终把狠抓落实作为全部工作的主基调,任何一项工作都强调落实、强调实效。狠抓落实与作风建设是紧密联系在一起的,要看一看在落实上还存在哪些问题。在安全上找盲点。安全是发展的前提,所有的战略、所有的规划都必须牢牢守住安全发展这条底线。教育安全涉及政治安全、政权安全、意识形态安全,要经常主动去"排雷",看一看教育领域在安全方面还有什么盲点,已经发现的风险因素解决得怎么样,牢牢守住安全底线。

2021年是我国现代化建设进程中具有特殊重要性的一年,中国共产党迎来建党100周年,"十四五"开局,全面建设社会主义现代化国家新征程开启。做好2021年教育工作,要把握住三个关键性概念。一是交汇期。处在"两个一百年"的历史交汇点,既要立足当前,巩固已有成果,确保各项工作经得起历史检验,又要着眼长远,整体深化提升,为建成教育强国奠定坚实基础。二是转折期。进入整体抓质量的新阶段,是教育工作重心的又一次历史性战略转移,高质量成为教育工作主要目标要求和衡量标准,这必然要求超越以前的发展理念和发展模式,必然要求支撑发展的条件和基础要有进一步的改进和提升,第一年的定方向、定框架工作做好了,就能顺利完成转段,全新的工作局面就能顺势打开。三是机遇期。国内外环境的深刻复杂变化既给教育工作带来一系列新机遇,也带来一系列新挑战,我们要努力危中寻机、转危为机,以准确识变、科学应变、主动求变来应对不确定性,把握和用好重大战略机遇期办好我们自己的事。

今年教育工作总体思路是:以习近平新时代中国特色社会主义思想为指导,贯彻落实党的十九大和十九届二中、三中、四中、五中全会精神,贯彻落实习近平总书记关于教育的重要论述和全国教育大会精神,按照"五位一体"总体布局和"四个全面"战略布局,增强"四个意识"、坚定"四个自信"、做到"两个维护",坚持稳中求进工作总基调,立足新发展阶段,贯彻新发展理念,构建新发展格局,以推动高质量发展为主题,以改革创新为根本动力,坚持系统观念,更好统筹发展与安全,坚持和加强党对教育工作的全面领导,全面贯彻党的教育方针,落实立德树人根本任务,坚持发展抓公平、改革抓体制、安全抓责任、整体抓质量、保证抓党建,全面推进依法治教,巩固拓展疫情防控和教育改革发展成果,为建设高质量教育体系立柱架梁,推进教育治理体系和治理能力现代化,为建设教育强国开好局、起好步,以优异成绩庆祝建党 100 周年。

这里,我强调几方面重点工作。

(一)深入实施"百年行动",提升教育系统党的建设质量

党的全面领导是办好教育的根本保证。要以迎接、庆祝建党百年为契机,完善坚持和加强党对教育工作全面领导的体制机制,形成落实党的领导纵到底、横到边、全覆盖的工作格局。

强化党的创新理论武装。把学习贯彻习近平新时代中国特色社会主义思想作为首要任务,做到学深悟透、融会贯通、真信笃行。深入实施迎接建党 100 周年"百年行动",扎实开展"四史"学习教育,推动干部师生深刻把握党的百年奋斗史中蕴含的历史逻辑、理论逻辑和实践逻辑,筑牢听党话、跟党走的思想根基。发挥教育系统优势,深化习近平新时代中国特色社会主义思想原创性、学理化、学科化研究阐释。大力弘扬理论联系实际的马克思主义学风,完善理论学习深化机制,做到联系实际、问题导向、推动工作。组织引导离退休党员深化党的创新理论学习,在讲好"四史"中发挥独特作用。

健全党的基层组织体系。把党的政治建设摆在首位,强化教育系统党的基层组织的政治功能和组织力。深化创建"让党中央放心、让人民群众满意的模范机关",强化政治机关意识,走好第一方阵。坚持和完善高校党委领导下的校长负责制,全面落实新修订的普通高校基层组织工作条例,实施"对标争先"各类计划,建强基层党支部。会同中央组织部出台建立中小学党组织领导的校长负责制文件,这是中小学领导体制的一次深刻变革,一定要提高政治站位,稳步有序推进。会同中央组织部开展加强民办中小学党的建设专项工作,确保党的教育方针得到全面贯彻。

坚持马克思主义在意识形态领域指导地位的根本制度。要健全责任链条,确保每一块阵地、每一个环节都有人盯、有人管,牢牢掌握工作主导权。要逐级建立责任清单,层层压实主体责任,形成责任落实的闭环,坚定不移地用马克思主义占领高校阵地。这些年,教育系统意识形态工作已经发生格局性的变化。今年的重点是采取措施,将其上升为坚持马克思主义在意识形态领域指导地位的根本制度。

坚定不移全面从严治党。部党组首先要扛好主体责任,严格执行《党委(党组)落实全面从严治党主体责任规定》,完善与驻部纪检监察组的沟通机制,不断提高履职尽责本领。加强和改进巡视巡察,突出政治监督要求,强化巡视成果运用,深化巡视巡察上下联动。持续加强作风建设,积极培育奋进文化,引导干部开拓进取、求真务实,对形式主义、官僚主义等问题的新表现,绝不手软,露头就打。严格落实中央八项规定精神,聚焦"存量清楚·增量清零·生态清明"目标,强化监督执纪问责,推进对权力运行的制约和监督,营造风清气正的良好政治生态。

（二）落实立德树人根本任务，培养德智体美劳全面发展的社会主义建设者和接班人

全面贯彻党的教育方针、促进学生全面发展，是为党育人、为国育才的根本要求，是提升人民群众教育获得感、幸福感、安全感的核心内容。要持续完善德智体美劳全面培养的育人体系，健全学校家庭社会协同育人机制。为落实落细立德树人根本任务提供更加科学的导向、更为多样的资源、更加灵活的方式。

提升思想政治工作质量。大中小学思政课一体化建设指导委员会不久前成立了，要切实发挥好作用，加强对不同学段不同类型思政课建设的指导。实施深化新时代思政课改革创新质量提升专项行动，加快壮大思政课教师队伍，深入实施"一省一策思政课"集体行动。落实《高等学校课程思政建设指导纲要》，探索思政课程和课程思政有机结合。加快构建高校思想政治工作体系，深化"三全育人"综合改革。深化爱国主义教育，弘扬伟大抗疫精神，引导师生深刻理解"国"的意义，学会"爱"的方式，进一步坚定把小我融入大我的人生选择。支持"五老"参加关心下一代工作，护航青少年健康成长。

发挥教材培根铸魂、启智增慧作用。三科统编教材意识形态属性强，是国家意志和社会主义核心价值观的集中体现，具有特殊重要的育人作用。要用好义务教育和普通高中三科统编教材，完成中等职业学校三科统编教材编写，积极稳步推进三科统编教材使用全覆盖，民族地区按照中央要求坚决落实到位，更好地完成这一场为各族学生打下"中国底色"的筑基工程。出台实施《新时代马克思主义理论研究和建设工程重点教材建设规划》，进一步提升教材育人效果。

加强语言文字工作。语言文字是文化的重要载体，是文化自信的源泉。要研制语言文字事业"十四五"规划和国家语委"十四五"科研规划，坚定不移推广普及国家通用语言文字。实施国家通用语言文字普及提升工程和推普助力乡村振兴计划，全面加强各级各类学校国家通用语言文字教育教学，注重从娃娃抓起，推进学前学会普通话。加大民族地区教师等国家通用语言文字培训力度。完善语言文字规范标准体系，发布实施《信息技术产品语言文字使用管理规定》，优化全球中文学习平台建设。继续实施"中华经典诵读工程"。实施"古文字与中华文明传承发展工程"，推进"中国语言资源保护工程"二期建设，传承发展中华优秀语言文化。

促进学生身心健康全面发展。要抓好体育、美育文件的落实。完善"健康知识+基本运动技能+专项运动技能"体育教学模式，构建五级学校体育竞赛制度。在师资队伍和场地设施建设关键问题上，要强化地方责任，在教体融合、校社协同中找办法、拓资源。要探索构建学段有机衔接、课内课外深度融合的美育体系，聚焦教会、勤练、常展，深入推进美育教学改革。鼓励各地结合实际制定实施学校美育教师配备和场地器材建设三年行动计划。要科学评价，促进体育、美育工作落到实处。要面向全体学生开展心理健康教育。对学生心理问题及时发现、疏导和干预，增强学生承受挫折、适应环境的能力。加强卫生健康教育，改进工作方法，持续做好儿童青少年近视综合防控工作。要发挥劳动教育的综合育人作用。推动各

级各类学校准确把握新时代劳动教育特点,把劳动教育清单丰富起来,把教育目标和内容衔接起来。要加强专业指导,健全劳动素养评价制度,为劳动教育的实施创造良好条件。要采取有效措施,家庭学校共同发力,教育孩子从反对餐饮浪费做起,养成厉行勤俭节约、反对铺张浪费习惯。习近平总书记去年8月作出重要批示后,教育系统率先行动,效果是好的,但这件事容易松懈下来,关键要长期持续抓下去。

大力度治理整顿校外培训机构。这是当前面临的紧迫难题,这个难题破不了,教育的良好生态难以形成。治理整顿校外培训机构,目标是减轻学生和家庭负担,把学生从校外学科类补习中解放出来,把家长从送学陪学中解放出来。这件事非办不可,必须主动作为。要全面评估前期治理工作,把因果链搞清楚,把责任链理清楚,把新的路径划清楚。尽快制定治理方案,按照系统观念设计整治路径,打出政策组合拳。治理的重点是整治唯利是图、学科类培训、错误言论、师德失范、虚假广告等行为。治理的原则是坚持源头治理、系统治理、严格治理,综合运用经济、法治、行政办法,对培训机构的办学条件、培训内容、教材教案、收费管理、营销方式、教师资质等全方位提出要求。治理的力量要注重统筹,进一步明确市场监管、民政、发展改革、财政、公安等部门的责任,共同发力,力争取得重大突破。要坚持眼睛向内抓治理,校内教育教学安排、管理服务要调整、要跟上,切实解决好学校内、课堂内教不到位的问题。要推进幼小科学衔接,深化中小学教育教学改革,加快推进普通高中新课程新教材实施。

抓好中小学生作业、睡眠、手机、读物、体质管理。这五个管理,看似小事,但都是关系学生健康成长、全面发展的大事,也是广大家长的烦心事。一是作业管理。对各学段作业明确要求,小学阶段作业不出校门,随堂作业在校园内完成,初中阶段作业不超纲,高中阶段作业不越界,让学校的责任回归学校,让家庭的责任回归家庭,共同引导孩子自主完成、自我管理作业。二是睡眠管理。要把家庭和学校的边界划出来,研究学校的发力方式,提出学校怎么配合家长的具体方式。要监测考核,总的要求是确保孩子们睡眠充足,按中国孩子成长过程中、生理发育过程中平均睡眠时间标准来考核。三是手机管理。要疏堵结合、对症下药,直面差异、分类管理,禁止将手机带入课堂,同时通过多种方式满足学生应急通话需求。要把学校作为信息管理的一片净土,还学校安静的读书氛围。四是读物管理。课外读物和教辅管理同样是个大问题。要以推荐目录为主,注重内容管理和推荐方式的管理,具体用什么东西由家长去选择,教育部门主要是把好关。五是体质管理。健康的体质是中小学生成长成才的基础。这件事不能简单地归结于体育教育,要作为学校管理内容,全面提高学生身体素质和心理素质。

(三)打好服务能力跃升攻坚战,推动教育深度融入新发展格局

人力资源是构建新发展格局的重要依托。要把教育看作新发展格局中的优先要素,自觉成为新发展格局中的内生变量,以新发展理念为指导,重新书写教育高质量发展的生产函数。

全面振兴乡村教育。要巩固拓展教育脱贫攻坚成果。落实过渡期"四个不摘"要求,保持主要帮扶政策总体稳定和工作平稳过渡。紧盯控辍保学,确保动态清零成果持续巩固。要持续推进城乡基本公共教育服务均等化。加快补齐农村教育发展短板,推进两类学校(乡村小规模学校和乡镇寄宿制学校)建设,进一步全面消除大班额。提高进城务工人员随迁子女在公办学校就读(含政府购买民办学校学位)比例。要丰富教育资源供给。鼓励高中阶段学校多样化发展,全面加强县域普通高中建设。办好高校民族预科教育,深化教育对口支援,提高民族地区教育质量和水平。

完善中国特色现代职业教育。坚持职业教育与普通教育不同类型、同等重要的战略定位,开好全国职业教育大会并落实好大会精神,进一步推进"职教20条"落实落地,增强职业教育适应性。要完善工作布局。以省省共建职业教育创新发展高地为抓手,整省推进构建职业教育发展空间格局。要提高整个社会的技能水平。扎实推进高职扩招三年行动,加快推进高职院校分类考试,培养更多高素质技术技能人才。以提质培优、增值赋能为主线,继续落实"双高计划"、提质培优十大行动,总结推广1+X证书制度试点,开展本科层次职业教育试点。要深化校企协同。完善支持措施,探索中国特色学徒制,建立省级产教融合型企业认证制度,建设校企合作命运共同体。

优化高等教育结构。要优化学科专业结构。瞄准科技前沿和关键领域,推进学科交叉融合,引导高校高起点布局支撑国家原始创新能力和可持续发展能力的基础学科专业。要优化人才培养结构。深入实施强基计划,制定《基础学科人才培养规划(2021—2035年)》,探索基础学科本硕博连读培养模式,为国家未来发展储备尖端人才。扎实推进新工科、新医科、新农科、新文科建设,加快培养理工农医类专业紧缺人才,加强创新型、应用型、技能型等各类人才培养。推进大众创业、万众创新向纵深发展,促进产学研用深度融合,办好中国国际"互联网+"大学生创新创业大赛。高校毕业生就业形势依然复杂严峻,要实施好高校毕业生就业创业促进行动和基层成长计划,落实就业工作"一把手工程",确保就业大局总体稳定。要优化教育资源配置。推进新时代中西部高等教育振兴,支持发展高水平研究型大学,深化卓越研究生教育。启动新一轮"双一流"建设,做好支持政策衔接调整。坚定不移推进独立学院转设,各省要加大力度,加快转设进度。

加快推进高校科技创新体系建设。创新在我国现代化建设全局中具有核心地位,科技自立自强是国家发展的战略支撑。要打造国家战略科技力量。坚持战略性需求导向,启动顶尖学科建设计划,落实好国家基础学科研究中心布局,推动国家重点实验室等重大创新平台实体化建设。深入实施"珠峰计划",推进前沿科学中心、集成攻关大平台建设布局,加快实现原始创新重大突破,努力破解"卡脖子"问题。要深化科技体制改革。尊重科学规律,发挥资助奖励、考核评价、完善科研人员职务发明成果权益分享机制等政策导向,提升高校科研成果质量。要明显提高基础研究领域研发投入比例,落实经常性经费。要大力弘扬科学家精神。树立良好学风和作风,引导科研人员安心研究专心研究潜心研究。要把握当前有利时机加强国际交流合作,引进更多一流人才。要给年轻人压担子,使青年人才脱颖而出,发挥才干。

加快推进教育现代化区域创新试验。立足服务国家区域发展战略,以"四点一线一面"为重点,纵深推进教育现代化区域创新试验,在教育改革创新、服务发展方面先行先试。高起点高标准规划发展河北雄安新区教育,加快谋划大型系列研究设施平台布局;建设海南教育创新岛,探索教育发展新模式,深入推进粤港澳大湾区高等教育合作发展;推进新时代东北教育发展新突破,建立健全高校服务重点产业的机制;建设长江教育创新带,着力深化产学研用深度融合,打造一批人才培养和科技创新合作体;支持中西部地区补短板、强弱项,完善"四方联动机制",进一步发挥14所部省合建高等学校集聚和辐射带动作用,推动中西部高等教育高质量发展。要面向区域经济社会发展战略需求,深化产学研用一体化发展,全面提升教育服务贡献能力水平。

加快建设终身学习体系。聚焦方式更加灵活、资源更加丰富、学习更加便捷,更好满足人民群众多样化教育需求。研究实施第四期学前教育行动计划,补齐农村地区、边远贫困地区和城市新增人口集中地区学前教育资源。加大学前教育财政投入,完善学前教育保障机制。启动实施第三期特殊教育提升计划,以适宜融合为目标,巩固提高特殊教育普及水平。改造融合各种学历继续教育形式,形成统一的"互联网+"继续教育模式。推进开放大学改革发展。推进"学分银行"建设,开展不同类型学习成果认定与转换。加强社区教育、老年教育基础能力建设,各级各类学校要积极参与社区教育和老年教育。

(四)深化教育改革创新,推动改革和发展深度融合高效联动

发展出题目,改革做文章。当前,教育改革又到了一个新的关头,我们要深刻认识深化教育改革的阶段性新特点新任务,一刻不停顿地推进改革,为高质量发展增活力添动力。

高水平编制教育"十四五"规划。要对标国家总体战略和宏伟蓝图,锚定2035教育强国、教育现代化长远目标,认真谋划、精心布局,把未来五年教育事业发展总基调、总盘子、总框架定下来。核心是构建八大体系,即:大中小幼一体化思想政治工作体系、新时代教育评价体系、教育高质量发展体系、服务全民终身学习的教育体系、优质均衡的基本公共教育服务体系、技能中国建设方案、学校家庭社会协同育人体系、高质量教育支撑体系。有了这八大体系,"十四五"期间教育事业发展的大框架就立起来了。

推动教育评价改革落实落地。出台《深化新时代教育评价改革总体方案》(以下简称《总体方案》)是"攻坚之战",抓好落实是"更硬的一仗"。要全面对标对表《总体方案》,凡是与方案精神不一致的各种做法规定,都要坚决改过来。鼓励基层探索,指导有条件的地方、学校进行试点,指导有关基层单位开展差别化创新。将贯彻落实《总体方案》情况纳入纪检监察、巡视、审计、经费监管、资金分配、教育督导等重要内容,确保改革任务落实到位。2021年,第三批高考综合改革省份首次新高考即将落地,全国实施新高考的省份达到14个。各地各高校要积极配合支持,确保这项高风险改革平稳落地。

深化"放管服"改革。这是优化政府治理、建设人民满意的服务型政府的重要抓手。要抓紧编制教育部权责清单,落实和扩大学校办学自主权。深化教育督导体制机制改革,精心开展省级人民政府履行教育职责评价,运用好标准、监测、评估、统计、信用、"双随机"等手段,让教育督导、教育监管带上更强的电,发挥更有力的作用。近期,部党组会审议通过了《普通高等学校本科教育教学审核评估实施方案(2021—2025 年)》,各地制定"十四五"规划时要统筹安排。做好新时代教育工作对教育管理效力提出了新的更高要求,改善教育管理要从五个方面发力,一是评估,不评估不能深入了解高校办学具体情况,必须保持定力把评估抓好;二是督导,不督导就不知道评估所提问题的整改效果如何;三是通报,不通报就没有威慑力,要加大通报力度,提高通报频次,扩大通报覆盖范围;四是挂钩,不挂钩就没有约束力;五是追责,不追责就会成为纸老虎、稻草人。

全方位高水平推进教育对外开放。可以预见,今年教育对外开放面临的风险和挑战依然严峻复杂,要保持定力,在全球化逆流中坚持教育对外开放的方向不动摇,以畅通国内国际教育循环为着力点,优化全球布局,拓展更大空间。要深入实施共建"一带一路"教育行动,深度促进人文交流,巩固拓展国际合作空间,同有关国家和地区构建更紧密的教育共同体。支持中西部地区、东北地区在与周边国家、"一带一路"沿线国家教育交流合作中发挥区位和人文优势,形成东西联动、内外互通的教育开放新格局。要全面推进教育开放提质增效,深化出国留学体制机制改革,建立不鼓励提倡低龄出国学习的制度政策,加大中外合作办学改革力度,加强外籍教师聘任与管理。要深入参与全球教育治理,参与相关规则标准制定和重大议题研究。推动形成与"一国两制"相适应的香港教育体系,以粤港澳大湾区建设为契机,促进港澳融入国家高质量教育体系,推进两岸教育交流合作。

(五)加强教师队伍建设,夯实高质量发展人才支撑

有高质量的教师队伍,才会有高质量的教育。去年教师节,习近平总书记寄语广大教师不忘立德树人初心,牢记为党育人、为国育才使命,积极探索新时代教育教学方法,不断提升教书育人本领。习近平总书记的重要寄语,为加强教师队伍建设指明了前进方向,提供了重要遵循。

严格落实师德师风要求。师德师风是评价教师队伍建设的第一标准。要系统检视新时代幼儿园、中小学、高校教师职业行为准则的落地情况,严把入口关、考核关、监督关、惩处关,发现一起、查处一起、通报一起、警示一片。会同最高检、公安部建立信息共享机制,实施教职员工准入查询制度,坚决杜绝、清除"害群之马",保护学生健康成长。要进一步厚植师德涵养,完善教师荣誉表彰制度体系,开展好师德传统教育、师德榜样教育,营造尊师重教氛围。加强师德师风建设,不抓好教师思想政治工作不行。要着力抓好教师特别是青年教师思政工作,坚持德法并举,强化政治意识和品质修养,打造德才兼备的高素质教师队伍。这要作为 2021 年的一项重点工作来抓,全国总动员、总行动。

大力振兴教师教育。教师教育是教育事业的工作母机,是教师队伍建设的源头活水。

要实施新时代强师计划,加大对师范院校支持力度,以评价改革引导师范院校聚焦师范主业。实施三级五类师范类专业认证,守好师范教育质量"生命线"。发挥名师名校长领航作用,继续实施中小学幼儿园教师国家级培训计划,加强中西部欠发达地区教师定向培养和精准培训。健全中高等职业教育教师培养培训体系,研制"双师型"教师认定标准,打通校企人员双向流通渠道。

深化教师管理综合改革。今年将全面推进中小学教师资格考试制度改革,深化教育类研究生和公费师范生免试认定教师资格改革,建立师范生教学能力考核制度。深化高校教师职称制度改革,研究完善中小学岗位设置管理,畅通教师发展渠道。落实新时代高校教师队伍建设改革的指导意见,完善教师评价机制。落实研究生导师指导行为准则,引导教师把更多精力投入教书育人。优化教师资源配置,推进义务教育学校校长、教师交流轮岗,深入实施"特岗计划"、银龄讲学计划等,选派更多优秀教师到农村薄弱学校任教。

全面提升教师地位待遇。这是教师职业尊严和职业幸福感的重要方面。要健全教师工资待遇保障长效机制,各地要加强省级统筹,保障教师工资及时足额发放到位。经过三年努力,去年我们总体实现了义务教育教师平均工资收入水平不低于当地公务员的目标,要密切做好监测与跟踪,巩固住成果,坚决防止反复。继续实施乡村教师生活补助政策,对长期扎根乡村的,要想办法给予持续性的奖励,不断提升乡村教师待遇,关心乡村教师生活。健全教师减负长效机制,清理与教育教学无关的活动,让教师静心专心教学。

(六)提升保障能力,为高质量发展奠定坚实基础

保障能力是建设高质量教育体系的战略支撑。教育投入、信息化以及法治等工作一刻也不能放松,要早研判、算精准、供得足、用得好,为教育事业发展打造一个稳固的大后方。

千方百计巩固4%成果。近年来,经济下行压力不断增大,对财政性教育投入带来一定影响。要及时分析研判,提出应对举措,更多注重通过政策设计、制度设计、标准设计增加投入,健全教育投入稳定增长的长效机制,确保实现"一个不低于,两个只增不减"。完善支出责任体系,推动各地结合实际合理划分省以下教育领域财政事权和支出责任,完善教育领域中央对地方共同财政事权转移支付制度。完善生均标准体系,推动各地建立健全各级各类教育生均拨款制度,动态调整拨款水平。完善投入政策体系,在继续保持财政教育投入强度的同时,逐步提高社会投入所占比重。完善教育经费统计体系,加强动态监测。提高经费使用效益,充分发挥预算绩效管理的引导作用,加强评价结果的应用。经费筹来不容易,要提高教育公共服务支出效力,坚持"保基本、补短板、促公平、提质量",重点保障义务教育均衡发展、教师队伍建设、补齐教育发展短板、教育教学改革等,把好钢用在刀刃上。

加快推进教育新基建。现代信息技术可以赋能、可以赋权,将带来教育革命性的变化,一定要增强敏感性和预见性,不能再打被动仗。要抢抓国家布局新基建的重大机遇,谋划和提出"十四五"教育新基建体系构建的思路举措。深入实施教育信息化2.0行动计划,以"三全两高一大"为目标,加快推进教育专网建设,完善国家数字教育资源公共服务体系,普及数

字校园建设与应用,扩大优质教育资源覆盖面。现在在线教育大多还停留在简单的课堂搬家,要在融合应用上下功夫,总结疫情期间线上教学经验,加强中小学线上教育教学资源建设与应用,利用信息技术更新教育理念,变革教育模式。持续开展人工智能助推教师队伍建设行动,不断提升教师的信息素养和信息化教学能力。

全面深化依法治教。"小智治事,中智治人,大智立法。"去年11月,中央召开全面依法治国工作会议,会议最重要的成果是确立了习近平法治思想。当前和今后一个时期,要把学习宣传贯彻习近平法治思想作为重要政治任务,融入国民教育全过程,落实到依法治教各方面。这里强调一下,政法院校、开设法学专业的高校,要把习近平法治思想纳入法治理论教学体系,确定基础理论课的地位、确定必修课的要求、确定由学术带头人讲授的措施。教育部门和学校的主要负责人要按照法治建设第一责任人的要求,转变治理理念,切实把法治作为教育改革发展的重要支撑和教育治理的根本依托,重视加强法治工作机构和力量建设。要加大立法供给。对列入议程的法律法规做好制定、修订工作,对目前还是空白点迫切需要立法的抓紧启动程序,推动完善教育法规体系。要推进依法治理。印发《教育行政处罚办法》,落实《关于加强高等学校法治工作的意见》,把法治融入教育管理各环节、办学治校全过程。推动五部门治理"校闹"文件落地,用法治手段维护正常教育教学秩序。要加强青少年宪法法治教育。持续开展全国学生"学宪法讲宪法"系列活动和国家宪法日"宪法晨读"活动,推广参与式、体验式法治实践,增强法治教育针对性、实效性和吸引力、感染力。

这里我强调一下疫情防控工作。当前,疫情变化存在很大的不确定性,一不小心就冲击正常教育教学秩序。要适应疫情常态化防控,把握工作特点和规律,继续做好国内国外两条战线的防控工作,坚持外防输入不放松、内防反弹不懈怠,严防死守,严格各项防疫举措,把好校园入口,根据疫情发生的阶段性、区域性和时段性特征,及时、灵活调整防控策略,确保不出现规模性输入和反弹,严防出现聚集性疫情,严防散发病例传播扩散,坚决稳住来之不易的良好局面,守住校园这一方净土。要想办法维护海外留学人员健康与安全,做好留学生、外籍教师等的管理与服务。

三、确保各项决策部署落地见效

蓝图已经绘就,任务已经明确,关键是抓好落实。落实,就是要抓出效果。要增强抓落实的责任感使命感,提升专业化能力,发扬钉钉子精神,以吹糠见米、真抓实干的行动,将落实落在初心使命上,落在政治方向上,落在实事求是上,落在战略全局上,落在具体问题上。

要旗帜鲜明讲政治。从一定意义上讲,教育就是政治,是政治的独特表现形式。能不能从讲政治的高度做教育工作,关系到教育的兴衰成败。要增强政治意识,善于从政治上看问题,善于把握政治大局,不断提高政治判断力、政治领悟力、政治执行力。要坚持正确政治方向,在政治立场、政治方向、政治原则、政治道路上同党中央保持高度一致。要不断提高政治敏锐性和政治鉴别力,用政治眼光观察和分析教育问题,能够透过现象看本质,能够从蛛丝马迹中发现新动向,做到眼睛亮、见事早、行动快。要提高对标、对表、对题、对需能力,立足岗位谋大事、聚焦中心谋发展,不折不扣抓好党中央精神贯彻落实。

要践行一线规则。一线规则集群众观念、工作方法、纪律要求为一体,是一个大概念大范畴,是管总的,要持之以恒坚持下去。去年教育脱贫攻坚工作取得重大战果,也让我们尝到了践行一线规则的甜头,同志们深入基层深入学校,踏遍千山万水、走进千家万户,拿到了第一手资料、听到了最真实声音。习近平总书记指出,"调查研究不仅是一种工作方法,而且是关系党和人民事业得失成败的大问题。"要把落实一线规则作为狠抓落实、务求实效的重要途径,深入到群众的具体实践中去,深入到群众的创造性工作中去,与群众建立有温度的、实实在在的联系,更好地汲取智慧、解决问题、推动落实。

要坚守安全底线。安全是发展的前提,发展是安全的保障。安全不保,何谈教育?教育工作性质特殊,教育领域体系庞大,教育安全与政治安全、意识形态工作、网络阵地管理、国际教育交流合作、人身财产安全、学校依法治理等紧密联系、错综交织,要素多、链条长,必须坚持统筹发展和安全,增强忧患意识,树立底线思维,筑牢安全防线。要加强对潜在的重大风险挑战的预判,做好应对的准备,下好先手棋、打好主动仗,决不能让"黑天鹅""灰犀牛"事件阻滞改革发展进程。要把师生生命安全摆在首位,完善和落实校园安全各项规章制度,推动建设更高水平的平安校园。要守住教育开放的安全底线,确保正确政治方向。

要加强宣传引导。要唱响主旋律,积极主动、耐心细致地做好重大改革事项、重点工作、热点事件等政策解读和宣传引导。要及时消除坊间误解和网上杂音,迅速抢占舆论先机,牢牢把握工作主动权。近年来人大代表、政协委员对教育关注度越来越高,建议提案数量持续增长,我们要认真沟通、积极办理,在良好的互动中争取更多关心更大支持。

同志们,贯彻落实党的十九届五中全会精神,开启全面建设社会主义现代化国家新征程,教育系统责任重大、使命光荣。我们要紧密团结在以习近平同志为核心的党中央周围,不忘初心、牢记使命、扎实工作、开拓进取,奋力建设高质量教育体系、加快教育现代化、建设教育强国、办好人民满意的教育,为全面建设社会主义现代化国家、实现中华民族伟大复兴的中国梦作出新的更大贡献!

(来源:教育部)

10. 提升服务区域发展水平 构建融合两岸产教平台

陈宝生

4月6日,教育部、福建省支持厦门职业教育高质量发展助力两岸融合启动大会在厦门举行。教育部党组书记、部长陈宝生,福建省委书记、省人大常委会主任尹力,福建省委副书记、省长王宁出席会议,福建省委常委、厦门市委书记赵龙主持会议。

陈宝生在讲话中指出,习近平总书记在闽江学院考察调研时充分肯定了职业教育的地位和作用。经过长期努力,中国职业教育在世界职业教育的格局中特色更加鲜明,处于历史最好发展时期。立足新发展阶段,贯彻新发展理念,构建新发展格局,贯彻落实好"十四五"规划,职业教育要紧紧围绕满足经济社会发展对技术技能人才的需求,更加香起来、亮起来、强起来、忙起来、活起来、特起来,不断提升服务区域经济社会发展水平和能力。

陈宝生强调,办好职业教育创新发展高地,要做到"五个一"。一是坚持"一个保障"。加强党对教育工作的全面领导。二是落实"一个理念"。职业教育是类型教育,与普通教育完全平等。三是高举"一面旗帜"。建设技能型社会,让人人学习技能、拥有技能、热爱技能。四是贯彻"一个大战略"。把促进两岸融合融入职业教育发展,为两岸教育共同发展谋篇布局。五是实现"一组目标"。为经济社会发展培养人才,既培养大国工匠,更培养能工巧匠;服务区域发展,深度推进产教融合、校企合作;为改革探路,凝练职业教育高地建设的经验做法,创立中国特色职业教育模式。

在厦门期间,陈宝生还出席了部省市共建厦门大学签约仪式。

(来源:教育部)

11. 深入贯彻落实全国职业教育大会精神 推动技能型社会建设迈出新步伐

陈宝生

4月15日至16日,中央教育工作领导小组秘书组组长、教育部党组书记、部长陈宝生赴河北省调研全国职业教育大会精神及教育工作重点事项贯彻落实情况。

调研期间,陈宝生会见了河北省委书记王东峰、省长许勤,出席河北省教育工作座谈会,听取部分省委教育工作领导小组成员单位负责同志关于重点事项落实情况汇报,并深入河北师范大学、河北工业职业技术大学、石家庄市第十七中学、邢台市郭守敬小学、邢台市特殊教育学校、邢台现代职业学校、邢台职业技术学院实地考察,与威县负责同志沟通定点帮扶工作,与基层一线的校长与教师代表交流座谈。

陈宝生指出,河北省委省政府坚决贯彻落实党中央、国务院教育决策部署,各方面工作取得扎实进展。立足开启全面建设社会主义现代化国家新征程的新起点,希望河北按照"顶层设计、分层施工,条条督导、块块统筹,条块协同、狠抓落实"的要求,聚焦重点任务,创新工作体制机制,不折不扣把中央教育决策部署落到实处。要学新思想,紧密结合开展党史学习教育,深入学习贯彻习近平总书记关于教育的重要论述特别是今年以来的最新讲话和批示指示精神;找突破口,着力破解教育难点问题,补齐发展短板;绘施工图,围绕问题、目标、手段等制定落实工作方案;建责任链,层层压实督促落实的工作责任;立军令状,下定决心打好硬仗、啃下硬骨头;防"黑天鹅",防范化解教育领域重大风险隐患,探索创新掌握意识形态工作领导权、主动权的有效机制;开新局面,确保"十四五"教育工作开好局、起好步。

陈宝生强调,党中央、国务院召开的全国职业教育大会,对职业教育发展具有里程碑意义,要深刻学习领会习近平总书记关于职业教育的重要指示精神,以时不我待、只争朝夕的紧迫感抓好大会精神的学习宣传和贯彻落实。要进一步解放思想,打破长期束缚职业教育发展的陈旧观念和体制障碍,牢固树立和践行类型教育理念。要抓住重点和关键,加快构建现代职业教育体系。发展现代职业教育,基础在中职,支撑在产业,依托在企业,动力在市场,生命在就业,资源在社会,关键在自己,根本在党建。要加强党对职业教育工作的全面领导,坚持正确办学方向和定位,深化产教融合、校企合作,增强职业教育适应性,培养更多高素质技术技能人才、能工巧匠、大国工匠,服务国家和区域经济社会发展。希望河北围绕技能型社会建设需要,以中职为基础、以高职为骨干、以应用型高校为牵引,努力探索建设技能型人才大省新路子,以更加扎实有力的举措推动全国职业教育大会精神落地生根。

（来源：教育部）

12. 办好新时代职业教育 服务技能型社会建设

陈宝生

全国职业教育大会是在中国共产党成立100周年和"十四五"开局之年召开的一次重要会议,体现了以习近平同志为核心的党中央对职业教育的高度重视,树立了我国职业教育发展史上的又一个重要里程碑。习近平总书记的重要指示,为新阶段职业教育改革发展指明了前进方向、提供了根本遵循。学习贯彻习近平总书记重要指示和全国职业教育大会精神,是当前和今后一个时期职业教育战线的重要政治任务。

1. 深刻领会习近平总书记重要指示和大会精神

职业教育是培养高素质技术技能人才、能工巧匠、大国工匠的基础性工程,是促进经济社会发展和提高国家竞争力的重要支撑,要进一步解放思想、提高站位,着眼于国内国际两个大局,从立足新发展阶段、贯彻新发展理念、构建新发展格局的高度深化对职业教育的认识。

深刻认识"前途广阔、大有可为"的战略地位。这是习近平总书记从党和国家工作全局的高度,深刻阐明了发展职业教育的重大意义。无论是应对百年未有之大变局,还是实现中华民族伟大复兴梦,都必须把加快发展现代职业教育摆在更加突出的战略位置,对职业教育高看一眼、厚爱一分。

深刻认识"不同类型、同等重要"的基本定位。这是我国教育理念的一次重大变革,也是党和国家把握教育发展规律、职业教育办学规律、人的全面发展规律作出的一个重大判断。要在思想上破除"重普轻职"的传统观念,在行动上把职业教育和普通教育区分开来,特别是要把科学和技术、知识和技能区分开来,践行类型教育新理念。

深刻认识建设技能型社会的深远意义。全国职业教育大会创造性提出了建设技能型社会的理念和战略。我们要高举"技能型社会"这面旗帜,加快构建面向全体人民、贯穿全生命周期、服务全产业链的职业教育体系,加快建设国家重视技能、社会崇尚技能、人人学习技能、人人拥有技能的技能型社会,让技术技能"长入"经济、"汇入"生活、"融入"文化、"渗入"人心、"进入"议程。

2. 加快构建现代职业教育体系

"打造纵向贯通、横向融通的现代职业教育体系",是全国职业教育大会提出的主要任务。落实这一任务,一方面,要树立系统观念,处理好普职关系、产教关系、校企关系、师生关系、中外关系;另一方面,要聚焦现阶段重点难点,加大制度创新和供给。

构建现代职业教育体系基础在中职。解决不好中职的基础性问题,高质量的职业教育体系就无从谈起。要总体保持职普比大体相当的战略定位不动摇,加强省级统筹和分类指导,使中职学校与普通高中办学投入、培养质量、学生收益大体相当,通过职普协调均衡发展,进而实现职普规模大体相当。要完善一体化职业学校体系,改善中职学校办学条件,打造一批优质中职学校和专业,巩固中职的基础地位;推进专科高职提质培优,实施好"双高计划",巩固专科高职的主体地位;坚持高标准、高起点,严把质量关,稳步发展职业本科教育,发挥好引领作用。同时,要推动各层次职业教育在专业设置、培养目标、课程体系、培养过程上有效衔接贯通,可把高职阶段的一些内容下移到中职,给中职教育增值赋能;中职学校要发挥区位优势,拓展办学功能,提高办学质量,为高职教育打好基础。

增强职业教育适应性支撑在产业。产教融合是职业教育的本质特征,也是基本路径。基于产业链来谋划发展职业教育,才能让职业教育内生于经济社会,形成教育链、人才链与产业链、创新链共生共荣的生态系统。在时间上,要在服务国家战略、维护国家安全和发展利益面临的重大课题中找准位置、发挥作用,紧盯"最后一公里",为攻克关键核心技术"卡脖子"问题作出贡献。在空间上,要加快推进职业教育创新发展高地建设,着力推进职业教育区域化、区域职业教育产业化、产业职业教育集群化,走与当地产业需求对接的路子。

培养高素质人才依托在企业。校企合作是职业院校办学的基本模式。要通过引企入校、引校入企,把学校办成企业的培训基地,把企业办成学校的实践基地,把企业需求及时、有效地转化为学校育人的标准和方案。一方面,要针对校企合作层次低、表面化等问题,创新"金融+财政+土地+信用"的组合式激励政策,解决好多主体办学当中办学性质、产权归属等政策瓶颈,让企业愿意干,让学校放心干;另一方面,要发展中国特色现代学徒制,让学校像企业、教室像车间、课堂像工段、教师像师傅、学生像学徒、教案像图纸、作业像产品,让校企合作成果反哺教学,让学生在合作中学到真本事。

优化职业教育结构动力在市场。习近平总书记提出"不求最大、但求最优、但求适应社会需要",就是要求我们拆掉职业教育和市场之间的"隔墙",面向社会办学。在专业布局上,要推行产业规划和人才需求发布制度,动态调整专业目录,通过差异化投入和政策项目引导等方式,鼓励学校更多开设符合市场需求的紧缺专业。在层次结构上,要瞄准技术变革和产业升级方向,及时调整人才培养规格,建设高水平、高层次技术技能人才培养体系。

实现可持续发展生命在就业。职业教育是为就业服务的。研究表明,职业教育招生数占比每提高 1 个百分点,二、三产业吸纳就业的比重上升约 0.5 个百分点。要继续把发展职业教育作为缓解就业结构性矛盾的关键一招,解决好"技工荒"、大学生结构性就业难、高技能人才供不应求等结构性就业矛盾问题。同时,通过技能型社会建设,提高技能人才待遇水平,加快从"好就业"转向"就好业",让广大青年主动选择接受职业教育。

加大人力资本投入资源在社会。没有行业企业参与办不好职业教育。要加快由"办"职业教育向"管"职业教育转变,形成政府统筹管理、行业企业积极举办、社会深度参与的多元办学格局。一方面,要创新政策措施"四两拨千斤",支持国有企业办职业教育不动摇,支持民办职业教育不动摇,支持行业办学不动摇。只要符合国家标准的,都应予以承认并纳入职业教育体系;另一方面,要提高职业教育开放水平,有序吸引境外高水平职业院校来华合作办学,探索"中文+职业技能"的国际化发展模式,支持职业院校伴随中国企业走出去,打造具有国际竞争力的中国特色职业教育。

改变职业教育形象关键在自己。能否下好职业教育"一盘大棋",最终要看能否打好办学质量的"翻身仗"。要坚持德技并修、育训结合,统筹推进专业设置、人才培养方案、课程教材、课堂教学和实习实训等环节改革,切实提高质量。要用好培养、引进、选育三大主渠道,加快"双师型"教师队伍建设。还要用好评价"指挥棒",建立一套符合类型特点的评价体系,为学生接受高等职业教育提供适合的入学方式,引导职业院校积极培育各自的特色和核心竞争力。

保证职业教育办学方向根本在党建。要以"把方向、揽全局、抓思想、建队伍、促党建"为总要求,把党的建设和思想政治工作优势转化为发展优势。一方面,要坚持和完善党委领导下的校长负责制,发挥好院系、师生基层党组织的战斗堡垒作用,把党的教育方针全面贯彻到学校工作各方面、人才培养全过程;另一方面,要落实立德树人根本任务,探索符合职业教育特点的思想政治工作体系和方法,把德育融入课堂教学、技能培养、实习实训等各环节,促进思政课程与课程思政有机衔接,提高思想政治教育的实效性。

3. 汇聚职业教育大改革大发展的强大合力

职业教育改革发展的蓝图已经绘就。我们既要抬头看路,进一步放大格局、扩大视野、拉长焦距,还要埋头拉车,干实事、解难事、谋大事、创新事、长本事,确保党中央、国务院决策部署落地见效、开花结果。

长远谋划,服务发展大局。要锚定 2035 年总体实现教育现代化、建成教育强国的奋斗目标,主动面向全局、应对变局、服务格局,加快谋划开局、优化布局、实现新局。要瞄准"十四五"建设高质量职业教育体系的工作目标,编制一个科学有效的发展规划,做到有体系的构建、有质量的公平、有差异的均衡、有特色的标准、有重点的改革、有竞争的合作,一茬接着一茬干,积小成为大成。

改革创新,狠抓工作落实。要加大制度创新提升治理效能,剖析"问题清单"和"任务清单",创新制度供给模式,引导激励全社会共同关心支持职业教育。要建立狠抓落实新机制,制定"责任清单"和"标准清单",做到指挥到位、责任到位、督导到位、行动到位、效果到位、研判到位。

强化宣传,营造良好环境。要提高政治站位,准确解读和传递国家发展职业教育的政策导向和重大举措,让广大干部师生视野更宽、使命更强。要开展立体化宣传,发掘一批技能成才的典型事迹,打造一批职业教育宣传新平台,办好一批宣传展示品牌活动,在全社会弘扬劳动光荣、技能宝贵、创造伟大的时代风尚。

全国职业教育大会开启了我国职业教育事业的新征程。我们坚信,在以习近平同志为核心的党中央坚强领导下,在新发展理念科学指引下,通过全党全社会共同努力,一定能把习近平总书记对职业教育"大有可为"的殷切期盼转化为职业教育"大有作为"的具体行动，为全面建设社会主义现代化国家、实现中华民族伟大复兴的中国梦提供有力人才和技能支撑。

（来源：《光明日报》2021 年 05 月 01 日 07 版）

13. 坚持稳中求进 确保"十四五"开好局起好步
——在教育部 2021 年重点工作推进会上的讲话

教育部党组书记、部长　怀进鹏

8 月 25 日至 26 日,教育部召开 2021 年重点工作推进会。会议强调,要坚持以习近平新时代中国特色社会主义思想为指导,全面深入学习贯彻习近平总书记"七一"重要讲话精神,扎实开展党史学习教育,坚持稳中求进工作总基调,统筹发展与安全两件大事,统筹国内国际两个大局,统筹教育改革发展稳定,确保完成好全年目标任务,确保"十四五"开好局、起好步。教育部党组书记、部长怀进鹏主持会议并讲话。

会上,27 个司局和 34 个直属单位就重点工作推进落实情况及下一步考虑逐一作了汇报,部党组成员结合分管工作进行了点评发言。

怀进鹏指出,今年以来,教育系统围绕建党百年和"十四五"顺利开局,扎实推进教育改革发展稳定各项工作,取得了预期成效,在一些重点领域实现了新突破。一是理论武装有了新提升。把开展党史学习教育作为重大政治任务,全面部署习近平总书记"七一"重要讲话精神的学习宣传贯彻,深入开展"我为群众办实事"实践活动,加强和改进学校党建和思政工作。二是事业发展有了新蓝图。对标党的十九届五中全会精神,对准社会广大需求,精心编制教育"十四五"规划,研究推出一批重大政策、项目和举措。三是改革开放有了新突破。进一步向着难以攻克的堡垒前进,教育评价改革、高考改革等稳步实施。四是破解"急难愁盼"问题有了新进展。启动"双减"工作,印发"五项管理"文件,以"小切口"推动大改革。积极推动巩固拓展教育脱贫攻坚成果同乡村振兴有效衔接。扎实做好高校毕业生就业工作。

怀进鹏指出,推动教育高质量发展,加快建设教育强国,使命光荣、责任重大。要强化政治引领,善于从政治上看教育,善于从民生上抓教育,胸怀"国之大者"。加强思想理论武装,推进政治机关建设,落实立德树人根本任务。要强化落地见效,完成好党中央、国务院部署的重大任务,坚决、彻底地完成年内必须"交账"的工作。要强化改革创新,完整、准确、全面贯彻新发展理念,调整优化教育结构,改革创新育人方式,坚持把教师队伍建设作为基础工作,优化高校科研管理和服务保障,扩大教育对外开放。要强化安全底线,坚持总体国家安全观,构建教育安全体系,压实意识形态责任,筑牢校园安全底线,做好疫情防控。

怀进鹏强调,教育是永无止境的崇高事业。面对新要求新使命,要增强政治能力,提高政治站位,增强"四个意识"、坚定"四个自信"、做到"两个维护",不断提高政治判断力、政治领悟力、政治执行力。要增强执行能力,对标对表党中央重大决策部署,善于把握和解决工作中的主要矛盾,坚持问题导向、目标导向、效果导向,练就攻坚克难的工作能力,真正做到精准施策。要增强沟通能力,加强和地方、部门、媒体、公众的沟通,形成助推教育改革发展的合力。要增强谋划能力,紧盯中国教育改革发展的重大问题,善于思考问题、提出问题、解决问题,准确识变、科学应变、主动求变。要立足高质量发展要求,用实际行动坚决完成好各项任务,不负党和人民的重托。

教育部机关各司局、各直属单位主要负责人,秘书局、驻部纪检监察组有关同志参加会议。

（来源：教育部）

14. 深入学习贯彻党的十九届六中全会精神 加快建设教育强国

怀进鹏

党的十九届六中全会,在建党百年的关键历史节点,在第二个百年奋斗目标新征程开启的特殊历史时刻,回顾百年奋斗历程,总结重大历史经验,树起了一座永恒的历史丰碑,具有重大而深远的意义。习近平总书记在全会上的重要讲话,思想深邃、内涵丰富,饱含深情、激荡人心,具有很强的政治性、理论性、战略性、指导性,为全党在新的重大历史关头埋头苦干、勇毅前行指明了方向。《中共中央关于党的百年奋斗重大成就和历史经验的决议》(以下简称《决议》)全面总结党的百年奋斗重大成就和历史经验,深刻揭示过去我们为什么能够成功、未来我们怎样才能继续成功的基因和密码,充分彰显我们党高超的政治智慧和责任担当、高度的历史自觉和历史自信,是一篇马克思主义纲领性文献,必将有力指引我们更好把握历史大势、掌握历史主动、走好新时代赶考路。

教育是国之大计、党之大计。在实现第二个百年奋斗目标、全面建设社会主义现代化国家的新征程中,教育的先导性、基础性、全局性地位和作用更加凸显,肩负的使命更为重大。教育系统要把学习宣传贯彻六中全会精神作为当前和今后一个时期的重大政治任务,深刻感悟中国共产党为什么能、马克思主义为什么行、中国特色社会主义为什么好,坚持学懂弄通做实习近平新时代中国特色社会主义思想,坚定不移地走中国特色社会主义教育发展道路,切实把思想和行动统一到党中央的重大决策部署上来,做到从政治上看教育、从民生上抓教育、从规律上办教育,不断开创新时代教育工作新局面。

一是坚定不移把"两个维护"作为最高政治原则和根本政治规矩,确保教育领域始终是坚持党的领导的坚强阵地。百年党史表明,坚强的领导核心和科学的理论指导,是关乎党和国家前途命运、党和人民事业成败的根本性问题。六中全会强调,"党确立习近平同志党中央的核心、全党的核心地位,确立习近平新时代中国特色社会主义思想的指导地位",这是历史和时代的选择,体现全党共同意志、反映人民共同心声,对新时代党和国家事业发展具有决定性意义、起到决定性作用。党的十八大以来,习近平总书记高度重视教育工作,就教育改革发展提出一系列新理念新思想新战略,形成了习近平总书记关于教育的重要论述,为新时代教育发展提供根本遵循,推动我国教育取得了历史性成就,发生了历史性变革。党对教育工作的领导体制机制不断健全,教育事业中国特色更加鲜明,教育现代化加速推进,教育总体发展水平跃居世界中上行列,教育的国际影响力加快提升,教育面貌正在发生格局性变化。这些成就的取得,根本在于以习近平同志为核心的党中央坚强领导,根本在于习近平新时代中国特色社会主义思想的科学指引。

新时代新征程，教育系统党员干部要进一步增强做到"两个维护"的思想自觉、政治自觉、行动自觉，始终心怀"国之大者"，时刻关注习近平总书记和党中央在关心什么、强调什么，深刻领会什么是党和国家最重要的利益、什么是最需要坚定维护的立场。把学习贯彻习近平总书记关于教育的"九个坚持"重要论述纳入党组工作顶层设计，始终做习近平新时代中国特色社会主义思想的坚定信仰者、忠实实践者。把习近平总书记重要指示批示作为政治要件，作为党组会"第一议题"，健全对标对表、校准偏差、狠抓落实长效机制。坚持和加强党对教育工作的全面领导，抓好新修订的《中国共产党普通高等学校基层组织工作条例》落实，推动建立中小学校党组织领导的校长负责制，加强民办学校、高职院校、高校附属医院党建工作，进一步健全党的领导纵到底、横到边、全覆盖工作格局。始终坚持"严"的主基调，扛好"两个责任"，一体推进不敢腐、不能腐、不想腐，严格落实中央八项规定及其实施细则精神，推动形成严的氛围，优化政治生态和育人环境。

二是坚定不移贯彻党的教育方针，培养德智体美劳全面发展的社会主义建设者和接班人。六中全会号召，全党全军全国各族人民要为实现第二个百年奋斗目标、实现中华民族伟大复兴的中国梦而不懈奋斗。今天的学生是未来实现中华民族伟大复兴中国梦的主力军。习近平总书记强调，坚持把立德树人作为根本任务，培养德智体美劳全面发展的社会主义建设者和接班人。党的十八大以来，教育系统积极推动学校思想政治工作改革创新，加快构建"三全育人"大格局，将"五育并举"要求落实在各科课堂教学之中、渗透在校园生活各环节、延伸到学生发展各方面，目标明确、内容完善、标准健全、运行科学、保障有力的思想政治工作体系加快形成。

新时代新征程，要始终坚持为党育人、为国育才，持续完善德智体美劳全面培养的育人体系，按照"六个下功夫"的要求，谋划实施好时代新人培育工程。加强"大思政课"建设，持续推进习近平新时代中国特色社会主义思想进学术、进学科、进课程、进培训、进读本，用好习近平新时代中国特色社会主义思想大中小学5册读本，建好以习近平新时代中国特色社会主义思想为核心内容的课程群，坚定不移用党的创新理论铸魂育人。完善思想政治工作顶层设计，统筹思政课一体化建设，在全国所有高校、所有专业推进课程思政建设。用好大中小学教材建设规划，健全教材建设和管理制度，发挥教材培根铸魂、启智增慧作用。对照《决议》，出台《新时代马工程重点教材建设规划》，抓紧启动相关教材编写和修订工作，推动全会精神进教材、进课堂、进头脑。以铸牢中华民族共同体意识为主线，全面加强国家通用语言文字教育教学。加强和改进新时代学校体育美育，深化体教融合，毫不松懈抓好儿童青少年近视综合防控，深入开展劳动教育，促进学生身心健康、全面发展。

三是坚定不移践行人民至上，努力办好人民满意的教育。坚持人民至上，是全会总结的党百年奋斗历史经验之一。习近平总书记指出，要坚持以人民为中心发展教育，教育公平是社会公平的重要基础，要不断促进教育发展成果更多更公平惠及全体人民，以教育公平促进社会公平正义。我国有近2.9亿在校学生,教育关系千家万户,是重大的民生工程、德政工程。党的十八大以来,我们坚持把教育公平作为国家基本教育政策,加快缩小区域、城乡、校际、群体教育发展差距,全面打赢教育脱贫攻坚战,义务教育阶段辍学问题得到历史性解决,人民受教育权得到切实保障,人民群众教育获得感明显增强。

新时代新征程,必须以人民满意作为重要检验标尺,始终坚持教育公益性原则,进一步促进教育公平。把"双减"作为"一号工程",校外治理与校内提质联动,制度建设和监督检查并进,确保党中央决策落地见效。推进义务教育优质均衡发展,优化义务教育结构,完善随迁子女入学政策。着力补齐农村地区和城市新增人口集中地区学前教育资源短板。整体提升县域普通高中办学水平。加大倾斜力度,巩固拓展教育脱贫攻坚成果同乡村振兴有效衔接,办好特殊教育,加快发展民族教育,以"互联网+"教育更好实现教育有效均衡。围绕促进共同富裕,在"有学上"基础上加快构建满足人民"上好学"愿望的教育体系,努力让教育资源全程伴随每个人、让教育成果平等面向每个人、让教育过程全面发展每个人、让教育效能深度助力每个人,让每个孩子都有人生出彩机会。

四是坚定不移服务中华民族伟大复兴,推动教育高质量发展。六中全会强调,要以咬定青山不放松的执着奋力实现既定目标,以行百里者半九十的清醒不懈推进中华民族伟大复兴。教育是民族振兴、社会进步的重要基石,是对中华民族伟大复兴具有决定性意义的事业。习近平总书记要求把服务中华民族伟大复兴作为教育的重要使命,指出"两个一百年"奋斗目标的实现、中华民族伟大复兴中国梦的实现,归根到底靠人才、靠教育,强调"我国教育是能够培养出大师来的,我们要有这个自信"。党的十八大以来,教育坚持"四个服务",职业教育体系逐步健全,高等教育内涵式发展,科研能力不断提升,为经济社会发展培养输送了大批高素质人才,作出了重要贡献。

新时代新征程,必须始终把教育放在"两个大局"中考量,完整、准确、全面贯彻新发展理念,有效推进不同阶段教育差异化发展、分类发展,提高教育质量,建设高质量教育体系,为服务国家富强、民族复兴、人民幸福贡献力量。要加快调整优化学科专业结构,加大对基础学科、交叉学科和急需、冷门学科专业的支持力度,深化人才培养模式改革,提高人才培养水平。把绿色低碳要求融入国民教育体系,实施碳中和科技创新行动。把教育信息化作为教育现代化的有力支撑,推动新型基础设施建设,提质升级国家教育资源公共平台,探索教育大资源建设与应用。加快高校国家战略科技力量建设,聚焦关键领域核心技术集中攻关,以高质量科技创新服务国家科技自立自强。全面深化教育改革创新,加快新时代教育评价改革,破除"五唯"顽瘴痼疾,深化依法治教,强化督导权威,推进高水平教育对外开放。弘扬尊师重教社会风尚,强化师德师风建设,实施"新时代基础教育强师计划",加强高校人才队伍建设,造就更多战略科学家和"大先生",培养打造中华民族"梦之队"的筑梦人。

五是坚定不移传承弘扬党的宝贵历史经验,鼓起教育系统广大干部、教职员工奋进新时代的精气神。重视对历史经验的总结与运用,是我们党不断取得胜利的一个重要法宝。六中全会全面总结了党百年奋斗积累形成的坚持党的领导、人民至上、理论创新等"十个坚持"历史经验,这是党和人民共同创造的宝贵精神财富,是我们党历经百年而风华正茂、饱经磨难而生生不息的"密钥",要倍加珍惜、长期坚持,与时俱进、传承弘扬。

新时代新征程,建设教育强国是一项全新的事业,会遇到许多困难和险阻。要深刻认识、准确把握"十个坚持"历史经验的丰富内容、核心要义和实践要求,将其作为正确判断形势、科学预见未来的指南指针,作为攻坚克难、战胜风险的借鉴启示,保持宏大历史视野,引导广大干部用历史观照现实、指引未来,分析洞察第二个百年教育的发展趋势,不断增强工作的系统性、预见性、创造性。始终把政治建设摆在首位,持续强化"让党中央放心、让人民群众满意的模范机关创建",不断提升干部的政治判断力、政治领悟力、政治执行力。坚持问题导向、目标导向、结果导向相结合,把全会精神转化为目标愿景、政策举措,使落实的过程成为提升政治能力、执行能力、沟通能力、谋划能力的过程。要始终铭记生于忧患、死于安乐,常怀远虑、居安思危,坚持稳中求进工作总基调,确保教育系统安全和谐稳定。要用历史经验,用伟大建党精神滋养自己、激励自己,加强党性修养、锤炼政治品格,始终把办好教育作为使命召唤、作为理想信念、作为永无止境的高尚事业,砥砺初心、淬炼灵魂,鼓起干事创业精气神。

以史为鉴、开创未来,踏上新征程,教育系统要更加紧密地团结在以习近平同志为核心的党中央周围,坚持以习近平新时代中国特色社会主义思想为指导,把学习贯彻党的十九届六中全会精神与学习贯彻习近平总书记关于教育的重要论述相结合,与党史学习教育相结合,与巡视整改相结合,从党的百年奋斗重大成就和历史经验中汲取智慧、凝聚力量,增强"四个意识"、坚定"四个自信"、做到"两个维护",加快建设高质量教育体系,建设教育强国,以优异成绩迎接党的二十大胜利召开。

(来源:《学习时报》2021 年 11 月 22 日第 A1 版)

第 二 编

政策文件

1. 中共中央办公厅 国务院办公厅印发《关于推动现代职业教育高质量发展的意见》

新华社北京 10 月 12 日电　近日,中共中央办公厅、国务院办公厅印发了《关于推动现代职业教育高质量发展的意见》,并发出通知,要求各地区各部门结合实际认真贯彻落实。

《关于推动现代职业教育高质量发展的意见》主要内容如下。

职业教育是国民教育体系和人力资源开发的重要组成部分,肩负着培养多样化人才、传承技术技能、促进就业创业的重要职责。在全面建设社会主义现代化国家新征程中,职业教育前途广阔、大有可为。为贯彻落实全国职业教育大会精神,推动现代职业教育高质量发展,现提出如下意见。

一、总体要求

(一)指导思想。以习近平新时代中国特色社会主义思想为指导,深入贯彻党的十九大和十九届二中、三中、四中、五中全会精神,坚持党的领导,坚持正确办学方向,坚持立德树人,优化类型定位,深入推进育人方式、办学模式、管理体制、保障机制改革,切实增强职业教育适应性,加快构建现代职业教育体系,建设技能型社会,弘扬工匠精神,培养更多高素质技术技能人才、能工巧匠、大国工匠,为全面建设社会主义现代化国家提供有力人才和技能支撑。

(二)工作要求。坚持立德树人、德技并修,推动思想政治教育与技术技能培养融合统一;坚持产教融合、校企合作,推动形成产教良性互动、校企优势互补的发展格局;坚持面向市场、促进就业,推动学校布局、专业设置、人才培养与市场需求相对接;坚持面向实践、强化能力,让更多青年凭借一技之长实现人生价值;坚持面向人人、因材施教,营造人人努力成才、人人皆可成才、人人尽展其才的良好环境。

(三)主要目标。到 2025 年,职业教育类型特色更加鲜明,现代职业教育体系基本建成,技能型社会建设全面推进。办学格局更加优化,办学条件大幅改善,职业本科教育招生规模不低于高等职业教育招生规模的 10%,职业教育吸引力和培养质量显著提高。

到 2035 年,职业教育整体水平进入世界前列,技能型社会基本建成。技术技能人才社会地位大幅提升,职业教育供给与经济社会发展需求高度匹配,在全面建设社会主义现代化国家中的作用显著增强。

二、强化职业教育类型特色

(四)巩固职业教育类型定位。因地制宜、统筹推进职业教育与普通教育协调发展。加快建立"职教高考"制度,完善"文化素质+职业技能"考试招生办法,加强省级统筹,确保公平公正。加强职业教育理论研究,及时总结中国特色职业教育办学规律和制度模式。

(五)推进不同层次职业教育纵向贯通。大力提升中等职业教育办学质量,优化布局结构,实施中等职业学校办学条件达标工程,采取合并、合作、托管、集团办学等措施,建设一批优秀中等职业学校和优质专业,注重为高等职业教育输送具有扎实技术技能基础和合格文化基础的生源。支持有条件的中等职业学校根据当地经济社会发展需要试办社区学院。推进高等职业教育提质培优,实施好"双高计划",集中力量建设一批高水平高等职业学校和专业。稳步发展职业本科教育,高标准建设职业本科学校和专业,保持职业教育办学方向不变、培养模式不变、特色发展不变。一体化设计职业教育人才培养体系,推动各层次职业教育专业设置、培养目标、课程体系、培养方案衔接,支持在培养周期长、技能要求高的专业领域实施长学制培养。鼓励应用型本科学校开展职业本科教育。按照专业大致对口原则,指导应用型本科学校、职业本科学校吸引更多中高职毕业生报考。

(六)促进不同类型教育横向融通。加强各学段普通教育与职业教育渗透融通,在普通中小学实施职业启蒙教育,培养掌握技能的兴趣爱好和职业生涯规划的意识能力。探索发展以专项技能培养为主的特色综合高中。推动中等职业学校与普通高中、高等职业学校与应用型大学课程互选、学分互认。鼓励职业学校开展补贴性培训和市场化社会培训。制定国家资历框架,建设职业教育国家学分银行,实现各类学习成果的认证、积累和转换,加快构建服务全民终身学习的教育体系。

三、完善产教融合办学体制

(七)优化职业教育供给结构。围绕国家重大战略,紧密对接产业升级和技术变革趋势,优先发展先进制造、新能源、新材料、现代农业、现代信息技术、生物技术、人工智能等产业需要的一批新兴专业,加快建设学前、护理、康养、家政等一批人才紧缺的专业,改造升级钢铁冶金、化工医药、建筑工程、轻纺制造等一批传统专业,撤并淘汰供给过剩、就业率低、职业岗位消失的专业,鼓励学校开设更多紧缺的、符合市场需求的专业,形成紧密对接产业链、创新链的专业体系。优化区域资源配置,推进部省共建职业教育创新发展高地,持续深化职业教育东西部协作。启动实施技能型社会职业教育体系建设地方试点。支持办好面向农村的职业教育,强化校地合作、育训结合,加快培养乡村振兴人才,鼓励更多农民、返乡农民工接受职业教育。支持行业企业开展技术技能人才培养培训,推行终身职业技能培训制度和在岗继续教育制度。

(八)健全多元办学格局。构建政府统筹管理、行业企业积极举办、社会力量深度参与的多元办学格局。健全国有资产评估、产权流转、权益分配、干部人事管理等制度。鼓励上市公司、行业龙头企业举办职业教育,鼓励各类企业依法参与举办职业教育。鼓励职业学校与社会资本合作共建职业教育基础设施、实训基地,共建共享公共实训基地。

（九）协同推进产教深度融合。各级政府要统筹职业教育和人力资源开发的规模、结构和层次，将产教融合列入经济社会发展规划。以城市为节点、行业为支点、企业为重点，建设一批产教融合试点城市，打造一批引领产教融合的标杆行业，培育一批行业领先的产教融合型企业。积极培育市场导向、供需匹配、服务精准、运作规范的产教融合服务组织。分级分类编制发布产业结构动态调整报告、行业人才就业状况和需求预测报告。

四、创新校企合作办学机制

（十）丰富职业学校办学形态。职业学校要积极与优质企业开展双边多边技术协作，共建技术技能创新平台、专业化技术转移机构和大学科技园、科技企业孵化器、众创空间，服务地方中小微企业技术升级和产品研发。推动职业学校在企业设立实习实训基地、企业在职业学校建设培养培训基地。推动校企共建共管产业学院、企业学院，延伸职业学校办学空间。

（十一）拓展校企合作形式内容。职业学校要主动吸纳行业龙头企业深度参与职业教育专业规划、课程设置、教材开发、教学设计、教学实施，合作共建新专业、开发新课程、开展订单培养。鼓励行业龙头企业主导建立全国性、行业性职教集团，推进实体化运作。探索中国特色学徒制，大力培养技术技能人才。支持企业接收学生实习实训，引导企业按岗位总量的一定比例设立学徒岗位。严禁向学生违规收取实习实训费用。

（十二）优化校企合作政策环境。各地要把促进企业参与校企合作、培养技术技能人才作为产业发展规划、产业激励政策、乡村振兴规划制定的重要内容，对产教融合型企业给予"金融+财政+土地+信用"组合式激励，按规定落实相关税费政策。工业和信息化部门要把企业参与校企合作的情况，作为各类示范企业评选的重要参考。教育、人力资源社会保障部门要把校企合作成效作为评价职业学校办学质量的重要内容。国有资产监督管理机构要支持企业参与和举办职业教育。鼓励金融机构依法依规为校企合作提供相关信贷和融资支持。积极探索职业学校实习生参加工伤保险办法。加快发展职业学校学生实习实训责任险和人身意外伤害保险，鼓励保险公司对现代学徒制、企业新型学徒制保险专门确定费率。职业学校通过校企合作、技术服务、社会培训、自办企业等所得收入，可按一定比例作为绩效工资来源。

五、深化教育教学改革

（十三）强化双师型教师队伍建设。加强师德师风建设，全面提升教师素养。完善职业教育教师资格认定制度，在国家教师资格考试中强化专业教学和实践要求。制定双师型教师标准，完善教师招聘、专业技术职务评聘和绩效考核标准。按照职业学校生师比例和结构要求配齐专业教师。加强职业技术师范学校建设。支持高水平学校和大中型企业共建双师型教师培养培训基地，落实教师定期到企业实践的规定，支持企业技术骨干到学校从教，推进固定岗与流动岗相结合、校企互聘兼职的教师队伍建设改革。继续实施职业院校教师素质提高计划。

（十四）创新教学模式与方法。提高思想政治理论课质量和实效,推进习近平新时代中国特色社会主义思想进教材、进课堂、进头脑。举办职业学校思想政治教育课程教师教学能力比赛。普遍开展项目教学、情境教学、模块化教学,推动现代信息技术与教育教学深度融合,提高课堂教学质量。全面实施弹性学习和学分制管理,支持学生积极参加社会实践、创新创业、竞赛活动。办好全国职业院校技能大赛。

（十五）改进教学内容与教材。完善"岗课赛证"综合育人机制,按照生产实际和岗位需求设计开发课程,开发模块化、系统化的实训课程体系,提升学生实践能力。深入实施职业技能等级证书制度,完善认证管理办法,加强事中事后监管。及时更新教学标准,将新技术、新工艺、新规范、典型生产案例及时纳入教学内容。把职业技能等级证书所体现的先进标准融入人才培养方案。强化教材建设国家事权,分层规划,完善职业教育教材的编写、审核、选用、使用、更新、评价监管机制。引导地方、行业和学校按规定建设地方特色教材、行业适用教材、校本专业教材。

（十六）完善质量保证体系。建立健全教师、课程、教材、教学、实习实训、信息化、安全等国家职业教育标准,鼓励地方结合实际出台更高要求的地方标准,支持行业组织、龙头企业参与制定标准。推进职业学校教学工作诊断与改进制度建设。完善职业教育督导评估办法,加强对地方政府履行职业教育职责督导,做好中等职业学校办学能力评估和高等职业学校适应社会需求能力评估。健全国家、省、学校质量年报制度,定期组织质量年报的审查抽查,提高编制水平,加大公开力度。强化评价结果运用,将其作为批复学校设置、核定招生计划、安排重大项目的重要参考。

六、打造中国特色职业教育品牌

（十七）提升中外合作办学水平。办好一批示范性中外合作办学机构和项目。加强与国际高水平职业教育机构和组织合作,开展学术研究、标准研制、人员交流。在"留学中国"项目、中国政府奖学金项目中设置职业教育类别。

（十八）拓展中外合作交流平台。全方位践行世界技能组织2025战略,加强与联合国教科文组织等国际和地区组织的合作。鼓励开放大学建设海外学习中心,推进职业教育涉外行业组织建设,实施职业学校教师教学创新团队、高技能领军人才和产业紧缺人才境外培训计划。积极承办国际职业教育大会,办好办实中国-东盟教育交流周,形成一批教育交流、技能交流和人文交流的品牌。

（十九）推动职业教育走出去。探索"中文+职业技能"的国际化发展模式。服务国际产能合作,推动职业学校跟随中国企业走出去。完善"鲁班工坊"建设标准,拓展办学内涵。提高职业教育在出国留学基金等项目中的占比。积极打造一批高水平国际化的职业学校,推出一批具有国际影响力的专业标准、课程标准、教学资源。各地要把职业教育纳入对外合作规划,作为友好城市(省州)建设的重要内容。

七、组织实施

(二十)加强组织领导。各级党委和政府要把推动现代职业教育高质量发展摆在更加突出的位置,更好支持和帮助职业教育发展。职业教育工作部门联席会议要充分发挥作用,教育行政部门要认真落实对职业教育工作统筹规划、综合协调、宏观管理职责。国家将职业教育工作纳入省级政府履行教育职责督导评价,各省将职业教育工作纳入地方经济社会发展考核。选优配强职业学校主要负责人,建设高素质专业化职业教育干部队伍。落实职业学校在内设机构、岗位设置、用人计划、教师招聘、职称评聘等方面的自主权。加强职业学校党建工作,落实意识形态工作责任制,开展新时代职业学校党组织示范创建和质量创优工作,把党的领导落实到办学治校、立德树人全过程。

(二十一)强化制度保障。加快修订职业教育法,地方结合实际制定修订有关地方性法规。健全政府投入为主、多渠道筹集职业教育经费的体制。优化支出结构,新增教育经费向职业教育倾斜。严禁以学费、社会服务收入冲抵生均拨款,探索建立基于专业大类的职业教育差异化生均拨款制度。

(二十二)优化发展环境。加强正面宣传,挖掘宣传基层和一线技术技能人才成长成才的典型事迹,弘扬劳动光荣、技能宝贵、创造伟大的时代风尚。打通职业学校毕业生在就业、落户、参加招聘、职称评审、晋升等方面的通道,与普通学校毕业生享受同等待遇。对在职业教育工作中取得成绩的单位和个人、在职业教育领域作出突出贡献的技术技能人才,按照国家有关规定予以表彰奖励。各地将符合条件的高水平技术技能人才纳入高层次人才计划,探索从优秀产业工人和农业农村人才中培养选拔干部机制,加大技术技能人才薪酬激励力度,提高技术技能人才社会地位。

2. 关于做好本科层次职业学校学士学位授权与授予工作的意见

学位办〔2021〕30 号

各省、自治区、直辖市学位委员会,新疆生产建设兵团学位委员会,军队学位委员会:

经国务院学位委员会审议通过,为贯彻全国职业教育大会精神和《国家职业教育改革实施方案》要求,指导省级学位委员会、本科层次职业学校做好本科层次职业教育学士学位授权与授予工作,突出职业教育特色,确保本科层次职业教育授予学士学位质量,促进本科层次职业教育高质量稳步发展,提出如下意见:

一、本科层次职业教育学士学位授权、授予、管理和质量监督按照《中华人民共和国学位条例》《中华人民共和国学位条例暂行实施办法》《学士学位授权与授予管理办法》执行。

二、申报本科层次职业教育学士学位授权的学校须为教育部批准的本科层次职业学校。具有本科层次职业教育学士学位授予权的学校可开展本科层次职业教育学士学位授予工作。

三、省级学位委员会负责本区域(系统)的本科层次职业教育学士学位授权审批工作,应及时修订学士学位授权审核办法,突出本科层次职业教育育人特色,明确本科层次职业教育学士学位授权相关要求。

四、省级学位委员会应制定本科层次职业教育学士学位授权单位、授权专业申请基本条件,条件应遵循职业教育办学规律,涵盖办学定位、师资队伍、人才培养、办学条件、管理制度等内容。申请基本条件不得低于教育部颁布的本科层次职业学校设置标准和本科层次职业教育专业设置标准。

五、本科层次职业教育学士学位按学科门类授予。教育部在颁布本科层次职业教育专业目录时,应明确专业归属的学科门类。本科层次职业教育专业目录的专业名称、代码、归属的学科门类发生变动时,省级学位委员会应对授权进行相应调整。

六、本科层次职业教育学士学位授予单位应制定本单位的学位授予程序。主要程序是:审查是否符合学士学位授予标准,符合标准的列入学士学位授予名单,学校学位评定委员会作出是否批准的决议。学校学位评定委员会表决通过的决议和学士学位授予名单应在校内公开,并报省级学位委员会备查。

七、本科层次职业教育学士学位授予单位应制定本单位的学士学位授予标准。学位授予标准应落实立德树人根本任务,坚持正确育人导向,强化思想政治要求,突出职业能力和职业素养水平,符合《中华人民共和国学位条例》及其暂行实施办法的规定。

八、本科层次职业教育暂不开展第二学士学位、辅修学士学位、双学士学位复合型人才培养项目、联合学士学位、高等学历继续教育学士学位的授予工作。

九、本科层次职业教育学士学位证书和学位授予信息按照《学位证书和学位授予信息管理办法》《学位授予信息管理工作规程》执行。

十、本科层次职业教育学士学位授予单位应建立学士学位管理和质量保障的相关规章制度,依法依规开展学士学位授予工作,确保本科层次职业教育学士学位授予质量。省级学位委员会应加强对本区域(系统)本科层次职业教育学士学位授予单位的统筹指导和质量监督,不断提升其开展学士学位授予工作的能力和水平。

国务院学位委员会办公室

2021 年 11 月 18 日

3. 人力资源社会保障部关于职业院校毕业生参加事业单位公开招聘有关问题的通知

人社部发〔2021〕82 号

各省、自治区、直辖市及新疆生产建设兵团人力资源社会保障厅(局),国务院各部委、各直属机构人事部门:

为深入贯彻习近平总书记在中央人才工作会议上的重要讲话精神和对职业教育、技能人才工作的重要指示精神,落实党中央、国务院关于积极推动职业院校毕业生在参加事业单位招聘等方面与普通高校毕业生享受同等待遇的要求,促进职业教育事业发展和技能人才队伍建设,根据《事业单位人事管理条例》和《事业单位公开招聘人员暂行规定》,现就职业院校(含技工院校,下同)毕业生参加事业单位公开招聘有关问题通知如下。

一、事业单位公开招聘要树立正确的选人用人理念,破除唯名校、唯学历的用人导向,建立以品德和能力为导向、以岗位需求为目标的人才使用机制。要合理制定公开招聘资格条件要求,不得将毕业院校、国(境)外学习经历、学习方式作为限制性条件,切实维护、保障职业院校毕业生参加事业单位公开招聘的合法权益和平等竞争机会。

二、事业单位公开招聘资格条件中的专业条件要求,应当以完成岗位职责任务所需具备的管理能力、专业素质或者技能水平为依据,按照事业单位公开招聘专业指导目录设置,或者参考考试录用公务员、高等学校、职业教育、技工院校等专业目录设置,并将所参考目录在招聘公告中予以明确。

三、事业单位公开招聘中有职业技能等级要求的岗位,可以适当降低学历要求,或者不再设置学历要求。在符合专业等其他条件的前提下,技工院校预备技师(技师)班毕业生可报名应聘学历要求为大学本科的岗位,高级工班毕业生可报名应聘学历要求为大学专科的岗位。

四、事业单位公开招聘主要以技能操作或技能指导履行职责任务的岗位,实际操作能力测试在考试中的比重原则上不低于 50%。职业院校毕业生为世界技能大赛国家集训手、全国技能大赛优胜奖以上选手、全国行业职业技能竞赛获奖选手(一类职业技能大赛中获决赛单人赛项前 10 名、双人赛项前 7 名、三人赛项前 5 名的选手)的,可作为高技能人才按规定采取直接考察的方式公开招聘到与所获技能奖项相关的岗位工作。

五、鼓励引导职业院校毕业生积极投身乡村振兴事业,职业院校毕业生与普通高校毕业生同等享受艰苦边远地区基层事业单位公开招聘倾斜政策。乡村振兴重点帮扶县基层事业单位工勤技能岗位补充急需紧缺技能人才的,可面向职业院校毕业生专项招聘。

各地各部门要进一步提高政治站位,从贯彻新发展理念、服务国家经济社会高质量发展的高度,充分认识做好职业院校毕业生参加事业单位公开招聘的重要性、必要性,认真履职尽责,按照本通知要求抓好贯彻落实,促进公共服务事业发展和技能人才队伍建设,着力营造人人皆可成才、人人尽展其才的良好社会环境。

人力资源和社会保障部

2021 年 10 月 22 日

4. 关于公布《职业教育提质培优行动计划（2020—2023年）》任务（项目）承接情况的通知

教职成司函〔2021〕1号

各省、自治区、直辖市教育厅（教委），新疆生产建设兵团教育局，有关单位：

根据《关于承接〈职业教育提质培优行动计划（2020—2023年）〉任务（项目）的通知》（教职成司函〔2020〕32号）要求，各省级教育行政部门积极组织申报，确定了本地拟承接的任务（项目）数量、承接单位和支持经费。现将各地承接情况予以公布，详见附件1、附件2。建设期内，各地承接的任务（项目）原则上不作调整，确需调整的须由省级教育行政部门函报我司备案。

2021年起，各地须在每年12月31日前，按照有关要求在"职业教育提质培优行动计划任务（项目）管理平台"填报年度工作进展及相关绩效数据。我部对各地执行情况开展评价，适时发布绩效评价报告，并作为考核省级政府履行教育职责和遴选国家新一轮重大改革试点项目的重要参考。2024年初，我部将根据各地建设成效，对任务（项目）开展综合评价，并对有关项目进行认定。

请各地将《职业教育提质培优行动计划（2020—2023年）》与"十四五"事业发展同规划、同部署、同考核，加强省级统筹，加大政策和资金保障，指导各承接单位积极开展建设工作，确保承接任务（项目）落地见效。

附件：1. 分省承接任务（项目）数量汇总表

      2. 分任务（项目）承接省份一览表（略）

教育部职业教育与成人教育司

2021年1月5日

附件 1

分省承接任务（项目）数量汇总表

序号	省份名称	承接任务（项目）数	预计总投入经费（万元）	预计投入经费（万元）				
				学校自筹	行业企业投入	举办方投入①	地市县投入②	省财政投入③
1	北京	45	448 645.91	37 495.10	15 978.37	39 653.72	200 488.72	155 030.00
2	天津	43	121 416.80	64 061.80	10 328.00	2 637.00	6 890.00	37 500.00
3	河北	45	1 635 190.42	483 168.55	164 488.70	16 053.50	736 379.67	235 100.00
4	山西	44	555 590.60	97 480.10	42 827.50	26 463.10	275 559.90	113 260.00
5	内蒙古	43	504 254.19	198 612.10	34 119.10	1 932.00	244 310.99	25 280.00
6	辽宁	44	684 888.50	160 801.80	35 742.50	33 504.00	103 540.20	351 300.00
7	吉林	45	582 918.03	360 229.33	48 389.00	5 130.70	129 869.00	39 300.00
8	黑龙江	42	243 893.07	112 233.69	30 481.33	24 173.55	53 999.50	23 005.00
9	上海	45	311 401.50	78 682.00	7 607.00	65 468.00	69 324.50	90 320.00
10	江苏	44	2 252 110.25	1 190 777.45	313 807.00	8 265.00	508 900.80	230 360.00
11	浙江	44	1 746 801.40	430 667.30	169 170.50	162 215.90	762 028.50	222 719.20
12	安徽	43	2 054 593.82	1 016 529.45	27 692.47	142 504.83	848 372.67	19 494.40
13	福建	44	606 407.71	260 399.50	52 433.10	67 791.30	165 283.81	60 500.00
14	江西	45	1 209 999.50	553 245.40	73 646.00	83 217.60	340 510.50	159 380.00
15	山东	45	2 822 102.28	1 000 823.48	385 159.80	23 306.10	1 038 412.90	374 400.00
16	河南	44	2 072 872.02	975 734.12	309 876.90	89 655.80	367 445.20	330 160.00
17	湖北	44	1 894 188.61	1 049 904.21	165 088.50	73 224.30	531 971.60	74 000.00
18	湖南	45	1 499 998.60	430 179.60	183 752.50	170 546.30	554 560.20	160 960.00
19	广东	42	522 630.00	237 850.00	15 600.00	16 230.00	112 100.00	140 850.00
20	广西	43	774 527.50	463 289.50	51 157.00	88 397.00	81 684.00	90 000.00
21	海南	41	93 911.00	38 751.00	7 329.00	15 457.00	934.00	31 440.00
22	重庆	45	1 643 514.65	547 779.85	94 612.00	91 074.50	711 614.30	198 434.00
23	四川	42	2 419 348.70	644 577.40	210 110.20	261 781.50	998 879.60	304 000.00

① 举办方投入是指非财政供养的举办方投入资金。

② 地市县投入是指包括地市县各级财政投入资金。

③ 省财政投入包括省级财政投入资金以及财政供养的举办方投入资金。

4. 关于公布《职业教育提质培优行动计划（2020—2023 年）》任务（项目）承接情况的通知

序号	省份名称	承接任务（项目）数	预计总投入经费（万元）	预计投入经费（万元）				
				学校自筹	行业企业投入	举办方投入	地市县投入	省财政投入
24	贵州	43	1 067 788.00	431 175.00	124 984.00	161 117.50	180 811.50	169 700.00
25	云南	40	664 868.50	263 795.50	81 294.50	70 727.00	224 051.50	25 000.00
26	西藏	24	5 222.00	1 442.00	0	0	0	3 780.00
27	陕西	43	1 023 217.40	390 390.30	56 808.50	100 716.70	204 169.10	271 132.80
28	甘肃	45	466 635.50	215 662.00	38 343.50	67 394.30	100 235.70	45 000.00
29	青海	45	119 666.20	12 046.50	7 343.00	13 935.00	68 341.70	18 000.00
30	宁夏	45	121 379.80	32 374.10	11 395.00	487.40	11 668.30	65 455.00
31	新疆	45	496 001.56	198 867.76	41 569.00	0	171 624.80	83 940.00
32	兵团	41	79 359.50	5 876.00	5 213.00	16 670.00	46 434.50	5 166.00

5. 教育部办公厅关于印发《本科层次职业教育专业设置管理办法(试行)》的通知

教职成厅〔2021〕1 号

各省、自治区、直辖市教育厅(教委),新疆生产建设兵团教育局:

为贯彻落实《国家职业教育改革实施方案》(国发〔2019〕4 号),进一步规范和完善本科层次职业教育专业设置管理,引导高校依法依规设置专业,我部制定了《本科层次职业教育专业设置管理办法(试行)》,现印发给你们,请认真执行。

教育部办公厅
2021 年 1 月 22 日

本科层次职业教育专业设置管理办法(试行)

第一章 总 则

第一条 为做好本科层次职业教育专业设置管理,根据《中华人民共和国教育法》《中华人民共和国职业教育法》《中华人民共和国学位条例》《中华人民共和国高等教育法》和《国家职业教育改革实施方案》等规定,制定本办法。

第二条 本科层次职业教育专业设置应牢固树立新发展理念,坚持需求导向、服务发展,顺应新一轮科技革命和产业变革,主动服务产业基础高级化、产业链现代化,服务建设现代化经济体系和实现更高质量更充分就业需要,遵循职业教育规律和人才成长规律,适应学生全面可持续发展的需要。

第三条 本科层次职业教育专业设置应体现职业教育类型特点,坚持高层次技术技能人才培养定位,进行系统设计,促进中等职业教育、专科层次职业教育、本科层次职业教育纵向贯通、有机衔接,促进普职融通。

第四条 教育部负责全国本科层次职业教育专业设置的管理和指导,坚持试点先行,按照更高标准,严格规范程序,积极稳慎推进。

第五条 省级教育行政部门根据教育部有关规定,做好本行政区域内高校本科层次职业教育专业建设规划,优化资源配置和专业结构。

第六条 教育部制订并发布本科层次职业教育专业目录,每年动态增补,五年调整一次。高校依照相关规定,在专业目录内设置专业。

第七条　本科层次职业教育专业目录是设置与调整本科层次职业教育专业、实施人才培养、组织招生、授予学位、指导就业、开展教育统计和人才需求预测等工作的重要依据,是学生选择就读本科层次职业教育专业、社会用人单位选用毕业生的重要参考。

第二章　专业设置条件与要求

第八条　高校设置本科层次职业教育专业应紧紧围绕国家和区域经济社会产业发展重点领域,服务产业新业态、新模式,对接新职业,聚焦确需长学制培养的相关专业。原则上应符合第九条至第十四条规定的条件和要求。

第九条　设置本科层次职业教育专业需有详实的专业设置可行性报告。可行性报告包括对行业企业的调研分析,对自身办学基础和专业特色的分析,对培养目标和培养规格的论证,有保障开设本专业可持续发展的规划和相关制度等。拟设置的本科层次职业教育专业需与学校办学特色相契合,所依托专业应是省级及以上重点(特色)专业。

第十条　设置本科层次职业教育专业须有完成专业人才培养所必需的教师队伍,具体应具备以下条件:

(一)全校师生比不低于1∶18;所依托专业专任教师与该专业全日制在校生人数之比不低于1∶20,高级职称专任教师比例不低于30%,具有研究生学位专任教师比例不低于50%,具有博士研究生学位专任教师比例不低于15%。

(二)本专业的专任教师中,"双师型"教师占比不低于50%。来自行业企业一线的兼职教师占一定比例并有实质性专业教学任务,其所承担的专业课教学任务授课课时一般不少于专业课总课时的20%。

(三)由省级及以上教育行政部门等认定的高水平教师教学(科研)创新团队,或省级及以上教学名师、高层次人才担任专业带头人,或专业教师获省级及以上教学领域有关奖励两项以上。

第十一条　设置本科层次职业教育专业需有科学规范的专业人才培养方案,具体应具备以下条件:

(一)培养方案应校企共同制订,需遵循技术技能人才成长规律,突出知识与技能的高层次,使毕业生能够从事科技成果、实验成果转化,生产加工中高端产品、提供中高端服务,能够解决较复杂问题和进行较复杂操作。

(二)实践教学课时占总课时的比例不低于50%,实验实训项目(任务)开出率达到100%。

第十二条　设置本科层次职业教育专业需具备开办专业所必需的合作企业、经费、校舍、仪器设备、实习实训场所等办学条件:

(一)应与相关领域产教融合型企业等优质企业建立稳定合作关系。积极探索现代学徒制等培养模式,促进学历证书与职业技能等级证书互通衔接。

（二）有稳定的、可持续使用的专业建设经费并逐年增长。专业生均教学科研仪器设备值原则上不低于 1 万元。

（三）有稳定的、数量够用的实训基地,满足师生实习实训(培训)需求。

第十三条　设置本科层次职业教育专业需在技术研发与社会服务上有较好的工作基础,具体应具备以下条件:

（一）有省级及以上技术研发推广平台(工程研究中心、协同创新中心、重点实验室或技术技能大师工作室、实验实训基地等)。

（二）能够面向区域、行业企业开展科研、技术研发、社会服务等项目,并产生明显的经济和社会效益。

（三）专业面向行业企业和社会开展职业培训人次每年不少于本专业在校生人数的2 倍。

第十四条　设置本科层次职业教育专业需有较高的培养质量基础和良好的社会声誉,具体应具备以下条件:

（一）所依托专业招生计划完成率一般不低于 90%,新生报到率一般不低于 85%。

（二）所依托专业应届毕业生就业率不低于本省域内高校平均水平。

第三章　专业设置程序

第十五条　专业设置和调整,每年集中通过专门信息平台进行管理。

第十六条　高校设置本科层次职业教育专业应以专业目录为基本依据,符合专业设置基本条件,并遵循以下基本程序:

（一）开展行业、企业、就业市场调研,做好人才需求分析和预测。

（二）在充分考虑区域产业发展需求的基础上,结合学校办学实际,进行专业设置必要性和可行性论证。符合条件的高等职业学校(专科)设置本科层次职业教育专业总数不超过学校专业总数的 30%,本科层次职业教育专业学生总数不超过学校在校生总数的 30%。

（三）根据国家有关规定,提交相关论证材料,包括学校和专业基本情况、拟设置专业论证报告、人才培养方案、专业办学条件、相关教学文件等。

（四）专业设置论证材料经学校官网公示后报省级教育行政部门。

（五）省级教育行政部门在符合条件的高校范畴内组织论证提出拟设专业,并报备教育部,教育部公布相关结果。

第四章　专业设置指导与监督

第十七条　教育部负责协调国家行业主管部门、行业组织定期发布行业人才需求以及专业设置指导建议等信息,负责建立健全专业设置评议专家组织,加强对本科层次职业教育专业设置的宏观管理。

第十八条　省级教育行政部门通过统筹规划、信息服务、专家指导等措施,指导区域内高校设置专业。

高校定期对专业设置情况进行自我评议,评议结果列入高校质量年度报告。

第十九条　教育行政部门应建立健全专业设置的预警和动态调整机制,把招生、办学、就业、生均经费投入等情况评价结果作为优化专业布局、调整专业结构的基本依据。

第二十条　教育行政部门对本科层次职业教育专业组织阶段性评价和周期性评估监测,高校所开设专业出现办学条件严重不足、教学质量低下、就业率过低等情形的,应调减该专业招生计划,直至停止招生。连续3年不招生的,原则上应及时撤销该专业点。

第五章　附　　则

第二十一条　本办法自发布之日起实施,由教育部职业教育与成人教育司负责解释。

6. 教育部关于印发《职业教育专业目录（2021年）》的通知

教职成〔2021〕2号

各省、自治区、直辖市教育厅（教委），新疆生产建设兵团教育局，有关部门（单位）教育司（局）：

为贯彻《国家职业教育改革实施方案》，加强职业教育国家教学标准体系建设，落实职业教育专业动态更新要求，推动专业升级和数字化改造，我部组织对职业教育专业目录进行了全面修（制）订，形成了《职业教育专业目录（2021年）》（以下简称《目录》）。现将《目录》印发给你们，请遵照执行，并就有关事项通知如下。

一、修订情况

《目录》按照"十四五"国家经济社会发展和2035年远景目标对职业教育的要求，在科学分析产业、职业、岗位、专业关系基础上，对接现代产业体系，服务产业基础高级化、产业链现代化，统一采用专业大类、专业类、专业三级分类，一体化设计中等职业教育、高等职业教育专科、高等职业教育本科不同层次专业，共设置19个专业大类、97个专业类、1 349个专业，其中中职专业358个、高职专科专业744个、高职本科专业247个。我部根据经济社会发展等需要，动态更新《目录》，完善专业设置管理办法。

二、执行要求

1. 优化专业布局结构。《目录》自发布之日起施行。2021年起，职业院校拟招生专业设置与管理工作按《目录》及相应专业设置管理办法执行。各省级教育行政部门要依照《目录》和办法，结合区域经济社会高质量发展需求合理设置专业，并做好国家控制布点专业的设置管理工作。中等职业学校可按规定备案开设《目录》外专业。高等职业学校依照相关规定要求自主设置和调整高职专业，可自主论证设置专业方向。我部指导符合条件的职业院校按照高起点、高标准的要求，积极稳妥设置高职本科专业，避免"一哄而上"。

2. 落实专业建设要求。我部根据《目录》陆续发布相应专业简介，组织研制相应专业教学标准。各地要指导职业院校依据《教育部关于职业院校专业人才培养方案制订与实施工作的指导意见》（教职成〔2019〕13号），对照《目录》和专业简介等，全面修（制）订并发布实施相应专业人才培养方案，推进专业升级和数字化改造。各职业院校要根据《目录》及时调整优化师资配备、开发或更新专业课程教材，以《目录》实施为契机，深入推进教师教材教法改革。

3. 做好新旧目录衔接。目前在校生按原目录的专业名称培养至毕业，学校应根据专业内涵变化对人才培养方案进行必要的调整更新。已入选"双高计划"等我部建设项目的相关专业（群），应结合《目录》和项目建设要求，进行调整升级。用人单位选用相关专业毕业生时，应做好新旧目录使用衔接。

专业目录是职业教育教学的基础性指导文件，是职业院校专业设置、招生、统计以及用人单位选用毕业生的基本依据，是职业教育类型特征的重要体现，也是职业教育支撑服务经济社会发展的重要观测点。各地要结合地方实际，加大宣讲解读，严格贯彻落实，不断深化职业教育供给侧结构性改革，提高职业教育适应性。实施过程中遇有问题，请及时报告我部（职业教育与成人教育司）。

附件：1. 职业教育专业目录（2021 年）（略）

       2. 中等职业教育新旧专业对照表（略）

       3. 高等职业教育专科新旧专业对照表（略）

       4. 高等职业教育本科新旧专业对照表（略）

教育部

2021 年 3 月 12 日

7. 教育部办公厅关于印发高等职业教育专科英语、信息技术课程标准（2021年版）的通知

教职成厅函〔2021〕4号

各省、自治区、直辖市教育厅（教委），新疆生产建设兵团教育局：

为贯彻落实《国家职业教育改革实施方案》，进一步完善职业教育国家教学标准体系，指导高等职业教育专科公共基础课程改革和课程建设，提高人才培养质量，我部组织研制了《高等职业教育专科英语课程标准（2021年版）》和《高等职业教育专科信息技术课程标准（2021年版）》。现印发给你们，请遵照执行。

附件：1. 高等职业教育专科英语课程标准（2021版）（略）

2. 高等职业教育专科信息技术课程标准（2021版）（略）

教育部办公厅

2021 年 3 月 23 日

8. 教育部办公厅关于公布《高等职业学校电子信息工程技术专业实训教学条件建设标准》等 32 项职业教育教学标准的通知

教职成厅函〔2021〕12 号

各省、自治区、直辖市教育厅(教委),各计划单列市教育局,新疆生产建设兵团教育局,有关单位:

为贯彻全国职业教育大会精神,落实《国家职业教育改革实施方案》,进一步完善职业教育标准体系,规范和加强实训教学环节,我部组织制定了《高等职业学校电子信息工程技术专业实训教学条件建设标准》等 32 项职业教育教学标准,请各地各职业院校依据标准,加强有关专业实训条件建设,保障人才培养质量。标准具体内容在教育部官网职成司页面"职业教育国家教学标准体系"专题中发布。

教育部办公厅

2021 年 6 月 24 日

9. 教育部关于做好全国中等职业学校管理信息系统建设工作的通知

教职成函〔2021〕8号

各省、自治区、直辖市教育厅（教委），新疆生产建设兵团教育局：

为推进教育治理体系和治理能力现代化，加快现代职业教育体系建设，落实《教育部关于加强新时代教育管理信息化工作的通知》（教科信函〔2021〕13号），进一步提升中等职业教育管理规范化、数据管理标准化、督导监管信息化、决策治理科学化，根据教育部"教育服务与监管体系信息化"建设要求，我部启动了全国中等职业学校管理信息系统（以下简称全国中职学校系统）建设工作，现就有关工作事项通知如下。

一、充分认识系统建设的重要性

全国中职学校系统是国家教育管理信息系统的核心组成部分，系统将覆盖全国各级教育行政管理部门和每一所核准开设的中等职业学校。通过统一信息系统平台和数据标准，分级规划用户数据维护和管理权限，提供围绕着中等职业学校日常管理中的综合信息、学校监测、党建工作、德育工作、产教融合、教学管理、实习实训、就业创业、职业培训、职教宣传等业务的常态化数据采集、规范管理、监测预警、统计分析等功能。系统建成后将有效有序实现全国中等职业教育信息系统的优化整合，推动数据实现"一数一源"，打通数据孤岛，深化教育大数据应用，有利于为教育教学规范管理、事业统计和科学决策等提供全面、真实、客观的动态数据，对促进教育公平、提高教育质量、提升治理水平和服务具有重要意义。

二、建立健全系统建设工作机制

全国中职学校系统涉及面广、数据量大、访问量高、建设工作技术性强，需要保障常态化运行。各地要建立由教育行政部门牵头，财政、信息等相关部门协同参与的工作机制，统筹协调相关工作。各省级教育行政部门要成立职业教育、规划、财务、招生、教育信息化等相关部门参与的工作领导小组，具体负责本省（区、市）系统建设、部署、培训、经费保障、用户管理、数据共享、数据采集、系统应用、运行维护等工作。各地要结合本地实际情况制定工作实施细则或办法，明确各部门任务分工和时间进度，确保建设工作顺利推进。

三、建立系统运行和维护的保障机制

全国中职学校系统省级及以下用户平台建设和运行维护统一纳入省级教育信息化建设

重点项目。各地要按照建设要求,落实系统部署实施、日常运行所需条件和运行维护所需经费,列支预算,加强经费管理,提高经费使用效益。各地要建立一支从省级相关行政部门到学校的系统应用保障队伍,确保有专人负责系统的操作和管理。加强人员培训,保障系统的全面应用和数据采集的准确性、完整性及及时性。全国中职学校系统的运行维护是一项长期工作,各地要建立保障该系统正常运行的长效机制,完善各项管理制度,切实保证系统运行平稳畅通、数据真实有效、管理体系规范有序。

四、严格落实系统建设有关部署

（一）制定工作方案。各省级教育行政部门要根据《全国中等职业学校管理信息系统部署实施工作方案》(附件1)制定本地区工作方案,成立相关工作小组,并于2021年8月31日前将工作小组人员信息报送我部职业教育与成人教育司。

（二）做好保障准备。各地要根据《全国中等职业学校管理信息系统部署实施技术要求》(附件2),做好全国中职学校系统部署的相关保障准备工作。

（三）及时部署到位。各地要按照《全国中等职业学校管理信息系统部署实施时间要求》(附件3),按时按要求完成各项部署实施工作,并向我部教育管理信息中心报送技术保障方案落实情况。各省级教育行政部门需要督促本地区各级用户和中职学校按照实施时间要求推进工作并开设各级账号。各省级系统部署完毕、各省级管理员账号和所有校级账号激活的截止日期为2021年12月31日。

（四）完善日常应用。各地按照我部对中等职业学校的规范管理和质量提升工作要求,结合本省实际,积极推动系统在日常工作中的使用,做好监督预警和常态运行记录,坚守底线,夯实基础,培育标杆。各省启动基础数据补录和2020学年度业务数据首轮填报的截止日期为2022年3月31日,自2022年4月1日起系统进入常态化运行。

（五）建立通报制度。从2021年9月本系统开始推行后,各地于每月5日前将《全国中等职业学校管理信息系统建设进展情况月报表》(附件4)报送我部职业教育与成人教育司和教育管理信息中心。我部将对未在规定时间内完成任务的省份进行通报,并将任务完成情况纳入优质中职学校和优质专业遴选以及现代职业教育质量提升计划转移支付的重要考量因素。

（六）合理规划自建系统与全国中职学校系统的融合。原则上各地须统一使用全国中职学校系统,对已有自建系统且稳定运行多年的省份,在本省(区、市)全国中职学校系统试运行阶段结束,系统正式上线启用后根据实际情况进行科学论证,确需融合的省(区、市)在满足安全三级等保要求、技术规范、数据标准一致的前提下,制定与全国中职学校系统融合的可行性方案,评估工作量和工期,编制本省(区、市)自建系统与全国中职学校系统的融合方案,并报送申请材料和方案,经部级技术评审和安全评估通过后,方可实施融合。涉及部分部级核心管理业务和审批流程业务,仍须使用全国中职学校系统完成。

（七）强化数据结果运用。全国中职学校系统在各地的推广应用是《国家职业教育改革实施方案》中的重点工作内容，各地要将核心工作中的数据应用和日常管理紧密结合，确保数据填报的及时、真实、准确。该系统数据将作为教育部对各地中等职业教育管理、考核、通报、奖补的重要依据。

联系人及方式：

教育部职业教育与成人教育司

李恒 010-66097867，邮箱：zcsyxc@moe.edu.cn

教育部教育管理信息中心

董丽萍 010-66092069-802，邮箱：donglp@moe.edu.cn

技术服务支持邮箱：zzxxgl@126.com

附件：1. 全国中等职业学校管理信息系统部署实施工作方案（略）

2. 全国中等职业学校管理信息系统部署实施技术要求（略）

3. 全国中等职业学校管理信息系统部署实施时间要求（略）

4. 全国中等职业学校管理信息系统建设进展情况月报表（略）

教育部

2021 年 6 月 30 日

10. 教育部办公厅关于开展中德先进职业教育合作项目遴选工作的通知

教外厅函〔2021〕16 号

各省、自治区、直辖市教育厅（教委），新疆生产建设兵团教育局：

为深入贯彻落实习近平总书记对职业教育工作的重要指示和全国职业教育大会精神，深化产教融合、校企合作，深入推进育人方式、办学模式、管理体制、保障机制改革，借鉴"双元制"办学模式，推动建设具有国际先进水平的中国特色职业教育体系，按照《国家职业教育改革实施方案》《教育部等八部门关于加快和扩大新时代教育对外开放的意见》等文件精神，教育部与德国等欧洲职业教育模式先进国家行业龙头企业联合实施中德先进职业教育合作项目（Sino-German Advanced Vocational Education，简称 SGAVE 项目）。现将项目遴选工作有关事宜通知如下。

一、总体目标

项目借鉴德国等欧洲国家行业龙头企业开展"双元制"人才培养的技术和经验储备，根据《中华人民共和国经济和社会发展第十四个五年规划和 2035 年远景目标纲要》中所涉及的汽车、智能制造、新一代信息技术等重点领域相关专业，遴选试点院校，按照"双元制"模式要求中德联合开发和实施适应我国国情的技术技能人才培养方案。通过课程体系建设、"双师型"教师队伍培养、考核和评估认证体系构建等多种方式，推动"三教"改革，提升职业院校产教融合、校企合作与国际交流水平，打造高素质技术技能人才培养国际合作精品项目，为我国制造业转型升级和高质量发展奠定人才基础。

二、主要任务

（一）开发以实践为导向的项目教学体系。项目将根据试点院校需求，联合德国企业面向汽车、智能制造、新一代信息技术等领域与试点院校共同制订专业人才培养方案、构建学习领域课程体系，开发课程标准、实训标准和考核评价标准。德方重点提供有关框架教学计划、实践教学工作手册、近几年有关题库和考试方案，支持试点院校教学团队建设，帮助掌握先进的课程开发方法、提高实践教学能力，课程资源将汇集形成数字化教学资源供试点院校使用。

（二）提升项目院校"双元"育人水平。项目将每年面向试点院校组织 2~3 次专业教师培训及 1 次校长培训，邀请德国和国内"双元制"职业教育专家及企业培训师开展项目教学法及先进技术专项培训;根据项目进展情况,组织试点院校教师团队赴德国进修学习。德方支持培养一批职业培训师,提供企业培训中心建设方案、企业培训规则并支持满足有关技能教学的设施设备等,在试点专业中及时把先进工艺、前沿技术传递给教师和管理人员。

(三)构建考核评价认证体系。项目将协同合作企业共同开发适应相关专业需要的评价和认证体系,并将其应用到教学和培训实践中。每年由政府、企业和院校代表组成评估团队,分学生、教师、学校三个层面对试点院校参与项目情况实施考核、评估和认证,通过考核者将获得中德先进职业教育合作项目证书。支持在试点专业开展"学历证书+若干职业技能等级证书"制度试点。

(四)区域推广中德职业教育项目合作模式。项目将以"体系完备、标准完善、保障有力、评价科学"为原则,发挥现有 8 所"中德先进职业教育合作项目示范中心"引领和辐射作用,将各相关专业人才培养成熟模式推广到区域内其他职业院校并提供考试认证、学习培训等服务,共享优质教育资源,带动区域职业院校相关专业共同发展。

三、项目遴选

(一)申报院校范围

设置有汽车、智能制造、新一代信息技术领域相关专业,办学基础条件较好,有意参与中德政校企合作的职业院校可自愿申报。(具体标准见附件 2)

(二)申报及遴选流程

1. 院校申报。申报院校需按要求认真填写报名表(附件 3),并在规定时间内将报名表提交省级教育行政部门审核。

2. 省级推荐。原则上,各省在汽车(新能源)、智能制造、新一代信息技术领域相关专业可各推荐 1~2 所职业院校参与项目试点;在汽车领域相关专业可推荐有意向参与合作的中、高职院校参与项目,数量不限。

3. 遴选确定。教育部国际合作与交流司(以下简称国际司)、职业教育与成人教育司(以下简称职成司)委托中德先进职业教育合作项目秘书处(以下简称项目秘书处)组织专家团队对推荐结果进行审核、公示,之后公布入选试点院校名单。

通过遴选的试点院校应根据项目要求,指派专门机构、专人负责,在项目秘书处指导下切实推进项目建设。

四、工作要求

(一)各省级教育行政部门应高度重视,认真组织申报并调动资源支持项目。各地应本着自愿、公平、择优的原则,组织职业院校进行申报,按照项目申报条件要求进行初步遴选后,将推荐院校信息提交至项目秘书处。项目实施过程中,各地应整合资源,对试点院校予以优先支持。

（二）各方共同组建项目指导委员会，统筹推进项目发展。教育部国际司和职成司、德国合作企业、地方教育行政部门、试点院校等各方代表共同组成中德先进职业教育合作项目指导委员会，每年召开1次会议，检查工作进度并部署下一阶段工作。教育部委托同济大学中德职业教育能力中心承担项目秘书处功能。项目秘书处将发挥在职业教育研究、国际合作设计、企业资源引入等方面的优势，协调各方资源，确保项目各环节高质量实施。

（三）试点院校应高标准推进项目建设。项目将充分利用试点院校已有基础和合作企业捐赠投入的技术、教学资源和专家资源，在试点院校实施为期3~4年的培育建设，并定期实施考核评估。试点院校应组建专门机构、指派专人负责，在项目秘书处的指导下从教师、教材、教法和学校管理体制等方面全面配合项目模式落地，推动项目内涵式发展。

（四）系统实施项目成果评价。教育部国际司和职成司将会同项目秘书处，按照中德先进职业教育合作项目评价指标要求，每年对试点院校进行实施效果评估。评估结果将作为院校参与职业教育改革试点项目重要参考指标。

五、其他事项

（一）项目联系人及联系方式
中德先进职业教育合作项目秘书处（同济大学中德职业教育能力中心）
联系人：刘冉冉 徐智菊
联系电话：021-65981768
教育部国际合作与交流司联系人：于冬冰
联系电话：010-66097643
教育部职业教育与成人教育司联系人：卢昊
联系电话：010-66097741
（二）材料电子版获取方式
教育部网站—国际合作与交流司通知栏
附件：1. 中德先进职业教育合作项目简介
2. 中德先进职业教育合作项目申报条件
3. 中德先进职业教育合作项目申报表（略）

教育部办公厅
2021 年 7 月 7 日

附件 1

中德先进职业教育合作项目简介

一、项目发展历史

中德先进职业教育合作项目(Sino - German Advanced Vocational Education,简称 SGAVE)源于教育部与德国大众、奥迪、宝马、戴姆勒、保时捷五大汽车厂商自 2010 年至 2020 年共同实施的"中德职业教育合作汽车机电项目"。

中德职业教育合作汽车机电项目按照德国"双元制"职业教育人才培养模式,由德国车企、高校专家和中国高职院校教师、职教专家共同设计适应中国高职院校的、贯穿机电一体化人才培养三年全周期的教学大纲;项目采用"客户委托、工单引领、问题导向"的"剥洋葱式"模块授课模式,坚持学生考核、学校审核、教师培训标准化,坚持企业全程参与学校遴选、学生组班、轮岗实习、顶岗实习各环节,构建了完整的人才培养体系和质量保障体系,推动了校企合作、产教融合内涵建设。

中德职业教育合作汽车机电项目实施十年间,共在全国 25 所院校开设了 222 个项目班,培养毕业生近 4 000 人,认证教师 200 余名,遴选了 8 所项目示范中心,发展了 750 家德系汽车品牌经销商网络,项目毕业生在德系汽车品牌就业率达 75%以上。项目有效服务高职院校"三教"改革和提质培优行动,多所项目院校获得国家教学成果奖,教师获得"教学名师"称号,项目院校学生多次获得各级各类技能大赛奖项。

根据项目发展需要,为加强成果辐射和本土化推广,中德职业教育汽车机电合作项目自 2021 年起中文名称变更为"中德先进职业教育合作项目",英文由"Sino-German Automotive Vocational Education"变更为"Sino-German Advanced Vocational Education",英文简称 SGAVE 不变。

二、SGAVE 项目运用与维修技术专业院校名单

序号	院校名称
1	北京交通运输职业学院
2	浙江交通职业技术学院
3	长春汽车工业高等专科学校
4	成都航空职业技术学院
5	江西交通职业技术学院
6	重庆电子工程职业学院

序号	院校名称
7	陕西交通职业技术学院
8	无锡职业技术学院
9	湖北工业职业技术学院
10	日照职业技术学院
11	天津职业大学
12	天津交通职业学院
13	内蒙古交通职业技术学院
14	柳州职业技术学院
15	云南交通职业技术学院
16	新疆职业大学
17	云南机电职业技术学院
18	黑龙江农业工程职业学院
19	邢台职业技术学院
20	漳州职业技术学院
21	盐城工业职业技术学院
22	南京信息职业技术学院
23	兰州职业技术学院
24	陕西机电职业技术学院
25	山西机电职业技术学院

三、SGAVE 项目示范中心院校名单

序号	院校名称
1	北京交通运输职业学院
2	长春汽车工业高等专科学校
3	成都航空职业技术学院
4	陕西交通职业技术学院
5	无锡职业技术学院
6	天津职业大学
7	柳州职业技术学院

序号	院校名称
8	新疆职业大学

附件2

中德先进职业教育合作项目申报条件

一、申报院校范围

各级各类职业院校

二、申报条件

（一）学校具有一定社会影响力。

（二）对进一步扩大教育领域国际合作与交流,引入中德双元制人才培养模式并进行本土化探索实践,深化产教融合、校企合作改革人才培养模式有强烈意愿。

（三）学校领导重视职业教育教学改革,改革氛围浓厚,教师积极参与;有意愿积极采用中德先进职业教育合作项目(Sino-German Advanced Vocational Education,简称 SGAVE 项目)人才培养方案,积极参与项目实施工作。

（四）承诺为项目选拔提供至少4名骨干教师。

（五）有稳定资金投入配套项目建设,支撑项目实施落地和人才培养。

（六）项目专业年招生人数不低于组建一个项目班级(30人左右)。

（七）申报参与项目专业有校企合作经验者优先考虑。

（八）申报参与项目专业领域范围:

申报中德先进职业教育合作项目汽车、智能制造、新一代信息技术等领域项目院校需要开设包括但不限于下列表中专业之一。

中德先进职业教育合作项目需开设专业表

重点领域	中职 专业名称	高职专科 专业名称	高职本科 专业名称
汽车	新能源汽车运用与维修 汽车运用与维修	新能源汽车技术 智能网联汽车技术 新能源汽车检测与维修技术 汽车检测与维修技术	—

10. 教育部办公厅关于开展中德先进职业教育合作项目遴选工作的通知

重点领域	中职 专业名称	高职专科 专业名称	高职本科 专业名称
智能制造	—	机电一体化技术 智能机电技术 工业机器人技术 工业过程自动化技术 机械制造及自动化	智能制造工程技术 机械电子工程技术 机器人技术
新一代信息 技术	—	软件技术 数字媒体技术 大数据技术 移动应用开发	软件工程技术 数字媒体技术 大数据工程技术

（九）能提供实施理实一体化教学的场地空间及必要设施（水、电、气、排风等），并配备基本教学设施设备。

三、申报时间及审核程序

（一）申报时限

2021年7月15日—2021年9月30日。

（二）申报及遴选程序

1. 院校填写申报表并附带佐证材料提交所属省级教育行政部门。

2. 省级教育行政部门将推荐名单及相关辅助材料的纸质版和电子版发送至项目秘书处（同济大学中德职业教育能力中心）。

3. 项目秘书处组织行业、企业和职教专家进行遴选评估，确定学校遴选结果。

4. 项目秘书处将确定的合作院校名单送报教育部和各省级教育行政部门备案。

（三）联系人及联系信息

联系人:徐智菊　刘冉冉

联系电话:021-65981768

邮寄地址:上海市杨浦区赤峰路50号同济大学中德大楼1109室

电子邮箱:info@ sgave.com.cn

11. 教育部办公厅关于做好中等职业学校公共基础课程教材使用的通知

教职成厅函〔2021〕16号

各省、自治区、直辖市教育厅（教委），新疆生产建设兵团教育局，有关单位：

为贯彻全国职业教育大会精神，按照《职业院校教材管理办法》《中等职业基础课程方案》和中等职业学校数学、英语等7门公共基础课程标准要求，经有关单位申报、形式审查、专家审议、面向社会公示、专家审读完善等程序，最终遴选了17家出版单位的44种教材入选建设名单。13家出版单位的32种教材入选首批中等职业学校公共基础课程教材（详见附件1，其余教材后续公布），并将于2021年秋季学期起开始选用。现就有关事项通知如下。

一、高度重视教材书目和选用管理。根据《职业院校教材管理办法》，中等职业学校公共基础必修课程教材须在国务院教育行政部门发布的国家规划教材目录中选用。中等职业学校公共基础课程教材是"十四五"职业教育国家规划教材的重要组成部分，从2021年秋季学期到2022年秋季学期期间陆续公布书目并投入使用。各省级教育行政部门要指导区域内中等职业学校从2022年秋季学期起全部选用新教材，各中等职业学校应及时将选用结果报主管教育行政部门备案。

二、及时做好教材发行和内容更新。各公布教材出版单位须按照要求规范使用中等职业学校公共基础课程教材专用标识（见附件2），健全发行机制，确保课前到书。同时，各教材编写单位、主编要按规定对教材内容及时修订，并不断丰富配套信息化教学资源。

三、严格规范教材出版和标识使用。任何单位和个人不得违规组织编写出版中等职业学校数学、英语等7门公共基础课程教材。未入选的教材不得擅自使用教材专用标识，或使用可能误导教材选用的相似标识及表述，如标注主体或范围不明确的"规划教材""示范教材""新课标教材"等字样，或擅自标注"全国""国家"等字样。

四、稳步推进教材建设和质量保障。中等职业学校公共基础课程教材建设实行动态更新机制，成熟一批、公布一批，打造多元立体的公共基础课程教材体系。各地教育行政部门要建立新教材选用跟踪调查制度，组织专家对职业院校教材选用、教材编写质量和内容更新、教材出版和发行服务等进行核查评价，保证中等职业学校公共基础课程教材建设成果。

附件：1. 首批中等职业学校公共基础课程教材目录（略）

2. 中等职业学校公共基础课程教材标识及使用要求（略）

教育部办公厅
2021 年 7 月 26 日

12. 教育部 财政部关于实施职业院校教师素质提高计划（2021—2025 年）的通知

教师函〔2021〕6 号

各省、自治区、直辖市教育厅（教委）、财政厅（局），新疆生产建设兵团教育局、财政局：

为深入贯彻习近平总书记关于教育的重要论述和全国职业教育大会精神，落实《中共中央 国务院关于全面深化新时代教师队伍建设改革的意见》《国家职业教育改革实施方案》《国民经济和社会发展第十四个五年规划和 2035 年远景目标纲要》，加强职业院校高素质"双师型"教师队伍建设，促进职业教育高质量发展，教育部、财政部决定联合实施职业院校教师素质提高计划（2021—2025 年）（以下简称"计划"），现将有关事项通知如下。

一、总体要求

（一）指导思想

以习近平新时代中国特色社会主义思想为指导，贯彻党的十九大和十九届二中、三中、四中、五中全会精神，牢固树立新发展理念，落实立德树人根本任务，深化产教融合、校企合作，突出"双师型"教师个体成长和"双师型"教学团队建设相结合，兼顾公共基础课程教师队伍建设，着力提升教师思想政治素质和师德素养，提高教师教育教学能力，努力造就一支师德高尚、技艺精湛、专兼结合、充满活力的高素质"双师型"教师队伍，推动职业教育高质量发展。

（二）主要目标

发挥示范引领作用，带动地方健全完善职业院校教师培训体系和全员培训制度，打造高水平、高层次的技术技能人才培养队伍。创新培训方式，重点支持骨干教师、专业带头人、名师名校长和培训者等的能力素质提升。教师按照国家职业标准和教学标准开展教育教学、培训和评价的能力全面提高，分工协作进行模块化教学的模式全面实施，"双师型"教师和教学团队数量基本充足，校企共建一批"双师型"教师培养培训基地，现代职业教育师资培训体系基本健全。

（三）实施原则

1. 服务大局，突出重点。服务国家经济社会发展、技术变革和产业优化升级需要，落实职业教育高质量发展和深化新时代教师队伍建设改革的总体要求，重点支撑职业教育教师、教材、教法改革（"三教改革"）和 1+X 证书制度改革。

2. 深化改革，提质增效。全面推进教师培训关键环节改革，优化培训内容，鼓励各地根据地方特色产业发展需求设置创新项目。改进培训形式,探索成果转化机制,持续强化返岗实践运用成效。

3. 分层分类,精准施策。根据职业院校教师专业发展不同阶段需求,教师、管理者和培训者不同群体需要,精准分析培训需求,科学制订培训方案,加强过程管理与诊断改进。

4. 分级实施,示范引领。坚持和完善国家示范引领、省级统筹实施、市县联动保障、校本特色研修的四级培训体系,建立健全管理制度和考核评价机制,提升培训质量与效益。

二、重点任务

(一)优化完善教师培训内容

1. 落实立德树人根本任务。以习近平新时代中国特色社会主义思想特别是习近平总书记关于职业教育的重要指示批示铸魂育人。推进理想信念教育常态化,将思想政治和师德师风纳入教师培训必修内容。全面推进课程思政建设,切实增强教师课程思政意识和能力,使各类课程与思政课程同向同行,寓价值观引导于知识传授和能力培养之中。加强党史、新中国史、改革开放史、社会主义发展史教育,大力弘扬职业精神、工匠精神、劳模精神。

2. 对接新标准更新知识技能。对接新专业目录、新专业内涵,适应职业教育教学改革需求,特别是复合型技术技能人才培养培训模式改革需求,把职业标准、专业教学标准、职业技能等级证书标准、行业企业先进技术等纳入教师培训必修模块,提升教师落实育训并举的能力。

3. 强化提升教育教学能力。推进教师的理念转变、知识更新、技能提升,提高教师参与研制专业人才培养方案的能力、组织参与结构化模块式教学的能力、运用现代教育理论和方法开展教育教学的能力。加强职业教育心理学、德育与班主任工作、现代教育技术等方面内容培训。全面提升教师信息化教学能力、教材开发能力,促进信息技术与教育教学融合创新发展。

(二)健全教师精准培训机制

4. 创新教师培训形式。精准分析不同发展阶段、不同类型教师专业发展需求,综合采取线下混合研修、在线培训、结对学习、跟岗研修、顶岗研修、访学研修、返岗实践等灵活多样的研修方式,为教师量身打造培训方案,建立适应职业技能培训要求的教师分级培训模式。

5. 健全校企合作机制。强化教师到行业企业深度实践,注重提升"双师"素养。推进专业课教师每年至少累计 1 个月以多种形式参与企业实践或实训基地实训。建立校企人员双向流动、相互兼职常态运行机制。完善政府、行业企业、学校、社会等多方参与的教师培养培训机制。探索跨区域联合组织实施培训,推动东西部结对帮扶、区域间资源共享、经验交流。

(三)健全教师发展支持体系

6. 打造高水平教师培训基地。支持高水平学校和大中型企业共建"双师型"教师培养培训基地、企业实践基地,充分发挥引领作用,辐射区域内学校和企业,提升校企合作育人水平。认定一批"双师型"教师培养培训示范基地。鼓励校企共建教师发展中心,在教师和员工培训、课程教材开发、实践教学、学术成果转化等方面开展深度合作。

7. 锻造高素质专业化培训者团队。加大培训者团队培训力度,提升培训队伍的项目管理能力和组织实施能力。聘请技术能手、职教专家和行业企业高水平人员参与教师培训工作,打造一支能够适应职业教育改革需要、指导教师专业发展的培训专家队伍。培训基地要加强相应的课程资源和师资力量的投入,组建专业化培训团队。

8. 推进培训资源共建共享。开发一批教师培训优势特色专业和优质课程资源。建立对接产业、实时更新、动态调整的产业导师资源库。完善现有信息管理平台,鼓励有条件的地方建设培训资源平台,推动培训基地、企业实践基地等的优质培训资源共建共享。

(四)强化日常管理和考核

9. 强化监督管理。各省级教育部门要依托相关管理机构,利用信息化等手段,对培训工作进行全程管理。成立职业院校教师培训专家工作组,定期组织开展质量监测、指导调研和跟踪问效。"十四五"期间,教育部将组织专家对各省份"计划"执行情况开展视导。

10. 健全考核评价机制。各省级教育部门要积极完善政府、行业、企业、职业院校等共同参与的质量评价机制,支持第三方机构开展评估,采取专家实地调研、现场指导、网络监测评估、学员匿名评估、第三方评估等方式,对各机构项目实施过程及成效进行考核,考核结果作为经费分配、任务调整的重要参考。

三、保障措施

(一)加强顶层设计,强化统筹规划

教育部负责"计划"的顶层设计、总体规划、年度任务部署和绩效评价,优化工作推进相关制度。各省级教育部门要加强对本地区"计划"的组织实施,建立健全工作推进机制,加快执行进度,每年根据事业发展和培训需求,制定本地区年度实施方案,加强监督检查、跟踪问效。

(二)建优培训体系,强化分工协作

健全完善国家示范引领、省级统筹实施、市县联动保障、校本特色研修的四级培训体系。中央财政投入主要用于骨干教师、专业带头人、名师名校长、培训者的示范性培训等,省、市、县和学校在国家的示范引领下,重点支持开展对新入职教师、青年教师等的培训和校企合作,强化校本研修,实现职业院校教师培训全员覆盖。

(三)优化投入结构,严格使用管理

各地要加强职业教育教师队伍建设资金使用管理,确保经费按时拨付。经费投入要进一步突出改革导向。各省级教育部门、培训机构要参照国家关于培训经费管理的相关规定及《现代职业教育质量提升计划资金管理办法》等文件,结合本省实际制定相关资金管理办法,严格界定经费开支范围,规范拨付流程,加强经费使用监管,提高经费使用效益。

各省级教育部门要制定本省职业院校教师素质提高计划"十四五"实施规划并报教育部备案。同时,每年12月底前制定次年实施方案并报教育部备案。

附件:职业院校教师素质提高计划指导方案

教育部 财政部

2021 年 7 月 29 日

附件

职业院校教师素质提高计划指导方案

一、"三教"改革研修

1. 课程实施能力提升。面向职业院校专业骨干教师,采取集中研修、岗位辅导等形式,分阶段开展研修。研修内容主要包括职业教育国家教学标准体系、课程思政实施、人才培养方案和教案编写与实施、新型活页式与工作手册式教材编写与使用、模块化教学模式研究与实施、实训实习教学组织与实施、教学诊断与改进的实施、教学质量评价等。

2. 信息技术应用能力提升。面向职业院校骨干教师,采取集中研修、项目实操等形式,分阶段开展研修。研修内容主要包括职业教育信息化制度标准、数字化教学资源开发制作应用、在线教学组织实施和平台使用、混合式教学组织实施、VR(虚拟现实)、AR(增强现实)、MR(混合现实)、AI(人工智能)等新一代信息技术应用、教学管理信息化应用。

3. 1+X 证书制度种子教师培训。遴选 1+X 证书制度试点院校专业带头人、骨干教师,采取联合研发、合作培训、岗位实践等方式,分阶段开展研修。研修内容主要包括职业(专业)技能,职业技能等级标准、专业教学标准与人才培养方案改革,职业技能等级证书与专业课程融合,模块化教学方式方法,职业技能等级考核与培养课程考核评价等。

4. 公共基础课教学能力提升。面向职业院校公共基础课,特别是中职学校思想政治、语文、历史专任教师和高职学校思想政治理论课专职教师,采取线上线下相结合的混合研修、专题研修和德育研学等形式,分阶段开展培训。内容主要包括中职思想政治、语文和历史三科统编教材编写思路、课程内容和教学方法;新时代思想政治理论课教学改革与质量评价;中职数学等 7 门公共基础课,高职英语、信息技术等公共基础课教学能力提升;教案、教学案例开发设计等。

5. 访学研修。遴选骨干教师或专业带头人到国家职教师资培养培训基地、"双高计划"建设单位等优质学校、学术和科研机构及国内外高水平大学进行访学,采取结对学习、联合教研、专项指导、顶岗研修等方式,分阶段开展研修。研修内容主要包括人才培养方案研制、专业升级与数字化改造、课程开发与建设、名师工作室建设、教学能力大赛、技能大赛、教科研方法等。

二、名师名校长培育

6. 名校长(书记)培育。遴选职业院校校长(书记)参加培训,通过集中研修、跟岗研修、考察交流、在线研讨、返岗实践等方式进行培育,内容主要包括党中央、国务院关于职业教育和教师工作的重要政策、国际职业教育先进理念和实践、区域职业教育现代化、职业院校治理、职业院校人才培养模式改革、1+X 证书制度、"三教"改革组织领导与实施、校企合作深化、教育教学成果培育、信息化建设管理和应用等。

7. 名师(名匠)团队培育。遴选职业院校具有较大影响力的教学名师或具有绝招绝技的技能大师(专兼职)组建"双师型"名师(名匠)工作室或技艺技能传承创新平台,通过定期团队研修、项目研究、行动学习等方式,进行为期 3 年的分阶段研修。"双师型"名师(名匠)工作室研修内容主要包括模块化课程建设与组织实施、教学资源研发、教学能力和教科研能力提升等;技艺技能传承创新平台研修内容主要包括技术技能传承、积累与开发应用、传统(民族)技艺传承、实习实训资源开发、创新创业教育经验交流等。

8. 培训者团队建设。面向全国职教师资培养培训基地和省级师资培训基地骨干培训教师、培训管理人员,组建专业教学团队、培训管理团队。通过集中面授、网络研修、课题研究相结合的方式进行分阶段研修。研修内容主要包括培训基地建设、需求分析方法、模块化培训课程设计、绩效考核评估等。

三、校企双向交流

9. 教师企业实践。选派职业院校青年教师到国家级教师企业实践基地开展产学研训一体化岗位实践,采用教师企业实践流动站顶岗、参与研发项目、兼职任职等方式,开展企业跟岗实践,可分阶段进行。内容主要包括了解企业的生产组织方式、工艺流程、产业发展趋势等基本情况,熟悉企业相关岗位职责、操作规范、技能要求、用人标准、管理制度、企业文化等,学习所教专业在生产实践中应用的新知识、新技术、新工艺、新材料、新设备、新标准等。

10. 产业导师特聘。支持职业院校设立一批产业导师特聘岗,聘请企业工程技术人员、高技能人才、管理人员、能工巧匠等到学校工作。采取兼职任教、合作研究、参与项目等方式。工作内容主要包括承担教学工作,参与学校专业建设、课程建设,参与"双师型"名师工作室建设、校本研修、产学研合作研究等。

13. 教育部办公厅关于严格规范中等职业学校招生、学籍和资助管理工作的通知

教职成厅函〔2021〕19 号

各省、自治区、直辖市教育厅（教委），新疆生产建设兵团教育局：

为贯彻落实全国职业教育大会精神，防范化解中等职业学校招生、学籍和资助管理领域存在的风险，根据《中等职业学校学生学籍管理办法》（教职成〔2010〕7 号）、《中等职业学历教育学生学籍电子注册办法（试行）》（教职成〔2014〕12 号）、《学生资助资金管理办法》（财科教〔2019〕19 号）、《中等职业学校学生资助工作指南》（教财厅函〔2020〕8 号）等规定，现就严格规范中等职业学校招生、学籍和资助管理工作通知如下。

一、规范中等职业学校考试招生行为

（一）深入实施"阳光招生"。各地要加快建设中等职业学校和普通高中统一招生平台，做到统一填报志愿、统一办理录取手续、统一注册学籍。要严格落实招生信息公开职责，建立招生信息公开制度，严肃招生纪律，规范招生秩序，及时向社会明确告知招生信息公示网站。

（二）清查办学资质。建立中等职业学校办学资质年检制度，每年春季学期开学前，各地教育行政主管部门要通过中等职业学校管理信息系统并结合线下审查，对中等职业学校办学资质进行年检并公示。对年检不合格且拒不整改的学校，缩减其招生计划，暂停新生学籍注册，直至停止招生；对不具备中等职业学历教育办学资质的学校和未经办学地教育行政部门审批设立的中职异地分校、办学点，要坚决取缔招生资格。

二、严格中等职业学校学籍管理

（三）及时注册和维护中职学生学籍信息。各校要在新生入学 20 个工作日内通过全国中等职业学校学生管理信息系统（以下简称中职学籍系统）为其建立电子档案。中等职业学校新生秋季学籍电子注册截止日期为当年 11 月 20 日，春季学籍电子注册截止日期为当年 4 月 20 日。在学生学籍发生异动（含留级、转学、转专业、休学、退学、注销、死亡等）时，必须及时维护相关信息。在毕业学生离校前 20 个工作日内，通过中职学籍系统为其办理毕业手续，同时在办理毕业手续之前，通过全国学生资助管理信息系统完成资助信息填报。

（四）严禁注册"双重学籍"。鼓励中等职业学校帮助部分学业困难学生按规定在职业学校完成义务教育，其在未完成义务教育之前，严禁中职学校为其注册中职学籍。中职学籍

系统与全国中小学学生学籍管理系统中义务教育阶段学籍信息重复的在读学生人数不纳入中职招生和在校生人数统计范围、不纳入中职学生资助预算资金的测算基数。严禁在中职学籍系统为普通高中、技工学校、普通高等学校在籍学生注册学籍。

三、加强中等职业学校资助管理

（五）严格把好资助申请关。申请中职学生资助的学生必须是中等职业学校全日制学历教育正式学籍在校生，非全日制、非学历教育、学籍异常的学生不得申请中职资助。与全国中小学学生学籍管理系统中义务教育阶段在读学生学籍信息重复的学生不得申请中职资助。

（六）严格核查资助名单。教育部将定期开展中职学生资助名单与义务教育、普通高中、技工学校、普通高等学校学生学籍信息核查比对工作，并通过全国学生资助管理信息系统向各地各校下发查重比对名单。各地各校要逐级逐人开展核查，确保每位受助学生在籍在校，及时删除不符合资助条件的受助学生信息，坚决杜绝重复资助。

四、相关管理措施

（七）按期通报。教育部每年通报各省份中职学籍和资助数据年度质量情况。各地中职学籍和资助数据年度质量情况将纳入优质中职学校和优质专业遴选以及现代职业教育质量提升计划转移支付的重要考量因素。

（八）严肃问责。对招生过程中的违规违法行为、注册"双重学籍"、不及时维护中职学籍和资助系统数据等行为，对套取义务教育"两免一补"或中职资助资金的组织和个人，要以零容忍态度严惩，做到"发现一起、查处一起、曝光一起"。教育部将联合有关部门对各地各校招生、学籍与资助管理工作进行核查，对核查发现的问题进行严肃处理，有关问题线索将按规定移交纪律检查机关处理。

教育部办公厅

2021 年 8 月 25 日

14. 教育部等三十五部门关于印发《全国职业院校技能大赛章程》的通知

教职成函〔2021〕11 号

各省、自治区、直辖市教育厅（教委），各计划单列市教育局，新疆生产建设兵团教育局，有关单位：

为贯彻落实习近平新时代中国特色社会主义思想和党的十九大及十九届二中、三中、四中、五中全会精神，贯彻习近平总书记关于教育的重要论述和全国教育大会精神、全国职业教育大会精神，落实《国家职业教育改革实施方案》，激励青年一代技能成才、技能报国，建设高质量职业教育体系，推进全国职业院校技能大赛科学化、制度化、规范化建设，全国职业院校技能大赛组委会研究修订了《全国职业院校技能大赛章程》。现印发给你们，请遵照执行。

教育部 国家发展和改革委员会 科学技术部

工业和信息化部 国家民委 民政部

财政部 人力资源和社会保障部 自然资源部

生态环境部 住房和城乡建设部 交通运输部

水利部 农业农村部 商务部

文化和旅游部 国家卫生健康委员会 应急管理部

国务院国有资产监督管理委员会 国家粮食和物资储备局 中国民用航空局

国家乡村振兴局 国家中医药管理局 中华全国总工会

共青团中央委员会 中华职业教育社 中华全国供销合作总社

中国职业技术教育学会 中国机械工业联合会

中国石油和化学工业联合会 中国物流与采购联合会

中国纺织工业联合会 中国有色金属工业协会

中国煤炭工业协会 天津市人民政府

2021 年 9 月 2 日

全国职业院校技能大赛章程

坚持以习近平新时代中国特色社会主义思想为指导，深入贯彻落实党中央、国务院关于职业教育重要部署，依据《中华人民共和国职业教育法》，优化职业教育类型定位，加快构建现代职业教育体系,深化"三教"改革、"岗课赛证"综合育人,促进职业教育高质量发展,培养更多高素质技术技能人才、能工巧匠、大国工匠,推进全国职业院校技能大赛规范化建设,提高专业化水平,确保大赛规范、公平、优质、高效、廉洁,办成世界水平赛事,制定本章程。

第一章 总 则

第一条 全国职业院校技能大赛(以下简称大赛)是教育部发起并牵头,联合国务院其他有关部门以及有关行业组织、人民团体、学术团体和地方共同举办的一项公益性、全国性职业院校师生综合技能竞赛活动。大赛每年举办一届。

第二条 大赛是提升技术技能人才培养质量、检验教学成果、引领教育教学改革的重要抓手,是职业院校教育教学活动的一种重要形式和有效延伸。大赛以提升职业院校学生技能水平、培育工匠精神为宗旨,以促进职业教育专业建设和教学改革、提高教育教学质量为导向,面向全国职业院校在校师生,基本覆盖职业院校主要专业群,是对接产业需求、反映国家职业教育教学水平的师生技能赛事。

第三条 大赛秉持育人为本理念。坚持德技并修、工学结合,深化产教融合、校企合作,弘扬劳动光荣、技能宝贵、创造伟大的时代风尚,推动人人皆可成才、人人尽展其才的局面形成,引导全社会了解、支持和参与职业教育。

第四条 大赛力求办出教育特色、社会影响、世界水平。坚持以赛促教、以赛促学、以赛促改,赛课融通、赛训结合;合理借鉴世界技能大赛的理念和标准,对标世界先进水平,培养高素质技能人才,促进技能型社会建设;坚持政府主导、学校主体、行业指导、企业支持、社会参与,推动合作办赛、开放办赛,打造富有创意、影响深远的技能大赛。

第五条 大赛建立学校、省级、国家三级竞赛体系。国赛选手须来自省赛,形成"校有比赛,省有竞赛,国有大赛"的职业院校技能竞赛体系。大赛分为中等职业学校和高等职业学校(含专科、本科层次)两个组别。大赛实行赛区制,比赛相对集中举办。

第六条 大赛着重考核选手的综合素质和手脑并用能力。内容设计围绕职业教育国家教学标准和真实工作的过程、任务与要求,重点考查选手的职业素养、实践动手能力、规范操作程度、精细工作质量、创新创意水平、应变能力、工作组织能力和团队合作精神。

第七条 大赛经费多渠道筹措。大赛经费来自各级政府为举办大赛投入的财政资金、比赛项目(以下简称赛项)承办单位自筹资金和社会捐赠资金等。

第二章 组 织 机 构

第八条 大赛设立全国职业院校技能大赛组织委员会(以下简称大赛组委会)。大赛组委会是大赛的最高领导决策机构,由联办单位有关负责人组成。大赛组委会设主任、委员若干名。大赛组委会任期一届 5 年,委员可以连任。

第九条 大赛组委会主要职责包括:

1. 确定大赛定位、办赛原则及组织形式;

2. 做好大赛顶层设计和制度安排;

3. 审定赛事规划;

4. 审定设赛范围及实施方案;

5. 发布年度赛事公告;

6. 审定年度赛项承办地、承办院校和合作企业;

7. 指导开展大赛;

8. 审定发布大赛最终成绩;

9. 确定大赛的奖惩问责;

10. 需要决策的大赛其他重大事项。

第十条　大赛组委会设秘书处,负责大赛组委会日常事务。大赛组委会秘书处设在教育部职业教育与成人教育司,设秘书长 1 名,根据工作需要设副秘书长。

第十一条　大赛设立全国职业院校技能大赛执行委员会(以下简称大赛执委会)。大赛执委会在大赛组委会领导下开展工作,负责具体赛事组织与管理并定期向组委会报告工作,由开幕式(或闭幕式)所在赛区代表、赛区执委会主任、赛项专家组长等组成。大赛执委会设主任 1 名、副主任、委员若干名。大赛执委会任期与大赛组委会一致,委员可以连任。

第十二条　大赛执委会主要职责包括:

1. 制订赛事管理制度,健全完善议事规则;

2. 组织全国行业职业教育教学指导委员会(以下简称行指委)、教育部职业院校教学(教育)指导委员会(以下简称教指委),全国性的行业协会、学会、院校等方面的专家制订赛事规划;

3. 制订赛区方案;

4. 组织赛项申报和遴选,制订赛项目录;

5. 组织赛项规程和赛题编制;

6. 审定赛项组织机构,审核赛项执委会、专家、裁判、监督仲裁人员资格并确定具体人员;

7. 负责部本资金和社会捐赠货币资金的使用并按规定做好监管和绩效考核等工作;

8. 统筹大赛同期活动;

9. 监督各赛区汇总比赛相关资料,并存档备案;

10. 聘请法律顾问,对赛事规则、程序、经费管理等进行合法性审查,负责处理相关法律事务;

11. 开展大赛研究,组织相关培训;

12. 做好大赛年度总结工作;

13. 承办大赛组委会及其秘书处交办的其他事项。

第十三条 大赛执委会设办公室,负责大赛日常管理。大赛执委会办公室设在教育部职业教育发展中心。办公室设主任1名,根据工作需要设副主任。

第十四条 大赛执委会设经费管理委员会。负责对执委会办公室提交的赛事公共运转支出预(决)算和具体赛项补助经费预(决)算提出审核意见,供执委会决策参考。经费管理委员会设主任1名,委员若干名。经费管理委员会任期与大赛执委会一致。

第十五条 大赛组委会秘书处每年对大赛组委会、执委会和经费管理委员会成员名单重新核实、更新、确定一次,结果与年度大赛通知一并发布。

第十六条 赛区由申报遴选制和协商制产生。省级教育行政部门经省级政府授权根据自身条件、承办意愿、产业发展和职业院校综合实力,向大赛执委会提出赛区承办申请,执委会组织遴选,由执委会办公室报组委会秘书处审批。大赛赛区每年确定一次。

第十七条 赛区设组织委员会(以下简称赛区组委会)。赛区组委会是各赛区赛事组织的领导决策机构,负责监督赛区承办赛项的各项工作及经费使用。赛区组委会设主任1名,原则上由承办地分管教育的副省级领导担任。

第十八条 赛区设执行委员会(以下简称赛区执委会)。赛区执委会在赛区组委会领导下开展工作,负责本赛区的具体赛事组织。赛区执委会设主任1名。

第十九条 赛区执委会主要职责包括:

1. 落实申办承诺,组织协调本赛区承办赛项的筹备工作;

2. 组织遴选承办院校和合作企业,将结果报大赛执委会备案;

3. 协调赛场所在地人民政府、赛项执行委员会(以下简称赛项执委会)和承办院校落实赛场、赛务以及安全保障工作;

4. 按规定负责本赛区承办赛项经费的使用与管理,委托会计师事务所进行赛项经费收支审计;

5. 负责宣传方案设计;

6. 做好本赛区的比赛资料汇总工作;

7. 落实大赛执委会及赛区组委会安排的其他工作。

第二十条 各赛项设赛项执委会。赛项执委会在大赛执委会领导下开展工作,并接受赛项所在赛区执委会的协调和指导。各赛项组织机构须经大赛执委会核准后成立。执委会成员包括行指委、教指委、承办院校及所在地人民政府相关部门。

第二十一条 赛项执委会主要职责包括:

1. 全面负责本赛项的筹备和实施工作;

2. 编制赛项经费预(决)算,监督赛项预算执行以及经费的使用与管理;

3. 向大赛执委会推荐赛项专家工作组成员、裁判和监督仲裁人员;

4. 赛项展示体验和宣传工作;

5. 统筹赛事安全保障工作;

6. 统筹实施赛项资源转化工作;

7. 做好赛项年度总结;

8. 落实大赛执委会及赛区执委会安排的其他工作。

第二十二条 赛项专家工作组在大赛执委会领导下开展工作。赛项专家工作组主要职责包括:赛项技术文件编撰、赛题设计、赛场设计、赛事咨询、竞赛成绩分析和技术点评、资源转化、裁判人员培训等竞赛技术工作。

第二十三条 赛项由赛区执委会选择条件适宜的城市和职业院校单独承办或校企联办。鼓励场馆模式集中办赛,允许特殊赛项根据实际情况分散办赛。承办地需提供经费、场馆支持和安全保障等。赛项承办院校在赛区执委会和赛项执委会领导下开展工作,负责赛项的具体实施和运行保障。

第二十四条 赛项承办院校遴选原则是:

1. 由各赛区对申请承办赛项的院校择优遴选;

2. 院校优势专业及当地优势产业与赛项内容相关度高;

3. 同一院校同一届大赛承办赛项原则上不超过 2 个,首次承办比赛的院校当届大赛承办赛项不超过 1 个;

4. 同一院校承办同一赛项原则上连续不超过 2 届,优先考虑承办院校第二年对同一赛项的承办申请;

5. 拥有至少一次承办省级(含)及以上技能大赛的经历,且未发生过违纪违规行为及安全事故。

第二十五条 赛项承办院校主要职责包括:

1. 按照赛项技术方案落实比赛场地以及基础设施;

2. 配合赛项执委会做好比赛的组织、接待工作;

3. 配合赛区执委会做好比赛的宣传工作;

4. 维持赛场秩序,保障赛事安全和相关保密工作;

5. 参与赛项经费预算编制和管理,执行赛项预算支出;

6. 比赛过程文件存档和赛后资料上报等。

第二十六条 赛项合作企业遴选原则和职责是:

1. 合作企业遴选遵循公开、公平、公正原则,满足意向承办赛项技术方案要求;

2. 同一合作企业参与申请承办的年度赛项不超过 2 项;

3. 同一合作企业申办同一赛项联合申请承办的学校不超过 2 所;

4. 合作企业应履行合同承诺,保证赛前捐赠资金到账,捐赠设施设备到位,技术服务支持及时;

5. 合作企业应配合赛区执委会做好赛事工作;

6. 合作企业重视职业教育、资信状况良好、社会声誉良好,且无违法违规记录。

第三章　赛项设置

第二十七条　每5年制定一次大赛执行规划,规划赛项设置方向和大赛发展重点。制订赛项目录。大赛年度赛项以大赛执行规划为依据,每年遴选确定一次。

第二十八条　赛项设置须对应职业院校主要专业群,对接产业需求、行业标准和企业主流技术水平。大赛赛项分为常规赛项和行业特色赛项两类。中职组赛项和高职组赛项数量根据实际情况确定。

第二十九条　常规赛项指面向的专业全国布点较多、产业行业需求较大、比赛内容成熟、比赛用设备相对稳定、适当兼顾专业大类平衡的赛项;行业特色赛项指面向的专业对国家基础性、战略性产业起重要支持作用,行业特色突出、全国布点较少,由大赛组委会根据需要核准委托行业设计实施,大赛统一管理的赛项。

第三十条　中职赛项设计突出岗位针对性;高职赛项设计注重考查选手的综合技术应用能力与水平及团队合作能力,除岗位针对性极强的专业外,不做单一技能测试。比赛形式分为团体赛和个人赛。

第三十一条　赛项立项申报单位主要包括:

1. 全国行业职业教育教学指导委员会;

2. 教育部职业院校教学(教育)指导委员会;

3. 全国性行业学会(协会);

4. 其他全国性的职业教育学术组织;

5. 各省级教育行政部门。

第三十二条　赛项设置遴选基本流程:

1. 大赛执委会发布赛项设置征集通知;

2. 申报单位将申报材料提交大赛执委会办公室;

3. 大赛执委会对申报赛项开展材料有效性核定,完善赛项目录,组织赛项初审、专家评议,形成拟设年度赛项建议;

4. 大赛组委会核准确定年度赛项;

5. 大赛执委会组织遴选赛区,协商确定赛区赛项;

6. 赛区执委会组织征集和遴选承办院校、合作企业,形成年度赛项承办院校和合作企业建议名单报大赛执委会;

7. 大赛组委会秘书处核准确定年度赛项承办省份、承办院校和合作企业。

第四章　参赛规则与奖项设置

第三十三条　省级教育行政部门负责分别组队参加中、高职组的比赛,适当控制参赛规模,计划单列市可单独组队参加中职组比赛。对涉及国家战略需求、新兴产业、人才紧缺专业、民族民间非遗传承等需要,且参赛规模不足10队的赛项,可适当放宽参赛队数。团体赛原则上不跨校组队。团体赛和个人赛参赛选手可根据需要配备指导教师。

第三十四条 参赛选手条件。原则上学生技能比赛的中职选手应为中等职业学校全日制在籍学生。高等职业学校专科、本科层次选手应为学校全日制在籍学生。五年制高职一、二、三年级学生参加中职组比赛,四、五年级学生参加高职组比赛。鼓励高职大龄学生、国际学生、符合条件的国际选手参赛。往届大赛获得过一等奖的学生不再参加同一项目相同组别的比赛。可根据需要选择合适赛项接纳社会公众观摩体验,促进全社会崇尚和学习技能的良好氛围。

第三十五条 大赛坚持公益性。任何组织不得以竞赛名义营利,不得以任何名目向参赛选手和学校收取参赛费用,禁止命题专家以辅导培训名义向参赛选手和学校收取费用,禁止企业以支持办赛名义向参赛选手和学校收取费用。

第三十六条 大赛奖励办法。向参赛选手,比赛以赛项实际参赛队(团体赛)或参赛选手(个人赛)总数为基数设一、二、三等奖,获奖比例分别控制在10%、20%、30%;面向大赛参与对象,包括专家、裁判员、监督仲裁员、工作人员、合作企业、承办院校及获奖选手(个人赛)或参赛队(团体赛)指导教师等颁发写实性证书。涉及专业布点数过少的行业特色赛项的设奖比例由大赛执委会根据常规赛项相应情况适当核减。各赛区和赛项不得以技能大赛名义另外设奖。大赛不进行省级单位或学校总成绩排名。

第三十七条 大赛采取赛区申办制。开幕式(或闭幕式)所在赛区按照自愿原则向执委会提出申请,执委会组织遴选,由执委会办公室报组委会秘书处审批,大赛组委会每年向开幕式(或闭幕式)所在赛区组委会授赛区旗,年度赛事结束后交还回大赛执委会。

第五章 宣传与资源转化

第三十八条 大赛设官方网站,并通过各类媒体深入开展多种形式的宣传推广。提升大赛管理的信息化水平。

第三十九条 大赛坚持加强与其他国际及区域性师生技能比赛的联系,建立交流渠道,促进相互了解,探索合作方式;及时借鉴国(境)外先进成熟赛事的标准、规范、经验;完善邀请国(境)外学校组队参赛的机制。

第四十条 大赛坚持资源转化与赛项筹办统筹设计、协调实施、相互驱动,将竞赛内容转化为教学资源,推动大赛成果在专业教学领域的推广和应用。

第六章 规范廉洁办赛

第四十一条 大赛坚持公平、公正、安全、有序。公开遴选承办地、承办院校和合作企业,公开遴聘专家、裁判。赛前公开赛项规程、赛(样)题或题库、比赛时间、比赛方式、比赛规则、比赛环境、技术规范、技术平台、评分标准等内容。公开申诉程序,建立畅通的申诉渠道。

第四十二条 大赛坚持规范赛项设备与设施管理,规范赛项规程编制,规范专家和裁判管理,规范赛题管理。实施赛项监督仲裁制度。

第四十三条 大赛结束后公示和公开发布获奖名单。公示期内,大赛组委会秘书处接受实名书面形式投诉或异议反映,接受有具体事实的匿名投诉。大赛组委会保护实名投诉人的合法权益。对于赛事过程中,经查证属实的违纪违规行为,依据大赛相关制度规定追究相关人员或组织的责任,并给予相应惩戒。

第四十四条 大赛坚持规范经费的筹集、使用和管理,加强大赛经费管理,按相关规定严格执行捐赠、拨付、使用及审计等程序。

第四十五条 严格执行大赛纪律。坚持廉洁办赛、节约办赛,严禁铺张浪费,严格执行用餐、住宿、交通规定。严格贯彻落实中央八项规定精神、执行六项禁令和中纪委九个严禁要求。

第七章 附 则

第四十六条 大赛执委会应依据本章程制定和公布大赛有关工作的具体规定、规则、办法、标准等规范性文件,严格遵守大赛经费管理办法。各赛区、赛项均要制定经费管理细则,并针对实施中新发现的问题适时作出补充说明或修订。

第四十七条 本章程的修订工作由大赛组委会秘书处根据需要启动和组织,修订内容须经组委会成员单位三分之二以上同意。

第四十八条 全国职业院校技能大赛教学能力比赛、中等职业学校班主任能力比赛等教师教育教学比赛,依照本章程总体要求,由教育部会同有关部门结合实际制定具体实施办法。

第四十九条 本章程自发布之日起生效,由大赛组委会秘书处负责解释。教育部等37部门印发的《全国职业院校技能大赛章程》(教职成函〔2018〕4号)同时废止。

15. 教育部办公厅关于进一步完善高职院校分类考试工作的通知

教学厅函〔2021〕36号

各省、自治区、直辖市高等学校招生委员会、教育厅（教委）、教育招生考试机构，新疆生产建设兵团教育局：

高职院校分类考试是高校考试招生工作的重要组成部分，是技术技能人才选拔的重要渠道。近年来，各地大力推进高职院校分类考试，已初步形成了符合高等职业教育特点的考试评价方式。为深入贯彻落实党中央、国务院《关于深化考试招生制度改革的实施意见》《国家职业教育改革实施方案》《深化新时代教育评价改革总体方案》《关于推动现代职业教育高质量发展的意见》等系列重要决策部署，加快建设现代职业教育体系，着力选拔培养更多高素质技术技能人才、能工巧匠、大国工匠，现就进一步完善高职院校分类考试工作通知如下。

一、总体要求

高职院校分类考试要坚持以习近平新时代中国特色社会主义思想为指导，深入贯彻党的十九大和十九届二中、三中、四中、五中、六中全会精神，贯彻落实全国教育大会精神以及全国职业教育大会部署，落实立德树人根本任务，服务现代职业教育高质量发展需要，进一步完善考试评价办法，为各类学生接受高等职业教育提供多样化入学方式。坚持职业教育类型定位，立足当地经济社会发展需要，以促进就业和适应产业发展需求为导向，优化招生院校专业结构。坚持科学选拔人才，遵循高等职业教育人才培养规律，进一步完善"文化素质+职业技能"职教高考制度，提高人才选拔质量。促进学生健康成长，坚持立德树人，完善录取机制，参考综合素质评价，引导普通高中和中职学校为学生发挥个性潜能提供多样化选择，促进学生德智体美劳全面发展。健全监督管理机制，加强省级政府统筹，严格组织实施，强化监督管理，确保公平公正。

二、完善招生计划安排

1. 保持分类考试主渠道。各地要坚持分类考试作为高职院校招生的主渠道，合理安排所属高职院校分类考试招生规模，同时保留高职院校通过普通高考招生的渠道。鼓励有条件的地区进一步扩大分类招考规模，符合本地高考报名条件的普通高中毕业生、中职学校毕业生和退役军人、下岗职工、农民工和高素质农民等社会人员均可报考。要引导符合报考条件的考生结合自身实际理性报考，不得限制高职院校招收中职学校毕业生的比例。

2. 优化招生院校专业结构。各地要会同行业主管部门加强对本地经济社会发展所需技术技能人才的分析,编制本地职业教育专业布局和建设规划并分年度推进,与招生规划建立联动机制,加强高等职业教育资源统筹,综合考虑办学条件、人才培养、生源情况等因素,合理安排参加分类考试的招生院校、专业及规模,重点安排区域经济建设急需、社会民生领域紧缺、技术技能培养要求高和就业质量高的优质院校和专业招生,对限制淘汰类产业对应专业、办学"过热"专业、国控类专业从严控制招生规模。

3. 适度扩大中高职贯通招生规模。各地要进一步规范长学制技术技能人才贯通培养,在学前教育、护理、家政、养老、健康服务、先进制造业、现代服务业等领域,适度扩大中高职贯通招生规模,进一步优化招生专业结构,贯通专业以始读年龄小、培养周期长、技能要求高的专业为主,结合专业特点,优化人才培养模式。

三、完善考试内容和形式

1. 突出职业教育特点。高职院校分类考试采取"文化素质+职业技能"的考试评价方式,其中职业技能考试成绩占比原则上不低于50%。分类考试一般应安排在每年春季举行。各地要加强省级统筹,坚持立德树人、德技并修,坚持面向实践、强化能力,依据高职院校人才培养要求和普通高中、中职学校教育教学实际,进一步完善分类考试内容,引导学生德智体美劳全面发展。

2. 完善文化素质考试。普通高中毕业生的文化素质成绩使用高中学业水平考试成绩。中职学校毕业生的文化素质成绩使用省级高校招生委员会(以下简称省级招委会)统一组织或经省级招委会批准的少数优质高职院校组织的文化基础考试成绩,有条件的省份可使用中职学校学业水平考试成绩。省级教育行政部门要逐步建立面向中职学校毕业生的文化素质省级统考制度,并根据《中职学校公共基础课课程标准》,统一制定文化基础考试的内容和标准。

3. 完善职业技能考试。职业技能考试由省级招委会结合本地实际统筹组织实施,可采取省级统考、多校联考、高校校考等方式。普通高中毕业生报考分类考试的,参加省级招委会或高职院校组织的与报考专业相关的职业适应性测试。各地要完善职业适应性测试,进一步优化测试内容,甄别考生的职业性向,引导考生合理分流、健康成长。中职学校毕业生报考分类考试的,参加省级招委会或高职院校组织的职业技能考试,职业技能考试包括专业能力测试和技术技能测试。专业能力测试以教育部发布的中职专业教学标准中核心专业知识为基本依据,采用笔试考试,重点考察综合专业能力。技术技能测试以教育部发布的中职专业教学标准中核心技术技能为基本依据,以操作考试为主,充分体现岗位技能、通用技术等内容。各省级教育行政部门要按照高职专业大类,针对不同生源群体,统一制定职业技能考评方案,明确考试方式、考试规范和评价标准,探索建立职业技能考试省级统考题库。鼓励职业技能校考相关高职院校积极实行职业技能考试成绩互认。鼓励有条件的省份,对相关职业技能大赛获奖或取得相关职业技能等级证书的考生,报考相关专业可免予职业技能考试。

四、完善招生录取机制

1. 完善面向普通高中毕业生录取办法。对于普通高中毕业生，依据高中学业水平考试成绩和职业适应性测试结果，参考学生综合素质评价，根据公布的招生计划择优录取。各地要完善高中学业水平考试、职业适应性测试的成绩认定、折算等办法，指导高职院校制定学生综合素质评价在招生中的使用办法，并提前向社会公布。

2. 完善面向中职学校毕业生录取办法。对于中职学校毕业生，依据文化基础考试和职业技能考试成绩，参考学生综合素质评价，根据公布的招生计划择优录取。各地要进一步完善以职业技能成绩为主要录取依据的招生办法，合理确定文化素质和职业技能成绩在录取中所占比例。各地要推进建立和完善中职学校学生综合素质评价制度，并在招生录取中探索使用。

3. 完善面向特殊群体的录取办法。对于退役军人、下岗职工、农民工和高素质农民等群体报考高职院校分类考试，按相关规定和公布的招生计划择优录取。各地要加强与退役军人事务、人力资源和社会保障、农业农村、公安等部门的沟通协调，联合做好相关群体考生的资格审核工作。对于符合免试条件的技能拔尖人才，由相关高职院校按程序考核公示后予以免试录取。

五、完善监督管理办法

1. 加强地方政府统筹管理。高职院校分类考试以省级人民政府为主统筹管理。省级招委会和教育行政部门负责组织实施、监督管理本地高职院校分类考试工作。省级教育行政部门、招生考试机构和有关高职院校要在当地党委和政府的统一领导下，认真履行主体责任，切实加强组织领导，深入总结已有工作经验，完善相关政策措施。

2. 健全多级监督管理体系。各地要严格执行高校考试招生政策规定，健全国家、地方、学校、社会多级监督的工作体系，加强对分类考试的宣传、报名、考试、录取等全过程监督管理。严格执行高校招生信息公开制度，及时公开相关信息，接受社会各界监督。畅通社会监督举报渠道，完善考生申诉和复核机制，及时回应处理各种问题。

3. 严厉查处违法违规行为。各地要严肃工作纪律，严格遵守高校招生"十严禁""30个不得""八项基本要求"等规定，严厉打击虚假宣传、有偿招生、未批先招、超计划招生、买卖生源、委托中介机构招生等违规行为。对在高职院校分类考试中违规的考生、高校及有关工作人员，要严格按照有关法律法规严肃查处。

教育部办公厅
2021 年 11 月 17 日

16. 教育部关于公布全国行业职业教育教学指导委员会（2021—2025年）和教育部职业院校教学（教育）指导委员会（2021—2025年）组成人员和工作规程的通知

教职成函〔2021〕13号

各省、自治区、直辖市教育厅（教委），新疆生产建设兵团教育局，有关单位：

全国行业职业教育教学指导委员会（以下简称行指委）是受教育部委托，由各行业主管部门或行业组织等牵头组建和管理，对相关行业职业教育和培训工作进行研究、咨询、指导和服务的全国性、非营利性、非常设性专家组织。教育部职业院校教学（教育）指导委员会（以下简称教指委）是在教育部领导下，对相关专业类或领域职业教育和培训工作进行研究、咨询、指导和服务的全国性、非营利性、非常设性专家组织。

近年来，行指委、教指委坚持全面贯彻落实党的教育方针，落实立德树人根本任务，积极发挥研究、咨询、指导和服务作用，在深化产教融合校企合作、聚合行业企业资源、推进教育教学改革、加强职业教育科研和队伍建设、提高人才培养质量等方面发挥了重要作用，现已届满。

为深入学习贯彻习近平总书记关于职业教育工作的重要指示和全国职业教育大会精神，更好地发挥行业在职业教育教学和质量提升中的指导作用，根据产业发展新形势和对技术技能人才培养的新需求，我部会同相关行业主管部门、行业组织等对行指委、教指委设置进行了优化调整，共设置57个行指委、5个教指委，经过推荐、遴选、公示、确认等程序，形成了行指委（2021—2025年）和教指委（2021—2025年）组成人员名单（见附件1），现予以公布。

新一届行指委、教指委要提高政治站位，深入学习贯彻全国职业教育大会精神，深刻把握职业教育面临的新形势新要求，进一步明确职责定位，围绕充分发挥专家组织作用，以高质量的研究、咨询、指导、服务，推进现代职业教育高质量发展。要以换届为契机，研究编制本届行指委、教指委工作规划，依据《全国行业职业教育教学指导委员会工作规程（试行）》（见附件2），进一步完善以章程为核心的制度体系建设，创新和完善工作机制，严格遵守中央八项规定精神及实施细则，加强会议、财务、培训、公章等管理。

主任委员单位要对相应行指委、教指委加强指导，主任委员单位和秘书处所在单位要在人员、场地、经费等方面提供必要支持。委员所在单位要按规定为委员履职提供支持保障和工作便利。行指委、教指委委员要廉洁自律、勤勉履职，结合自身业务专长积极参与相关工作，发挥作用。我部将根据有关管理规定和工作实绩，适时对行指委、教指委组成人员进行评价和动态调整。教育部行业职业教育教学指导委员会工作办公室要做好各行指委、教指委日常联系、协调和服务工作。省级教育主管部门要结合实际,加快本地区行业职业教育教学指导专家组织建设。

联系人及联系方式:

职业教育与成人教育司　吴智兵 董振华,010-66096266,jxjc@ moe.edu.cn。

附件:1. 全国行业职业教育教学指导委员会(2021—2025 年)和教育部职业院校教学(教育)指导委员会(2021—2025 年)组成人员名单(略)

2. 全国行业职业教育教学指导委员会工作规程(试行)

教育部

2021 年 11 月 22 日

全国行业职业教育教学指导委员会工作规程

（试行）

为深入贯彻习近平总书记关于职业教育的重要指示，全面落实全国职业教育大会精神，健全政府统筹、行业指导、企业参与的职业教育办学机制，强化行业在现代职业教育高质量发展中的作用，规范全国行业职业教育教学指导委员会（以下简称行指委）的建设与管理，制定本规程。

第一章 组 织

第一条 行指委是受教育部委托，由行业主管部门或行业组织等牵头组建和管理，对相关行业职业教育和培训工作进行研究、咨询、指导和服务的全国性、非营利性、非常设性专家组织。行指委原则上每届任期四年，可连任。

第二条 行指委设主任委员1人，副主任委员若干人。行指委主任委员由行业主管部门或行业组织等牵头组建单位推荐，教育部聘任；副主任委员、秘书长、副秘书长、委员由牵头组建单位聘任。

第三条 行指委设秘书处，秘书处设秘书长1人，根据需要可设副秘书长1~2人，秘书长、副秘书长协助主任委员处理日常事务性工作；秘书处可根据工作需要在秘书长、副秘书长单位聘请工作秘书。

第四条 教育部设行业职业教育教学指导委员会工作办公室（以下简称行指委工作办公室），对各行指委工作进行日常联系、协调和服务。

第五条 行指委可根据工作需要下设专门（专业）委员会。下设专门（专业）委员会不能超越本行业所对应的专业范围，拟设专门（专业）委员会须报行指委工作办公室审核，专门（专业）委员会和成员名单须报行指委工作办公室备案。

第六条 教育部、相应行业主管部门或行业组织等根据各行指委委员的实际工作情况，对委员进行动态调整。

（一）有下列情形之一的，解除聘任：

1. 未履行委员职责，不参与行指委活动，不承担相关工作；

2. 委员所在单位不再支持该委员履行职责；

3. 因违法违纪被追究法律责任或受到党纪政纪处分；

4. 利用委员身份或影响，谋取不当利益；

5. 因工作变动、健康等其他原因不适合履行委员职责或主动提出辞职。

（二）根据工作需要，可按规定流程增补聘任新委员：

1. 增补的委员需要符合委员选聘与任职条件；

2. 增补的委员聘期至本届行指委委员聘期届满止。

第二章　委　员

第七条　行指委委员由行业企业、职业院校、普通本科高校和研究机构等单位的专家组成，由教育部、相关行业主管部门或行业组织等在省级教育行政部门、部属院校、行业企业推荐基础上进行选聘。委员任职需具备下列条件：

（一）以习近平新时代中国特色社会主义思想为指导，拥护党的领导，牢固树立"四个意识"，坚定"四个自信"，做到"两个维护"，具有较强的事业心和责任心，热心职业教育事业，坚持原则，学风端正，作风正派，公正廉洁；

（二）在职业教育有关行业（专业）领域教学或工作领域具有扎实的理论功底和丰富的实践经验，有较为丰富的代表性成果，在相关领域具有较大影响力；

（三）来自行业企业的委员，应熟悉行业政策，了解产业发展和科技前沿，一般应具有参与相关行业企业标准建设的工作经验；

（四）来自教育系统的委员，应熟悉教育教学和教学管理工作，一般应具有参与教学标准研制、课程标准研制、教材建设等方面的工作经验；

（五）具备较强的组织、沟通能力，能够围绕职业教育改革发展，认真落实教育部有关工作要求，积极承担并协调所在单位及有关方面力量承担行指委工作任务，能够保证参与行指委工作的时间；

（六）具有履行委员职责的身体条件。

第八条　委员须履行下列职责：

（一）按时完成行指委安排的各项工作；

（二）参加行指委的各种调研、评价、评议、审核、咨询等活动；

（三）及时掌握有关教育政策和行指委有关工作安排，对职业教育相关工作提出意见和建议；

（四）指导、服务职业院校的教学研究、教学改革、师资队伍建设、专业建设和课程建设等。

第九条　主任委员须履行下列职责：

（一）承担本行指委建设和管理的主体责任，统筹协调行指委的工作条件和资源保障；

（二）组织制订本行指委章程，起草工作计划、总结等，统筹推进各项工作；

（三）主持研究行指委的重要事项，形成研究结论。

第十条　副主任委员须履行下列职责：

（一）协助主任委员做好本行指委建设、管理、条件和资源保障；

（二）协助主任委员组织制定行指委章程，起草工作计划、总结等，协助推进各项工作；

（三）协助主任委员组织研究行指委的重要事项；

（四）完成主任委员交办的其他工作。必要时受主任委员委托，并经教育部同意，可代行主任委员部分职责。

第十一条　秘书长须履行下列职责：

（一）主持秘书处日常工作；

（二）筹备行指委相关会议，组织落实相关任务；

（三）在主任委员或受委托的副主任委员指导下开展行指委相关工作。

因工作需要，副秘书长可代行秘书长部分职责。

第三章　工 作 内 容

第十二条　组织本行指委深入学习贯彻习近平新时代中国特色社会主义思想，学习习近平总书记关于教育的重要论述，学习习近平总书记关于职业教育工作和本行业领域的重要指示批示，学习党和政府关于职业教育的决策部署，落实教育部关于职业教育工作的部署要求。

第十三条　研究分析本行业（专业）领域职业教育高质量发展与教育教学领域的重要理论与实践问题，为教育部和行业主管部门提供咨询意见和建议。

第十四条　跟踪产业政策发展动态，系统梳理本领域产业、职业、岗位、专业的关系，研究新产业、新业态、新模式对职业教育专业建设的新要求，开展本行业（专业）领域技术技能人才需求预测分析，提出不同层次技术技能人才培养目标与培养规格，提出职业院校专业设置建议。

第十五条　受教育部委托，承担专业目录、专业教学标准、实习标准、实训条件建设标准等职业教育教学标准研制、修订工作，健全职业教育国家教学标准体系，并推动标准在职业院校落地实施；受教育部委托，指导、评议、推荐有关教学改革方案、优秀教学成果和优秀教材等。

第十六条　广泛联系职业院校，指导服务职业院校教育教学改革，促进课程思政与思政课程同向同行，指导专业建设、课程建设、教材建设、实训基地建设和实习实训等工作；指导探索中国特色学徒制、职业技能等级证书制度等改革；组织开展专业建设和教学改革经验交流，宣传推广典型案例。

第十七条　服务职业院校教师队伍建设，参与指导师资培训和双师型教师培养培训基地建设，推进教师到企业实践工作落实落地，搭建平台创新机制，推动企业高技能人才到学校兼职任教。

第十八条　广泛联系行业龙头企业，指导企业深度参与职业教育专业规划、课程设置、教材开发、教学设计、教学实施，接收学生实习，设立学徒岗位；指导校企开展双边多边技术协作、科研攻关和社会服务,推进共建技术技能创新平台等;组织开展产教对话活动,指导职教集团建设、职业院校技能竞赛等工作。

第十九条　指导职业院校落实育训并举的法定职责、广泛开展行业职工培训等各类职业培训及其他多种形式的继续教育。

第二十条　加强教学质量保障与评价研究,受教育部委托,对有关专业教学质量进行监测和评价。

第二十一条　除开展上述教育部委托的活动外,行指委不能以自身名义独立开展活动。

第四章　工　作　制　度

第二十二条　行指委依据本规程制定本行指委章程及下设专门(专业)委员会工作细则。根据教育部有关政策、工作安排和行业职业教育改革发展的实际,在主任委员的领导下开展工作,研究编制本届行指委工作规划、年度工作计划及总结,并报教育部备案。

第二十三条　行指委承担的教育部、行业主管部门或行业组织等下达的工作任务,"三重一大"等重要事项和活动须向教育部、行业主管部门或行业组织等请示报告。行指委形成的有关规范性文件如需发至职业院校,需经教育部审核转发;其他文件或工作通知经主任委员签批后,报行指委工作办公室备案,方可印发至有关职业院校。

第二十四条　行指委应建立全体委员会议制度,原则上每年召开一次,由主任委员召集。研究行业(专业)领域发展动态,制订相关工作计划,推进重点任务,讨论需要全体委员议定的重要事项等。

第二十五条　行指委应制定议事规则,坚持民主集中、少数服从多数原则,对于重要事项须采用无记名投票方式民主决策。根据委托开展的评议、评审、评比等,应制定专家评议、表决程序等,并留存完整档案。

下设专门(专业)委员会根据行指委议事规则议事。

第二十六条　行指委应制定经费管理制度,明确经费使用、管理办法。定期向本行指委全体委员公开经费使用情况并接受监督。行指委接受社会各界的赞助、捐赠应遵守国家的有关规定,纳入统一经费管理,并不得影响公正履职。

第二十七条　行指委应制定印章使用管理制度,严格印章使用程序。根据有关规定,从2022年起,原行指委印章全部停用并封存,此后行指委用章由主任委员单位代章,或经教育部同意并在行指委工作办公室备案后,由秘书长单位代章。

第二十八条　建立健全行指委秘书处与行指委工作办公室的日常通报联络机制,鼓励行指委建立信息化工作平台,日常通过视频会议等现代化办公手段,提升工作效率。

第二十九条　行指委主任委员单位要对相应行指委加强指导,各省级教育行政部门、职业院校及委员所在单位应通过多种途径支持行指委工作,主任委员、秘书长所在单位应对行指委的日常工作提供必要的工作条件、经费、人员等保障支持。

第五章 工 作 纪 律

第三十条 行指委开展工作或举办活动,要遵守国家相关规定和中央八项规定精神及实施细则,坚持公益性原则,不得以营利为目的举办活动。

第三十一条 未经教育部批准,不得以行指委名义或与其他机构共同组织开展冠以"教学成果奖""教材奖""规划教材""教学名师""教学创新团队""职业院校技能大赛"等评审、评比、评估和竞赛项目,不得擅自以"全国""中国""中华""国际"等名义在基层设立"基地""中心"等。

第三十二条 行指委委员应坚持严谨、科学、负责的态度,公正廉明,自觉抵制不正之风。如遇与本人或本单位有利害关系的工作任务,应主动报告并按规定回避。不以委员身份从事与行指委工作无关的活动,不以委员名义参与营利活动。严格遵守工作纪律,不得泄露工作中接触的国家秘密和其他需要保密的工作信息。

第三十三条 行指委工作接受社会监督。教育部对收到的有关信访、举报等,将严格按照规定办理。

第三十四条 对违反工作纪律的行指委及行指委委员,教育部将视情节轻重,会同有关主管部门分别进行约谈、通报批评、追回资金、暂停履职、解除主任委员聘任或者责令解除委员聘任等处理;涉嫌违纪的,将书面告知委员组织人事关系所在单位依纪依规处理。

第六章 附 则

第三十五条 教育部职业院校教学(教育)指导委员会是由教育部组建和管理,对相关专业类或领域职业教育和培训工作进行研究、咨询、指导和服务的全国性、非营利性、非常设性专家组织,其具体建设与管理参照本规程执行。

第三十六条 本规程自公布之日起施行,由教育部负责解释。

17. 教育部办公厅关于印发《"十四五"职业教育规划教材建设实施方案》的通知

教职成厅〔2021〕3号

各省、自治区、直辖市教育厅（教委），新疆生产建设兵团教育局，部属各高等学校，有关直属单位：

为深入贯彻全国职业教育大会和全国教材工作会议精神，加强"十四五"职业教育规划教材建设，在国家教材委员会统筹领导下，我部制定了《"十四五"职业教育规划教材建设实施方案》。现印发给你们，请结合实际，认真贯彻执行。

教育部办公厅

2021 年 12 月 3 日

"十四五"职业教育规划教材建设实施方案

为深入贯彻全国职业教育大会和全国教材工作会议精神，落实《关于推动现代职业教育高质量发展的意见》《全国大中小学教材建设规划（2019—2022 年）》和《职业院校教材管理办法》有关部署，做好"十四五"职业教育规划教材建设工作，以规划教材为引领，建设中国特色高质量职业教育教材体系，制定本方案。

一、总体要求

"十四五"职业教育规划教材建设要深入贯彻落实习近平总书记关于职业教育工作和教材工作的重要指示批示精神，全面贯彻党的教育方针，落实立德树人根本任务，强化教材建设国家事权，突显职业教育类型特色，坚持"统分结合、质量为先、分级规划、动态更新"原则，完善国家和省级职业教育教材规划建设机制。

"十四五"期间，分批建设 1 万种左右职业教育国家规划教材，指导建设一大批省级规划教材，加大对基础、核心课程教材的统筹力度，突出权威性、前沿性、原创性教材建设，打造培根铸魂、启智增慧，适应时代要求的精品教材，以规划教材为引领，高起点、高标准建设中国特色高质量职业教育教材体系。

二、重点建设领域

规划教材建设要突出重点，加强公共基础课程和重点专业领域教材建设，补足紧缺领域教材,增强教材适用性、科学性、先进性。

（一）统筹建设意识形态属性强的课程教材。推进习近平新时代中国特色社会主义思想进教材进课堂进头脑,巩固马克思主义在意识形态领域的指导地位,加强社会主义核心价值观教育,加强中华优秀传统文化、革命文化和社会主义先进文化教育,落实党的领导、劳动教育、总体国家安全观教育等要求,促进学生德技并修。统一编写使用中等职业学校思想政治、语文、历史教材,用好《习近平新时代中国特色社会主义思想学生读本》。继续做好高等职业学校（含高职本科,下同）统一使用统编教材工作。重点在部分公共基础课程和财经商贸、文化艺术、教育体育、新闻出版、广播影视、公安司法、公共管理与服务等专业大类相关专业领域,推进职业教育领域新时代马克思主义理论研究和建设工程教育部重点教材建设。

（二）规范建设公共基础课程教材。完善基于课程标准的职业院校公共基础课程教材编写机制。依据中等职业学校公共基础课程方案和课程标准,统一规划中等职业学校数学、英语、信息技术、艺术、体育与健康、物理、化学教材的编写和选用工作,每门课程教材不超过5种。健全高等职业学校公共基础课程标准,统一规划高等职业学校公共基础课程教材编写和选用工作。通过组织编写、遴选等方式,加强职业院校中华优秀传统文化、劳动教育、职业素养、国家安全教育等方面教材（读本）供给,加强价值引导、提升核心素养,为学生终身发展奠基。

（三）开发服务国家战略和民生需求紧缺领域专业教材。围绕国家重大战略,紧密对接产业升级和技术变革趋势,服务职业教育专业升级和数字化改造,优先规划建设先进制造、新能源、新材料、现代农业、新一代信息技术、生物技术、人工智能等产业领域需要的专业课程教材。服务民生领域急需紧缺行业发展,加快建设学前、托育、护理、康养、家政等领域专业课程教材。改造更新钢铁冶金、化工医药、建筑工程、轻纺、机械制造、会计等领域专业课程教材。推动编写一批适应国家对外开放需要的专业课程教材。

（四）支持建设新兴专业和薄弱专业教材。重点支持《职业教育专业目录（2021年）》中新增和内涵升级明显的专业课程教材。加强长学制专业相应课程教材建设,促进中高职衔接教材、高职专科和高职本科衔接教材建设。遴选建设一批高职本科教材。支持布点较少专业课程教材建设。支持非通用语种外语教材,艺术类、体育类职业教育教材,特殊职业教育教材等的建设。

（五）加快建设新形态教材。适应结构化、模块化专业课程教学和教材出版要求,重点推动相关专业核心课程以真实生产项目、典型工作任务、案例等为载体组织教学单元。结合专业教学改革实际,分批次组织院校和行业企业、教科研机构、出版单位等联合开发不少于1 000种深入浅出、图文并茂、形式多样的活页式、工作手册式等新形态教材。开展"岗课赛证"融通教材建设,结合订单培养、学徒制、1+X证书制度等,将岗位技能要求、职业技能竞赛、职业技能等级证书标准有关内容有机融入教材。推动教材配套资源和数字教材建设,探索纸质教材的数字化改造,形成更多可听、可视、可练、可互动的数字化教材。建设一批编排方式科学、配套资源丰富、呈现形式灵活、信息技术应用适当的融媒体教材。

三、规划教材编写要求

规划教材编写应遵循教材建设规律和职业教育教学规律、技术技能人才成长规律,紧扣产业升级和数字化改造,满足技术技能人才需求变化,依据职业教育国家教学标准体系,对接职业标准和岗位(群)能力要求。

(一)坚持正确的政治方向和价值导向。坚持马克思主义指导地位,将马克思主义立场、观点、方法贯穿教材始终,体现党的理论创新最新成果特别是习近平新时代中国特色社会主义思想,体现中国和中华民族风格,体现人类文化知识积累和创新成果,全面落实课程思政要求,弘扬劳动光荣、技能宝贵、创造伟大的时代风尚。

(二)遵循职业教育教学规律和人才成长规律。符合学生认知特点,体现先进职业教育理念,鼓励专业课程教材以真实生产项目、典型工作任务等为载体,体现产业发展的新技术、新工艺、新规范、新标准,反映人才培养模式改革方向,将知识、能力和正确价值观的培养有机结合,适应专业建设、课程建设、教学模式与方法改革创新等方面的需要,满足项目学习、案例学习、模块化学习等不同学习方式要求,有效激发学生学习兴趣和创新潜能。

(三)配强编写人员队伍。鼓励职业院校与高水平大学、科研机构、龙头企业联合开发教材。鼓励具有高级职称的专业带头人或资深专家领衔编写教材,支持中青年骨干教师参与教材建设。教材编写和审核专家应具有较高专业水平,无违法违纪记录或师德师风问题。职业教育国家规划教材建设实行主编负责制,主编对教材编写质量负总责。

(四)科学合理编排教材内容。教材内容设计逻辑严谨、梯度明晰,文字表述规范准确流畅,图文并茂、生动活泼、形式新颖;名称、术语、图表规范,编校、装帧、印装质量等符合国家有关技术质量标准和规范;符合国家有关著作权等方面的规定,未发生明显的编校质量问题。

四、编写选用和退出机制

按照《职业院校教材管理办法》等规定,严格规划教材编写、选用、退出机制。

(一)规范资质管理。坚持"凡编必审",支持建设一批职业教育国家规划教材高水平出版机构。出版机构须持续提升教材使用培训、配套资源更新等专业服务水平,定期开展著作权等自查,加强教材盗版盗印专项治理。

(二)严格试教试用制度。新编教材和根据课程标准修订的教材,须进行试教试用,在真实教学情境下对教材进行全面检验。试教试用的范围原则上应覆盖不同类型的地区和学校。试教试用单位要组织专题研讨,提交试教试用报告,提出修改建议。编写单位要根据试教试用情况对教材进行修改完善。

(三)严格教材选用管理。坚持"凡选必审",职业院校须建立校级教材选用委员会,规范教材选用程序与要求,指导校内选择易教利学的优质教材。落实教材选用备案制度,职业院校选用教材情况每学年报学校主管部门备案,并汇总至省级教育行政部门。

(四)健全教材更新和调整机制。规划教材严格落实每三年修订一次、每年动态更新内容的要求,并定期报送修订更新情况。对于连续三年不更新、编者被发现存在师德师风问题、出现重大负面影响事件、教材推广发行行为不规范等情形的,退出规划教材目录,并按有关规定严肃追责问责。符合三年一修订要求和"十四五"职业教育国家规划教材遴选标准的"十三五"职业教育国家规划教材按程序复核通过后纳入"十四五"职业教育国家规划教材。获得首届全国教材建设奖全国优秀教材(职业教育类)的,原则上直接纳入"十四五"职业教育国家规划教材。充分发挥国家教材目录导向作用,加大国家统编教材、全国教材建设奖优秀教材的推广力度,加大规划教材选用比例,形成高质量教材有效普及、劣质教材加速淘汰的调整机制。

(五)健全教材评价督查机制。将教材工作作为教育督导和学校评估的重要内容,加强对各类教材特别是境外教材、教辅、课外读物、校本教材的监管,优化教材跟踪调查、抽查制度。国家、省两级抽查教材的比例合计不低于50%并公布抽检结果,淘汰不合格的教材并建立责任倒查机制,推进教材更新使用。完善教材评价制度,支持专业机构对教材进行第三方评议。在教材选用、管理等方面存在严重问题的,按照相关规定严肃处理。

五、工作机制

(一)加强统筹领导。在国家教材委员会统筹领导下,教育部统一组织国家规划教材建设。教育部职业教育与成人教育司具体组织实施职业教育非统编国家规划教材建设,发布职业教育国家规划教材目录。有关行业部门、行业组织、行指委、教指委要发挥行业指导作用,在教育部统一领导下,积极参与职业教育教材建设。

(二)落实地方责任。省级教育行政部门围绕本区域经济社会发展对技术技能人才需求,结合区域职业教育特色,组织省级规划教材建设并发布省级规划教材目录。各地要充分论证、科学规划、严格把关,避免低水平重复建设,健全职业教育省级规划教材目录制度,做好省级规划教材与国家规划教材的衔接。

(三)做好教材出版。出版单位应牢固树立精品意识,着力建设研编一体的高水平编辑队伍,健全教材策划、编写、编辑、印制、发行各环节质量保障体系,发挥试教试用和意见反馈机制作用,严格执行多审多校、印前审读制度,坚持微利定价原则,及时组织修订再版,发行确保课前到书。

六、条件保障

(一)加强党对教材建设的全面领导。把党的全面领导落实到教材建设各个环节,把好为党育人、为国育才的重要关口,使规划教材领域成为坚持党的领导的坚强阵地。学校党组织要严格落实教材建设意识形态工作责任制,切实履行主体责任,高度重视教材建设的组织实施、重点任务研究部署和督促落实。所申报教材的编写人员、责任编辑人员、审核人员应符合《职业院校教材管理办法》有关规定,并提供所在单位党组织政审意见。主编须提供所在单位一级党组织政审意见。

(二)加强政策和经费支持。各地教育行政部门要加大对职业教育教材工作的支持,在课题研究、评优评先、职称评定、职务(岗位)晋升等方面予以倾斜。按规定将教材建设相关经费纳入预算。鼓励多渠道筹措教材建设经费。建立完善职业院校教师参与规划教材编审工作纳入学校绩效考核的制度。

(三)加强教材研究和平台建设。国家统筹建立职业院校教材建设研究基地,推动建立一批国家级和省级职业教材研究基地。国家和省级职业教育教研机构应发挥专业优势,深入开展教材建设重大理论和实践问题研究。定期组织开展教材研究成果交流,推动研究成果及时转化。完善职业教育教材信息服务平台,及时发布教材编写、出版、选用及评价信息。建设教材研究资源库和专题数据库,收集国内外教材和教材研究成果。

(四)加大教材培训和交流。完善国家、省两级规划教材编写和使用培训体系,对参与国家规划教材编审的相关人员进行培训;结合各级教师培训项目和其他教研活动,组织开展规划教材使用培训,不断提高教师用好教材的能力。组织开展全国教材建设奖全国优秀教材(职业教育类)宣传推广工作。加强教材国际交流合作,根据实际需要适当引进急需短缺的境外高水平教材并加强审核把关。拓展深化与"一带一路"国家的教材合作,为培养国际化高素质技术技能人才提供有力支撑。

第 三 编
研究探索

1. 优化类型定位 加快构建现代职业教育体系

陈子季①

摘要：全国职业教育大会站在党和国家事业发展全局，分析并指出了加快发展现代职业教育的历史机遇与实践路径。学习贯彻习近平总书记对职业教育工作的重要指示和全国职业教育大会精神，核心是解放思想、提高站位，把准职业教育战略地位，坚持正确办学方向，坚定类型特色发展道路，落实高度重视、加快发展的工作方针；重点是树立系统观念，以发展理念、学校体系、办学格局、育人模式、管理体制、保障机制等为着力点和突破口，加快建设纵向贯通、横向融通的现代职业教育体系；关键是建立狠抓落实新体制，长远谋划、加大宣传，做到指挥到位、责任到位、督导到位、行动到位、效果到位、研判到位，使党中央国务院部署落地生根。

关键词：全国职业教育大会；类型定位；高质量；职业教育体系

2021年4月12日至13日，全国职业教育大会在北京胜利召开。此次大会是新中国成立以来，党中央、国务院召开的第一次全国职业教育大会，在我国职业教育发展史上具有重要的里程碑意义。大会站在党和国家事业发展全局，科学审视了职业教育的战略地位，充分肯定了职业教育的发展经验与成就贡献，分析并指出了加快发展现代职业教育的历史机遇与实践路径。学习领会习近平总书记重要指示精神，推进全国职业教育大会精神落实落地，加快构建现代职业教育体系，是当前职业教育理论研究者、政策制定者、实践工作者的重大政治任务和现实课题。

一、深刻领会习近平总书记重要指示和大会精神

全国职业教育大会是在建党100周年、"十四五"规划开局之年、开启全面建设社会主义现代化国家新征程的重要时刻召开的重要会议。习近平总书记对职业教育工作做出重要指示，时任国务院总理李克强做出重要批示，时任国务院副总理孙春兰出席会议并讲话，时任教育部部长陈宝生作总结讲话，为新阶段职业教育改革发展指明了前进方向、提供了根本遵循。准确把握和领会习近平总书记重要指示和大会精神，需要着眼于国内国际两个大局，进一步解放思想、提高站位，从立足新发展阶段、贯彻新发展理念、构建新发展格局的高度，全面深化对职业教育的认识。

---

① 陈子季，教育部职业教育与成人教育司司长，研究员。

（一）准确把握"前途广阔、大有可为"的战略地位

习近平总书记指出，"在全面建设社会主义现代化国家新征程中，职业教育前途广阔、大有可为"，从党和国家工作全局的高度，深刻阐明了发展职业教育的重大意义，体现了党中央对职业教育一以贯之的高度重视。早在 2014 年，习近平总书记就作出明确指示，强调"职业教育是国民教育体系和人力资源开发的重要组成部分""必须高度重视、加快发展"。2019 年，习近平总书记在甘肃考察山丹培黎学校时指出，"实体经济是我国经济的重要支撑，做强实体经济需要大量技能型人才""发展职业教育前景广阔、大有可为"。职业教育是培养技术技能人才、促进就业创业创新、推动中国制造和服务上水平的重要基础，无论是应对百年未有之大变局这一世界之变、时代之变、历史之变，还是实现中华民族伟大复兴这一百年梦想，都必须把加快发展现代职业教育摆在更加突出的战略位置，纳入社会主义现代化建设的总体部署，推动职业教育与经济社会同步发展，为全面建设社会主义现代化国家提供坚实的技术技能人才支撑。

（二）坚持社会主义办学方向

习近平总书记强调"要坚持党的领导，坚持正确办学方向，坚持立德树人"，深刻阐释了职业院校办学的根本保障、根本方向和根本任务。首先，党的领导是根本保障。只有坚持党的领导，才能确保中国特色职业教育沿着正确方向不断开拓创新，才能不断坚定中国特色职业教育发展的道路自信；只有实现党的全面领导，落实好"把方向、揽全局、抓思想、建队伍、促党建"的总要求，才能把党的建设和思想政治工作优势转化为职业教育改革发展优势。其次，要坚持面向市场、服务发展、促进就业的办学方向，如此方能确保职业教育与经济社会发展同频共振，彰显职业教育面向市场、面向能力、面向社会、面向人人的本质属性。最后，要落实立德树人根本任务，探索符合自身特点和规律的、学生喜闻乐见的思想政治工作体系和方法，培养德智体美劳全面发展的社会主义建设者和接班人。

（三）坚定不移走类型特色的发展道路

此次大会深化了一个共识，即要按照职业教育规律办职业教育。"职业教育和普通教育是两种不同的教育类型，具有同等重要地位"，这是中国教育理念的一次重大变革，是党和国家把握教育发展规律、职业教育办学规律、人的全面发展规律作出的一个重大判断，揭示了职业教育的独特作用和本质属性，体现了以习近平同志为核心的党中央对大力发展职业教育、培养高素质劳动者和技术技能人才的坚定决心。习近平总书记的重要指示，就如何坚定职业教育类型定位、遵循职业教育规律办职业教育，为我们提供基本遵循。比如，在逻辑起点上，强调"优化职业教育类型定位"；在发展路径上，强调"深化产教融合、校企合作"；在关键改革上，强调"深入推进育人方式、办学模式、管理体制、保障机制改革"；在发展重点上，强调"稳步发展职业本科教育，建设一批高水平职业院校和专业"；在发展要求上，强调"推动职普融通，增强职业教育适应性，加快构建现代职业教育体系，培养更多高素质技术技能人才、能工巧匠、大国工匠"；在战略价值上，强调"为全面建设社会主义现代化国家，实现中华

民族伟大复兴的中国梦提供有力人才和技能支撑"。

（四）坚决落实高度重视、加快发展的工作方针

习近平总书记强调"各级党委和政府要加大制度创新、政策供给、投入力度，弘扬工匠精神，提高技术技能人才社会地位"，这是对 2014 年提出"高度重视、加快发展"方针的重申和延伸。"加大制度创新"，就是要贯彻新发展理念，用改革的办法解决好制约职业教育发展的关键问题；"加大政策供给"，就是要整合政策举措、优化资源配置、拿出实招硬招，厚植职业教育改革发展的土壤；"加大投入力度"，就是要加快改善职业教育的办学条件，更好支持和帮助职业教育发展，让职业教育更优质更公平；"弘扬工匠精神"，就是要在全社会树立正确人才观，大力弘扬劳动光荣、技能宝贵、创造伟大的时代风尚；"提高技术技能人才社会地位"，就是要健全技术技能人才培养、使用、评价、激励制度，营造人人皆可成才、人人尽展其才的良好环境，努力让每个人都有人生出彩的机会。

二、准确把握建设现代职业教育体系的重点任务

全国职业教育大会提出，新一阶段职业教育改革的总体任务是：全面贯彻党的教育方针，落实立德树人的根本任务，打造纵向贯通、横向融通的现代职业教育体系。这与"十四五"规划《纲要》明确的"建设高质量教育体系"总体要求相一致，也是构建现代职业教育体系，推动职业教育高质量发展的核心目标和逻辑主线。在贯彻落实中，既要牢固树立系统观念，在认识上加强前瞻性思考，在工作上加强全局性谋划，在规划上加强战略性布局，在落实上加强整体性推进，还要聚焦重点难点，找准加快构建现代职业教育体系的着力点和突破口。

（一）树立科学的职业教育发展理念

有什么样的理念就会有什么样的实践。职业教育是国民教育体系的重要组成部分，是一种具有不同层级的类型教育，必须遵循技术技能人才的培养规律，进一步解放思想、更新理念，巩固和坚持职业教育的类型定位。做到这一点，需准确把握职业教育的本质属性。

一是职业教育是面向市场的就业教育。早在 100 年前，黄炎培先生就说过，职业教育的目的是"使无业者有业、使有业者乐业"。服务发展、促进就业的办学方向，决定了职业教育必须以市场需求为导向，紧盯企业需求，紧盯市场信号，市场和就业需求发生变化了，职业教育的专业设置和教学方式就应及时调整。一方面要推行产业规划和人才需求发布制度，引导学校紧贴市场和就业形势，动态调整专业目录，通过差异化投入、政策项目引导等方式，鼓励学校更多开设紧缺的、符合市场需求的专业，帮助学生实现更高质量的就业；另一方面还要开展大规模职业技能培训，全面提升劳动者职业技能和就业创业能力，帮助更多劳动者特别是青年实现更高质量的就业。

二是职业教育是面向能力的实践教育。实践教育是职业教育区别于其他类型教育的显著特征。实习实训是实现职业教育培养目标、锻炼学生实践技能的必要途径，真实的工作环

境、生产一线和操作过程是职业教育人才培养质量的关键影响因素。从发达国家经验看，虽然教育教学模式各不相同，但都以培养实践能力为核心。由于设施设备、技能教师缺乏等原因，实践教学成为我国职业院校的教学难点。构建现代职业教育体系，必须围绕培养实践能力这个关键点，坚持产教融合、工学结合这一基本办学模式，优化实践教学体系，完善实习实训考核办法，把专业建在产业链上，把课堂设在生产服务一线，实践课时占总教学课时的一半以上，确保学生足额、真实参加实习实训，让学生在实践中增长才智、提升技能。

三是职业教育是面向社会的跨界教育。职业教育与经济社会发展联系最为紧密，跨越了职业与教育、跨越了企业与学校、跨越了工作与学习的界域。因此，职业教育改革发展不是教育部门一家能承担的任务，必然涉及经济发展、社会稳定、劳动就业、行业企业等多个部门和社会机构，必须跳出教育看教育，跳出学校看学校，用系统思维建立职业教育统筹发展机制，把企业、院校、行业和政府的各类资源有效整合起来，推动职业教育由政府举办为主向政府统筹管理、社会多元办学的格局转变，由参照普通教育办学模式向企业社会参与、专业特色鲜明的类型教育转变，使其层次结构、规模结构、专业结构、办学结构及其各个分系统，与社会、经济、人力资源需求结构相匹配。

四是职业教育是面向人人的终身教育。职业教育是提升人力资本、增强职业能力的重要渠道，是促进人的全面发展、社会全面进步的重要途径，必须始终面向社会各个方面、面向各个群体、面向每个人，不仅要让每个人都享有接受教育的机会，而且要让每个人都有人生出彩的机会。在连续两年的高职扩招之下，退役军人、下岗失业人员、农民工、高素质农民和企业在职员工，已成为高职院校的重要生源。2020年，社会生源数量122.6万，占比达到了23.38%，充分体现了职业教育作为终身教育的特点。要坚持学历教育与非学历教育并举并重，坚持职业教育与普通教育、继续教育协调发展，特别是要发挥好国家开放大学终身教育主要平台、灵活教育重要平台的优势，共同满足社会成员个性化、多样化、终身化的学习需求，服务全民终身学习，建设技能型社会，畅通面向人人的职业教育和培训渠道，使人们获得自身发展和造福社会的能力，过上有尊严的幸福生活。

（二）构建一体化学校职业教育体系

学校职业教育体系是现代职业教育体系的主要组成部分，一体化的学校职业教育体系是职业教育成为一种类型教育的基本前提和重要支撑。

一是健全职业学校体系。完善的现代职业教育体系首先应具备完善的职业学校体系，包括职业中等教育和职业高等教育，其中职业高等教育又包含了专科和本科层次。因此，建设高质量的现代职业教育体系，必须一体化设计职业学校体系，科学发展各级学校职业教育。目前，我国职业学校体系不健全的问题已经相当突出。要持续巩固中职学校的基础地位，进一步夯实专科层次职业教育的主体地位，稳步发展本科层次职业教育，加快建设结构合理、定位清晰的职业学校体系，实现职业中等教育、专科层次职业高等教育、本科层次职业高等教育自下而上无缝衔接，一体化、系统化培养高素质技术技能人才。

二是完善标准体系。标准具有基础性、门槛性作用,高质量发展需要高质量的标准体系支撑。在迭代更新旧标准的同时,要按照职业教育高质量发展要求,进一步健全职业教育标准体系,结合贯彻落实党的十九届五中全会和"十四五"规划纲要精神,对标对表产业发展、民生改善,加快完善专业、教学、课程、实习、实训条件等"五位一体"的职业院校办学国家标准,促进不同层次职业教育培养标准、内容的有机衔接,保障不同主体办学基本质量。教育部刚刚颁布了中职、高职、本科职业教育一体化设计的专业目录,设计融入了新技术、新业态、新职业等职业教育发展的新要求,同时制定与之配套的专业教学标准,为构建纵向贯通的职业教育人才培养体系提供依据。各地各校也应据此尽快优化专业设置、调整培养方案、更新培养内容,要加强对标准落实情况的监督检查,及时发现和纠正存在的问题,对不达标准的及时清理。

三是改革考试招生制度。职教20条提出的建立职教高考制度,是优化职业教育类型定位,实现职业教育体系内部纵向贯通的必然路径。要认真总结分类考试招生的实践经验,完善"文化素质+职业技能"考试招生办法,建立健全省级统筹的高职分类考试招生制度,针对不同群体特点和受教育状况,分列招生计划、分类考试评价、分别选拔录取,按照专业大致对口原则,指导和支持应用型本科院校、职业本科院校更多招收职业学校毕业生,保证大多数职教学生在职业学校体系内接续培养、成长成才,还要给一些拔尖人才开辟特殊的就学渠道,支持他们接受更高层次职业教育。要总结好中高职贯通培养的有益经验,完善"五年一贯制"等培养形式,同时建好职业教育国家"学分银行",推动各种学习成果之间的互认转换,实现人才培养的分层衔接,满足行业企业社会多样化人才需求。

四是坚持德技并修。立德树人是各类各级教育的根本任务,其中,立德是根本,树人是核心。职业教育突出学生实践能力培养,但决不能忽视学生思想政治教育和德育工作。要落实立德树人根本任务,深化职业教育思政课改革创新。职业教育领域的立德树人应针对职教学生的学习特点、行为习惯、思维模式等,建立区别于普通高校、体现职教特色的育人体系。一方面,要进一步加强以培养劳模精神、劳动精神、工匠精神为核心的思想政治教育。另一方面,要推动职业教育思政课的"教材、教师、教法"改革,建立健全职业教育领域德育工作机制,办出职教特色。

五是深化评价改革。有什么样的评价就有什么样的教育。要深入贯彻落实《深化新时代教育评价改革总体方案》,系统改革职业教育的过程评价、结果评价、增值评价、综合评价。在教育自身,要尽快形成具有职业教育特点的评价标准和办法,健全国家、省、学校三级质量年报制度,加大对职业教育质量统筹监管的力度。在教育外部,要清理对职业教育人才的歧视性政策,破除唯名校、唯学历的导向,建立以品德和能力为导向的选人用人机制,打通职业院校毕业生再就业、落户、参加机关事业单位招聘、职称评审、职级晋升等方面的通道,解决好社会对职业教育的认可问题,提高职业教育吸引力。

(三)健全多元开放融合的办学格局

职业教育是面向社会的跨界教育,没有社会各方面的共同参与就办不好职业教育。政府要在保证职业教育基本公益属性的前提下，加快由"办"职业教育向"管"职业教育转变，推动形成多元、开放、融合的办学格局。

一是创新校企合作形式。校企合作是职业教育的基本办学形式，要更好地发挥市场在教育资源中的配置作用和政府的引导作用，通过深入合作，真正形成校企命运共同体。目前，我国职业教育主要由职业学校承担，校企合作"一头冷、一头热""独角戏"的现象还比较普遍。要找到校企合作的利益"共赢点"，在"利益"和"资本"两个方面下功夫促进校企紧密合作。要积极推动地方支柱性企业与高水平职业学校共建一批产业学院，探索混合所有制改革，打造校企命运共同体，还要鼓励支持企业和学校双主体育人，通过产教融合型企业认证制度、产教融合型城市建设、示范性职业教育集团（联盟）等，创新校企合作形式与内容，实现校企合作利益最大化、资本最优化。在推进校企合作中，要尤其注意坚持合作育人的教育初心，维护学生正当权益。

二是丰富多元办学主体。谁有意愿、有能力、有条件、守规矩，就应支持谁举办职业教育。对不同部门、行业企业举办的职业院校，只要符合职业院校办学的国家标准，都要予以承认并纳入职业教育体系。要支持国有企业办职业教育不动摇，不能把国企举办职业学校简单等同于办社会职能，进行"一刀切"剥离。要支持民办职业教育发展不动摇，政府发展职业教育的各项政策同样适用于民办职业教育。要支持行业办学不动摇，对于行业办学优势明显、能够保证办学投入、人才需求量大的，政府部门应鼓励支持其进一步做大做强，不"甩包袱"强行剥离行业办学。

三是提高对外开放水平。高水平的对外开放是国家构建新发展格局的重大战略部署，提高职业教育对外开放水平，是职业教育立足新发展阶段、贯彻新发展理念、构建新发展格局的必要之举。要加强职业教育国际交流合作，有序吸引境外高水平职业院校来华合作办学，在制度、标准、模式等方面强化国际交流，加快总结中国特色的职业教育发展模式和经验，打造中国职业教育的国际品牌，使中国职业教育和中国企业一起走向世界。

（四）构建灵活多样的育人模式

职业学校学生来源渠道多样，基础和需求不尽相同；而且，职业教育服务各行各业，培养人才的层次、规格不一而足，这就决定了职业教育的人才培养模式一定是灵活多样的。

一是坚持校企双主体育人。面向市场是职业教育的本质属性，离开了行业企业的深度参与，职业院校不可能培养出市场需要的技术技能人才。"十三五"时期，教育部门开展现代学徒制试点，人社部门推行了企业新型学徒制，校企联合招生、联合培养、岗位成才，均取得了不错的效果。其实质与德国的"双元制"异曲同工，实现了学校培养与市场需求的无缝对接。要在及时总结学徒制试点成功经验的基础上，进一步破除政府部门间的政策壁垒，加强统筹协调，优化资源配置，将现代学徒制培养培训统一纳入财政补贴范围，大力推广政府引导、行业参与、社会支持、校企双主体育人的中国特色学徒制。

二是探索岗课赛证融合。课程是人才培养工作的基本单元，人才培养模式改革与课程改革相互影响、互为倚重。近年来,一些职业院校积极探索"岗课赛证"融合("岗"就是工作岗位,"课"就是课程体系,"赛"就是职业技能大赛,"证"就是职业技能等级证书),形成了一批以职业能力培养为核心的课程体系,进一步提升了学生的就业能力。职业院校要充分利用行业头部企业在专业人才培养和评价方面的先进经验和成熟标准,把新技术、新工艺、新规范及时纳入教学,把企业的典型案例及时引入教学,把职业资格证书、职业技能等级证书内容及时融入教学,结合自身实际,充实改造提升相应的课程和专业,形成灵活多样的育人模式,进一步提高人才培养的针对性和适应性。

三是大力推进教学模式内容方式改革。黑板上操作、书本上模拟、教室里练习,不可能培养出能工巧匠、大国工匠。要强化工学结合、理实一体的教学模式,更多地把课堂搬到工厂车间、田间地头。以实践能力提升为导向,按照生产实际和岗位需求设计开发课程,完善模块化、系统化的实训课程体系。尤其是要针对高职扩招生源多样化特点,分类编制专业人才培养方案,针对不同生源分类施教、因材施教。要在坚持基本学制的基础上,根据学生的学习基础、学习方式、学习意愿灵活设置修业年限,满足不同学生学习需要。要普及推广项目教学、案例教学、情景教学、工作过程导向教学,推动云计算、大数据、物联网、虚拟现实、人工智能等现代信息技术与职业教育深度融合,广泛应用线上线下混合教学,促进自主泛在个性化学习。

(五)理顺职业教育的管理体制

体制机制事关内生动力、发展活力。构建现代职业教育体系,需要厘清部门之间、中央与地方之间、政府与学校之间的关系,各自定位、各司其职、各尽其责,形成宏观有序、微观活力的体制机制,为职业教育发展注入不竭动力。

一是处理好部门间的关系。2019年建立国务院职业教育工作部际联席会议制度后,九个部门齐心协力,解决了许多长期困扰职业教育发展的体制机制问题,在国家层面进一步健全了保障职业教育高质量发展的机制。即将出台的《职业教育法(修订案)》,将为进一步明确各部门之间的职责定位和协作关系提供遵循。各地相关部门一定要提高政治站位,跳出部门利益,既有分工又有合作,共同落实好《中共中央关于深化党和国家机构改革的决定》和职教法精神。教育部门应抓好职业教育工作的统筹规划、综合协调、宏观管理,切实统筹好学历职业教育,对技工院校的学历教育也要一视同仁,切实加强指导、管理、监督,确保办出质量、办出水平、办出特色。人力资源社会保障部门应在国务院规定职责范围内落实好发展职业教育的职责,切实统筹好职业培训,对所有职业院校承担培训任务也要一视同仁,加强对各级各类职业教育的条件保障和政策支持。其他部门在各自职权范围内,落实好发展职业教育的职责。各地要参照中央部门的做法,统筹抓好学历职业教育和职业培训。

二是处理好中央和地方的关系。发展职业教育的主责在地方,要在中央科学规划、宏观管理的基础上压实地方发展职业教育的主体责任。中央各有关部门应尊重基层首创,建立有效的容错纠错机制,支持地方按照国家统一规划,充分发挥省级政府的统筹优势,以职业教育综合改革为突破口推动教育高质量发展,创造具有地方特色的职业教育发展模式和发展经验。地方也应积极跟上,树牢科学的教育政绩观、人才观,像重视普通教育一样重视职业教育,把加快推进职业教育现代化纳入重要议事日程,主动关心职业教育、研究职业教育、支持职业教育,及时解决重大问题,切实把发展职业教育的责任扛牢扛实。特别是教育部与山东、江西、甘肃以及江苏"苏锡常"、浙江"温台"、广东深圳、福建厦门等地部省共建职业教育创新发展高地,更应敢为人先、先行先试,按照"起步成势、一年成式、两年成是、三年成事",持续创新职业教育央地分权治理模式,丰富职业教育制度供给渠道,汇聚支持职业教育的发展合力,提升职业教育对区域经济社会的贡献度,及时把一些好的经验做法以制度形式固化下来推广复制。

三是处理好政府与学校的关系。政府要按照"放管服"改革的要求,充分落实职业院校办学自主权。学校不同于党政机关,也不同于一般的事业单位,要充分尊重教育规律、职业学校办学规律,把该交给学校的权利充分交给学校,减少对学校具体事务的干预。各级政府要深入推进"放管服"改革,给职业院校松绑,让学校能够自主确定设立内设机构、岗位和用人计划,自主确定招什么人、怎么招,用什么人、怎么用;自主评聘职务职称;职业培训所得收入可以合理用于人员经费,计入绩效工资,不受工资总额限制。权力放给学校,责任落到学校,同时加强事中事后监管。学校要用好办学自主权,积极主动作为,确保接得住、用得好、受监督,释放最大政策"红利"。

(六)强化职业教育的保障机制

保障机制管根本、管长远。职业教育目前依然是教育体系中的短板,建设高质量教育体系,亟待加大对职业教育的投入力度,不断加强职业学校的软硬件建设,为职业教育高质量发展提供有力保障。

一是完善多元投入机制。据联合国教科文组织测算,职业教育办学成本是普通教育的3倍左右。但从我国目前教育经费投入情况来看,2019年,全国职业教育经费总投入虽然首次突破5 000亿元,占全国教育经费总投入的10%,但增速仍然低于全国教育经费增长水平。2019年全国中职教育规模占高中阶段教育的39.44%,经费占比仅为33.86%;高职教育规模占高等教育的44.43%,经费占比仅为17.84%,规模与投入极不匹配。此外,从经费投入结构来看,财政性教育经费投入占教育总投入的80%,一支独大,只靠财政投入满足不了发展需要。投入不足已经成为制约职业教育高质量发展的瓶颈之一,必须下大力气解决。一方面,要坚决落实职教20条关于"新增教育经费要向职业教育倾斜"的任务要求,建立与办学规模、培养成本、办学性质等相适应的财政投入制度,逐步提高高职生均拨款水平和中职生均拨款标准。另一方面,要多渠道筹措职业教育经费,健全多元投入机制,形成全社会共同支持职业教育发展的合力。

二是加强师资队伍建设。有高质量的教师才会有高质量的教育,有高水平的领导队伍才会有高效率的治理能力。职业教育教师与普通教育不同,不但需要较高的理论水平,更需要很强的动手实践能力,既要会讲,更要会做。一方面,要加快建立并实施职业学校教师专业标准制度,健全教师引进、培养、评价机制;另一方面,还要落实教师到企业实践制度,推动企业工程技术人员、高技能人才和职业院校教师双向流动,校企联合组建高水平、结构化教师教学创新团队,推进教师分工协作进行模块化教学。此外,还要大力推进政治家、教育家办学治校,建立科学的领导干部选用、培养、交流、退出机制,让懂职业教育、爱职业教育、兼具企业家思维的干部当书记、做校长,管好办好职业院校。

三是发挥信息化支撑作用。信息化是职业教育适应现代信息技术发展的必然要求。进入新的发展阶段,信息化水平成为制约与衡量职业教育高质量发展的关键因素。要借助信息技术促进管理智能化,全方位引入 5G、云计算、大数据、人工智能等现代信息技术,构建包含教师教、学生学、质量评价、后勤保障等各管理环节在内的智能化管理体系,提高管理质量与水平。要借助信息技术重塑教学形态,从教师教学方式、学生学习方式以及教学内容呈现方式等方面着手,打破课堂边界。要对接信息技术发展,适应"两化"融合发展带来的岗位工作任务变化,及时改造升级传统专业,调整人才培养规格。

三、扎实推进大会精神落实落地

全国职业教育大会胜利召开,开启了新时代我国职业教育事业改革发展的新征程,职业教育战线应牢牢抓住这次全国职业教育大会召开的历史机遇期,全力推进大会精神落实落地,加快推动职业教育实现高质量发展。

(一)加强长远谋划

以大会提出的"六有"为标准,认真谋划、精心布局。具体就是,要有体系的构建,围绕技能型社会建设的需要来构建现代职业教育体系;要有质量的公平,让更多人长技能、就好业,生活得有尊严、体面、幸福;要有差异的均衡,缩小和弥补差异,推动西部地区职业教育质量明显提升;要有特色的标准,进一步强化标准的支撑引领作用,健全职业教育特色标准体系;要有重点的改革,着力破除制约职业教育发展的体制机制障碍;要有竞争的合作,保持定力,推动对外开放提质增效。

(二)建立狠抓落实新体制

以大会提出的"干实事、解难事、谋大事、创新事、长本事"为要求,做到六个"到位"。具体就是,要指挥到位,各级领导干部要深入基层,到一线当总指挥,全力以赴落实大会部署;要责任到位,把大会确定的目标任务,尽快分解到人、到岗,把责任和压力层层传导下去;要督导到位,督导系统要全面压到一线、基层督导,集中力量抓重点任务的贯彻和推进;要行动到位,紧锣密鼓、全面有力、有特色地推进,尽快打开新局面;要效果到位,紧盯落实效果不放,注重过程、塑造结果,把阶段性效果抓起来,用效果证明工作;要研判到位,及时研判落实过程中出现的新趋势、新苗头、新倾向,确保各项工作任务有序推进。

（三）加大学习宣传力度

要把学习贯彻大会精神作为重要政治任务,准确传达、领会党中央、国务院发展职业教育的政策导向和重大举措,进一步统一思想、凝聚共识,让广大干部、师生视野更宽、定位更准、使命更强。要向社会释放鲜明信号,深入挖掘、大力宣传基层组织和一线岗位技术技能人才成长成才的典型事迹,打造一批职业教育宣传新平台,引导激励全社会广泛支持、积极参与职业教育。要提升职业教育的影响力和美誉度,发挥全国职业院校技能大赛树旗导航作用,办好职业教育活动周和世界青年技能日等宣传展示及服务活动,形成"崇尚一技之长、不唯学历凭能力"的社会氛围。

全国职业教育大会制定了新时代职业教育的行动纲领和发展蓝图。我们坚信,在以习近平同志为核心的党中央坚强领导下,在新发展理念的指引下,通过广大职教战线的改革创新、砥砺奋进,定能开创新时代中国特色职业教育发展的新局面,培养更多高素质技术技能人才,为全面建设社会主义现代化国家、实现中华民族伟大复兴提供强大人才保障和技能支撑。

（摘自《中国职业技术教育》2021（12）:5-11）

2.《职业教育提质培优行动计划(2020—2023年)》的治理意蕴探析

任占营①

摘要:发挥中央和地方两个积极性是我国职业教育治理改革的关键问题。从改革开放以来职业教育政策及发展情况来看,中央与地方关系处于不断简政放权、权力重心下移的过程,分权治理取得了良好成效,但也存在省级主体作用未能充分激发等主要问题。2020年9月,教育部等九部门联合出台的《职业教育提质培优行动计划(2020—2023年)》,将职业教育改革发展与职业教育治理效能提升相统一,健全了国家宏观统筹、地方落实主责的制度框架,构建了自主承接的推进机制、公开规范的协商机制,既保证了中央精神的贯彻落实,又充分尊重省级主体的治理权责,同时有利于形成良好的省际竞争局面,推动职业教育制度改革与创新,将为"十四五"时期职业教育改革发展创设良好的治理保障。

关键词:提质培优;行动计划;简政放权;分权治理;治理效能

在大国治理中,中央与地方的关系一直是国家制度设计的重大问题。职业教育治理改革是教育治理体系现代化的重要组成部分,而在治理改革中如何处理中央和地方的关系,发挥中央和地方两个积极性,又是我国职业教育治理改革的关键问题。2020年9月,教育部等9个国务院职业教育工作部际联席会议成员单位联合印发《职业教育提质培优行动计划(2020—2023年)》(以下简称《行动计划》),这是深入贯彻党中央国务院关于职业教育的决策部署、全面落实落细《国家职业教育改革实施方案》顶层设计的重要文件,也是步入新发展阶段国家推进职业教育治理体系和治理能力现代化的制度创新。从中央与地方关系视角分析职业教育治理模式的演进与变革,有助于我们准确把握《行动计划》所蕴含的治理意义及其价值取向,这对于《行动计划》各项任务的落地见效,以及"十四五"时期职业教育改革发展与治理效能提升都具有重要意义。

一、重心下移:中央地方关系的改革趋势

从改革开放以来职业教育政策及发展情况来看,诸如加强省级统筹、强化市县级政府权力与责任、下放一批行政审批权等改革举措,都显示中央与地方关系处于不断简政放权的过程中,并呈现出两个特征:一是地方主体责任不断强化,二是中央统筹逐步明晰。

---

① 任占营,教育部职业教育与成人教育司职业院校发展处处长,博士。

（一）地方主责不断强化

1985 年 5 月颁布的《中共中央关于教育体制改革的决定》，其核心思想就是简政放权，激发地方活力，文件规定"中等职业技术教育主要由地方负责，中央各部门办的这类学校，地方也要予以协调和配合"。以此为标志，我国逐渐形成中央地方分级管理、以地方为主的职业教育治理机制，地方政府在职业教育治理中拥有了更多的自主权。进入 90 年代后，中央进一步强化地方政府发展职业教育的主体责任。1991 年，《国务院关于大力发展职业技术教育的决定》指出："发展职业技术教育主要责任在地方，关键在市、县"。1996 年，《中华人民共和国职业教育法》（以下简称《职业教育法》）第十一条规定，"县级以上地方各级人民政府应当加强对本行政区域内职业教育工作的领导、统筹协调和督导评估"。将发展职业教育纳入区域国民经济和社会发展规划，成为地方政府的法定职责。

进入 21 世纪，地方在担负更多发展职业教育主责的同时，也相应承接了更多发展职业教育的权力，地方政府特别是省级政府发展本区域内职业教育的统筹力度不断加大。如2013 年颁布的《中共中央关于全面深化改革若干重大问题的决定》，明确提出要"扩大省级政府教育统筹权"。2014 年，《国家教育体制改革领导小组办公室关于进一步扩大省级政府教育统筹权的意见》就扩大省级政府教育统筹权进一步提出具体要求，明确要"建立健全由省级政府统筹推进、各部门分工协作的工作机制"。2016 年起，国务院推出中央与地方财政事权和支出责任划分改革，旨在以财政事权和支出责任划分为突破口，推动建立科学规范的政府间关系；改革明确要通过有效授权，合理确定地方财政事权；指出"地区性基本公共服务由地方负责，跨省（区、市）的基本公共服务由中央与地方共同负责""中央的财政事权如委托地方行使，要通过中央专项转移支付安排相应经费。"2019 年国务院办公厅关于印发《教育领域中央与地方财政事权和支出责任划分改革方案》，明确职业教育实行以政府投入为主、受教育者合理分担、其他多种渠道筹措经费的投入机制，总体为中央与地方共同财政事权，中央财政通过转移支付对地方统筹给予支持。《中国教育现代化 2035》也明确提出省级政府要加大省域内各级各类教育的统筹力度，提升政府统筹层级。从政策制定与完善情况看，中央不断放权给地方，地方政府特别是省级政府逐步成为职业教育的规划者、举办者，以及办学经费的有力支持者，地方政府作为主体统筹发展职业教育的权责不断强化。

（二）中央统筹逐步明晰

为了充分发挥中央和地方两个积极性，在简政放权、重心下移的过程中，国家也注重中央统筹的制度化、法治化建设。教育领域最具标志意义的政策文件是 2015 年教育部发布的《关于深入推进教育管办评分离促进政府职能转变的若干意见》，其中明确"坚持放管结合。既要解决政府越权越位问题，把该放的权坚决下放，又要完善监督制约机制，切实做好事中、事后监管，逐项查看措施是否及时跟上、有力有效，是否存在监管漏洞和衔接缝隙，把该管的管住管好。"此外，2017 年国务院办公厅发布的《对省级人民政府履行教育职责的评价办法》有效强化了中央对各地发展教育的统筹作用。

在职业教育发展实践中,中央统筹作用也得以不断强化,主要表现为五个方面。一是通过法规体系强化统筹。国家宪法对职业教育做出了原则规定,《中华人民共和国职业教育法》及有关法律确立了职业教育的基本制度,国务院及有关部门相继颁布了促进职业教育发展的法规、规章和政策措施,国务院职业教育工作部际联席会议制度从更高层次、更宽维度上强化对职业教育的统筹指导和宏观调控。逐步完善的职业教育法律法规和制度体系保障了中央对职业教育决策与管理的统筹和集中。二是通过制度标准强化统筹。21世纪以来,特别是党的十八大以来,教育部积极推进职业教育标准体系建设,先后发布了包括专业目录、专业教学标准、公共基础课程标准、顶岗实习标准、实训条件建设标准(仪器设备配备规范)等在内的职业教育国家教学标准,与职业学校设置标准、教师专业标准、校长专业标准等共同组成了较为完善的国家职业教育标准体系,为各地有针对性地统筹区域职业教育发展指明了方向、划清了底线。三是通过标杆示范强化统筹。自2006年起,国家先后推进实施国家示范(骨干)高职院校建设、中职示范校建设、"双高计划"建设等重大引领性改革项目,通过国家集中优势扶优扶强,打造标杆,在提高职业教育质量的同时,充分调动、激发各地竞相发展的积极性,形成省际竞争。四是通过健全质量保障体系强化统筹。在院校质量管理方面,落实管办评分离,推出职业院校教学工作诊断与改进制度,为职业院校自我保证教学质量提供制度范式;在教育督导方面,建立督导评估制度,由国务院教育督导委员会分别对中职办学能力、高职适应社会需求能力进行定期评估,强化国家对职业教育质量监管职责;在第三方评价方面,建立职业教育质量年度报告制度,促进形成国家、省、校三级年报定期发布机制,引入第三方强化质量管理。五是通过转移支付强化统筹。2015年起,通过中央专项转移支付安排"现代职业教育质量提升计划专项资金",支持各地完善生均财政拨款制度、开展1+X证书制度试点、实施"双高计划"建设等,更好发挥中央财政统筹作用。

综合以上政策,经过数十年的简政放权,中央与地方的关系不断调整、权责不断明确。中央逐步明确自身的主要责任在于提升并保障职业教育的重要地位、建立协调区域共同发展职业教育的机制、改革和完善转移支付制度、加强职业教育督导评估等,地方政府则主要负责本区域内职业教育的统筹规划、经费投入、制定收费标准、监督企业参与等具体事务。不断精细化的中央与地方职责划分反映了分权治理的深入,已经从倡导式的治理理念变成精细化的治理技术。

二、实践张力:省级统筹作用的不充分

尽管政策整体上呈现出中央集权向国家统筹、地方为主流变,但是这种流变尚未达到完全意义上的分权,其中最主要的问题是省级政府的主体性并未得到充分的尊重和激发。进入21世纪,尽管我国不断强化各级政府提供公共服务的职责,特别是加大省级政府发展和统筹本地区教育的职责,但省级政府的统筹仍然处于不充分的状态。

（一）省级统筹的内涵与基础

省级政府是承上启下的地方政府层级，对上承接中央政府的各项教育指令，对下面向市县进行教育规划和指导。因此省级政府具有两个层面的统筹含义，一是承接中央政府下放的权力，在中央政府的标准和规则下进行省级的权力承接。在这个层面要做好中央政府和地方政府在职业教育领域内的事权划分。二是区域内统筹，也就是省级政府在省域范围内的职业教育决策权和治理权。省级政府要将权力下放给省内高校和市县政府，同时统筹区域内部和城乡之间的资源调配，这就要做好省级政府与区域内下级政府的职责划分。

省级政府对于职业教育的统筹具有天然的优势：一是省级政府具有较大的区域统筹权，在本区域内拥有最大的资源优势，能充分调动省内的经济、管理等资源，对职业教育的城乡、区域进行有力统筹，建立区域统筹体系，避免市县的分割与碎片化发展。二是省级政府具有较大的区域自主权，可以按照国家法律和标准进行地方立法，制定区域性政策、标准、法规，例如制定区域内职业教育规划，订立地方性的职业教育法规，确定职业院校各级学校的办学条件、教师编制、成本分担等实施标准，使得区域职业教育有法可依；同时还可以建立省级区域的职业教育评价与督导制度。三是省级政府承接中央对地方的财政转移支付，并且具有面向市县的转移支付能力。因此省级政府可以统筹安排财力，落实发展职业教育的财政责任，强化省级政府在发展职业教育方面的支出责任和对省以下财政的转移支付能力。

（二）省级统筹的实践偏离

改革开放以来，职业教育的跨越式发展能够充分证明中央简政放权策略的贡献和价值，尤其是在职业学校的办学审批权下放地方政府后，激发了地方政府的主体意识，释放了职业教育的发展潜力。但是，由于当前职业教育治理的中央地方关系尚未形成制度化、规范化、稳定化的分割机制，与真正意义的分权治理还有一定的距离。

首先，在省级统筹方面存在缺位现象。在实践中，一些省级政府的主体性并未得到充分激发，在承接中央权力，将职责任务进一步下放到学校或者市县层级时，往往"以文件落实文件"，层层衰减，形成"上下一般粗"或"俄罗斯套娃"式的治理模式，最终成为上传下达的中间层级，主体作用未能有效发挥。其次，央地之间领导与监督、分工与协作的良性关系尚未完全形成。一方面，为了避免"一抓就死，一放就乱"的现象，职业教育领域经常进行自上而下的"项目化"管理方式推动改革与发展，中央的主体性和主动权大于地方。另一方面，由于信息不对称、激励不彻底等原因，中央的约束相对无力，无法防范地方政府讨价还价等现象，进而难以遏制中央宏观调控日益碎片化的趋势。最后，尽管国家在制定相关政策时注重明晰中央、地方各自权责划分，但这种划分多还停留在政策文本中，且表述相对笼统，导致地方无具体的依据可抓，对具体工作的操作指引性较弱，同时也缺乏与权责配置相对应的配套政策和保障机制，这种权责不明确和不匹配同时给中央和地方的主体行为带来掣肘，难以形成良性治理。

（三）分权治理的理性选择

治理的本质在于权力让渡，是一种关注公共权力及其相关主体的参与及协调的互动过程。分权治理是中央与地方关系法治化的重要标志,分权是指权力在若干主体间的划分,如果用于中央、地方之间的话,强调的是中央和地方作为两个主体在特定政治框架下基于正式制度而各自获得的权限,并根据权责配置精神确定承担责任的过程。从前面的论述可以看出,这一过程是复杂的,是在不同历史时期和不同发展背景下的权变性调整。当前,职业教育已转入高质量发展的新阶段,"要把制度建设摆在突出位置",需要探索稳定的、规范的分权治理模式,持续推进实践创新和制度创新,推进职业教育治理体系和治理能力现代化。

首先,这是由我国的教育管理体制决定的。"尽管地方教育行政机构设置和教育事业的内容主要是按照教育系统内部的要求自上而下进行的,但地方教育组织运转和政策执行所需要的主要财力资源、全部人力资源以及工作绩效的评价则是由地方政府决定的"。因此,省级政府理应对所辖的职业教育进行统筹管理。其次,这是职业教育特点决定的。职业教育是与经济社会紧密联系的一种教育类型,对产业环境的依存度比较高。由于中国各地区经济发展不平衡特点突出,各地的职业教育在专业布局、发展重点、治理模式上都会有各自的具体问题。如果过多强化中央政府的主导作用,那么地方和院校的自主办学、自我发展的主动性将有所弱化,可能偏离社会需求。最后,这是由当前职业教育深化改革的要求决定的。随着职业教育类型定位的确立,多年来制约职业教育发展的体制机制等深层次问题浮出水面。要解决好这些问题,需要充分发挥中央地方两个积极性,特别是鼓励基层首创精神,建立规范化、制度化和法治化的中央与地方关系,保持制度稳定的预期,释放地方创新的活力。

理论上讲,分权治理的关键在于明晰的权责配置,应当遵循权责对等、主体明确、表述规范、配置稳定和能力保障等基本原则。因此仅有制度性的规定是不完善的,要形成分权治理模式更需要有力的机制,推动权责划分从政策文件走向工作实践。2015 年,教育部出台《高等职业教育创新发展行动计划(2015—2018 年)》,首次采用国家部门总体设计、省级政府自主承接统筹推进的项目运作方式,是对央地分权治理的一次有益探索,而此次《行动计划》的出台则是对职业教育央地治理模式的进一步完善与强化。只有不断地行动与实践才能促使中央地方各自进入角色,内化主体权责,打破原有的制度惯性和行为规则,建立更加协调稳定的中央地方关系。

三、分权治理:《行动计划》蕴含的治理意义

《行动计划》是当前国家推进职业教育高质量发展的重要抓手,文件具体设计了 10 个方面、27 条举措、56 个重点任务(项目),其中既有定性的规划,也有定量的考量;既有国家层面的发展要求,也有省级和院校层面的改革任务。《行动计划》与《高等职业教育创新发展行动计划(2015—2018 年)》一脉相承,是一项将职业教育改革发展与职业教育治理能力提升相统一的制度设计,创设性地构建出"国家宏观管理、省级统筹保障、学校自主实施"的协同推进机制,成为推进职业教育领域央地分权治理的重要制度探索,将为"十四五"时期职业教育改革发展创设良好的治理保障。

（一）地方主责：分权治理的落实机制

省级政府作为责任主体，在推进职业教育改革发展中负有统筹保障的基本义务。然而，如上所述，碍于缺乏有效的激励约束机制和具体可操作的实际抓手，在以往的实践中，省级主体作用很难充分发挥。《行动计划》将"地方主责"的落实程度作为职业教育治理的重要内容和核心指标，将有力推动职业教育领域分权治理落到实处。首先，在立法层面明确地方主体责任，提出要加快修订和落实《职业教育法》，"鼓励地方因地制宜制定和颁布促进职业教育发展的地方性法规"，这是在职业教育治理问题上，对公共权力进行了纵向分配，将职业教育治理中的中央与地方关系问题纳入了稳定规范的法治轨道，建构了分权治理的原则框架。其次，在主要目标中提出要使"国务院有关部门协同配合、地方落实主责的职业教育工作机制更加顺畅"，明确提出了分权治理的愿景目标。最后，在职业教育内涵发展上多维度构建国家、省、校三级机制，包括专业教学标准、专业教学资源库、质量年报、督导评估、教材规划、教师教学能力比赛、职业院校技能大赛等，内容广泛、项目具体的三级机制，明确鼓励各地、各校在国家统一标准的基础上进行创新，某种程度上是职业教育发展主体的事务权力划分，提高了分权治理的可操作性。

（二）自主承接：地方主体的推进机制

"地方主责"只是为中央和地方提供了基本的制度平台，如果没有具体的、可操作性的权责划分，"地方主责"就无法真正落实。《行动计划》不仅提出了地方主责的基本原则，而且建立健全了地方主责的推进机制。在任务实施上，允许各地根据实际情况自主提出承接意愿，"省级政府统筹有关部门，积极承接任务项目、制定工作方案、协调支持经费、加大政策供给，将'行动计划'与'十四五'事业发展同规划、同部署、同考核，确保改革发展任务落地"。通过这种方式，将以往行政命令的治理模式转变为赋予权责、分工协作的治理模式。中央政府仍然行使监督评价的权力，建立执行情况检查通报制度，国家将《行动计划》执行情况列入省政府督查范围，将目标责任完成情况作为督查对象业绩考核的重要内容，各地实施成效作为国家新一轮重大改革试点项目遴选的重要依据。既保留中央政府对地方政府必要的监督和约束，防止片面强调地方主责而失去了中央的调控；也引导地方牢固树立收官意识，对实施期的改革任务定性、定量，对国家部门、地方、学校具体分工，通过自主承接、任务驱动、契约管理，激发地方和学校改革活力，促成不同地区之间比学赶超，形成省际竞争机制。

（三）协同推进：中央和地方关系的构建机制

在中央集权制下，中央与地方关系的协调一般依靠"中央权威—地方服从"的行政调解，或者是"上有政策—下有对策"的地方选择，或者更多采用相互博弈相互妥协，而很难形成公开的、规范的协调机制。《行动计划》深入落实《国家职业教育改革实施方案》，在完善国务院职业教育工作部际联席会议制度的同时，提出建立地方职业教育工作部门联席会议制度，推动各部门形成工作合力，提高政府决策科学化水平。尽管这还不能作为正式的央地关系调控机制，但建立了公开规范的协调机制，将更好推进《行动计划》有效落实，推动职业教育治理体系和治理能力向现代化再迈进一步。值得注意的是,《行动计划》设计实施职业教育创新发展高地建设行动,采用部地共建的方式,合力推进地方试点,以探索区域职业教育改革发展新模式。目前教育部已相继联合山东、甘肃、江西启动整省试点,联合江苏启动"苏锡常"都市圈城市试点。这种部地共建模式,有利于中央与地方协同发力,共同解决制约职业教育发展的体制机制问题,尤其便于打通政策的痛点堵点,以分工协作型的央地关系代替分割对立型的央地关系,构建分权治理的新型机制。

四、提升效能:《行动计划》设计的价值取向

"集权""分权"不过是硬币的两面,无论是进行分权还是集权,其目的都是要使治理更有效率,更能促进发展。高度的集中统一必定造成地方的灵活性、自主性、积极性少;而地方主动性高则必定导致规则的统一程度低。任何制度结构都无法完全消除这个权力统一和分散之间的悖论,这就是制度的局限性。从央地关系视角看《行动计划》的治理意蕴,其核心价值取向在于提高职业教育治理效能,具体则体现为在统一性和多样性这两个同样值得追求的价值区间保持一种必要的张力,寻找黄金分割点,进而将以省级统筹为核心的分权治理制度逐步定型。

(一)统一部署:有利于贯彻中央精神

分权的前提是统一,只有在统一政权的前提下才谈得上分权治理的问题。分权强调的是权力在中央和地方之间的划分依据和运行方式,而不是权力的分布状态,因此分权与集权不是此消彼长的关系,也就是说在中央权力较为集中的情况下,仍然可以进行分权。当前中国正在经历百年未有之大变局,职业教育作为服务国家发展战略的基础工程,其发展模式和类型特征仍在摸索过程,加强顶层设计和统筹管理必然是理性的选择。《行动计划》是对《国家职业教育改革实施方案》的落细落小,是实现职业教育提质培优、增值赋能的统一行动,在指导思想、建设目标、任务要求上都是一致的。统一的行动部署有利于贯彻落实国家意志,将有限的资源集中到中央最为强调的战略目标上,提升职业教育服务国家发展的能力,形成中国特色的职业教育制度与模式,这也是职业教育治理现代化的前提和基础。

(二)地方主体:有利于制度落地执行

制度的生命力在于执行,能否行得通是一项制度设计成功与否的重要判断标准。中国人口众多、情况复杂、地方发展的非均衡性特点明显,中央的制度设计很难完全符合每个地方的实际特征,这也是要实施分权治理的核心要义。《行动计划》中省级统筹的治理方式将地方政府的主体性权责配置相统一,地方根据实际情况承接任务,根据实际情况落实任务,尊重地方的治理权,大幅提升地方的主动性、创造性和积极性。各地面临的问题不同,解决问题的方式自然也会不同,仅有一般性的、抽象的原则还不够,更需要根据实际情况做出的具体决策,只有地方主责的方式才能真正将《行动计划》的精神落地,这也体现了中央集权引导和地方分权治理的辩证统一。

（三）多中心治理：有利于形成省际竞争

分权改革后的地方政府能够获得较大的自主权，根据地方实际全面均衡地履行其职能，进而在区域竞争中能最大限度地释放活力。"没有行政隶属关系的地方政府为了促进本辖区的经济增长和社会发展，围绕各种有形和无形的资源而在投资环境、法律制度、政府政策等方面开展竞争"。《行动计划》由省级政府作为实施主体，其目标责任完成情况作为督查业绩考核的重要内容，在省际之间形成了竞争态势。竞争可提高效率，使资源得到有效的配置。竞争还可以促进地方政府行政效率的提高，使得行政创新受到鼓励。《行动计划》设计的部地共建项目已经逐步展开，各地因不同的发展重点而形成了不同的发展模式，形成了百花齐放、错位竞争的发展格局。

（四）制度建构：有利于互学互鉴与改革创新

"各地制度的差异会带来不同的制度收益和成本，从而形成一个制度市场，使人们有更多的制度选择，在某些情况下，就会导致各地制度的相互吸收和相互影响，甚至取代——有效率的制度取代无效或低效的制度。从这个角度来看，允许地方自治或在治理上有一定的自主权，实际上具有一种激励制度创新的功能和制度竞争的功能。"《行动计划》旨在形成一批基层首创的改革经验，加大省级制度供给，激发省际之间制度借鉴，在中央—地方、地方—地方之间扩大制度供给基本面，提高制度建设能力，刺激制度调整与创新，推动职业教育治理现代化。例如，2020年9月，山东省教育厅等14部门联合印发《关于推进职业院校混合所有制办学的指导意见（试行）》，这是全国首个职业院校混合所有制办学政策文件，将混合所有制存在的瓶颈问题逐一明确指引，为全国职业院校混合所有制改革提供了制度和模式参考。

五、结束语

经过多年发展，中国职业教育具备了基本实现现代化的诸多有利条件和良好工作基础，积累了分权治理的经验和机制，正在推动制度化分权从无序走向有序。《中共中央关于制定国民经济和社会发展第十四个五年规划和二〇三五年远景目标的建议》提出，"坚持全国一盘棋，更好发挥中央、地方和各方面积极性"，"要把美好蓝图一步步变为现实，就要注重激发地方和基层的创造精神，形成顶层设计与基层探索良性互动的格局"。职业教育的治理实践是要在价值的正当性、决策的正确性、方法的适切性中寻求统一。《行动计划》是以职业教育改革与发展为主体的制度设计，其对建立健全中央与地方的权力划分机制、内部调控机制和纠纷审查制度等方面的推进作用，还需要通过治理实践进行检验。

（摘自《高等工程教育研究》2021（01）：10-16）

3. 新技术时代职业教育人才培养模式变革

石伟平①　　林玥茹②

摘要：新技术的飞速发展与广泛应用深刻影响着职业教育人才的培养。职业教育人才培养模式的变革是新技术时代工作世界变化与教育世界改革的共同诉求。为探究新技术时代职业教育人才培养模式应当如何变革,该文解析了技术变革影响职业教育人才培养的逻辑路径,并在构建分析框架的基础上进行了现实分析与对策研究。研究发现,新技术不仅通过改变工作世界对职业教育人才培养模式变革提出新要求,也作为技术手段提供更多支持;但技术并非万能,职业教育人才培养必须回归教育本质。未来职业教育需要培养专业能力与通用能力兼具、能力水平更高的复合型、智能型技术技能人才,职业教育人才培养模式变革将面临人才培养目标复杂化、人才培养过程人本化、人才培养主体多元化等多种挑战。为应对挑战,应以能力分析为基础,更新人才培养目标,调整专业设置;以学生发展为中心,重塑课程结构内容,优化教学方式;以体系建设为关键,促进多方主体合作,提升教师素养。

关键词：职业教育;人才培养模式;新技术时代

一、引言

职业教育人才培养模式变革是应对工作世界变化的时代诉求。从"互联网+"到人工智能,基于数字化与信息技术的各类新技术正在飞速渗入人类世界的各个角落。以大数据、云计算、物联网、人工智能、虚拟仿真、5G 等为代表,新的复杂技术在发展速度、作用范围、影响程度方面都远超过去,深刻变革着工作世界。正如《2019 年世界发展报告》所说,各经济体正经历着技术转变,而技术转变导致工作性质的变革。作为与工作世界紧密互动的类型教育,职业教育必须尽早预见技术变革带来的巨大挑战,以培养适应新技术时代需求的技术技能人才。职业教育人才培养模式变革也是职业教育改革发展的核心内容。当前,我国职业教育正处于重要转型阶段,关注"人"的培养极为关键。2020 年 9 月,习近平总书记提出"要大力发展职业教育和培训,有效提升劳动者技能和收入水平,通过实现更加充分、更高质量的就业扩大中等收入群体,释放内需潜力",首次以"从民生到经济"的新逻辑阐释了职业教育功能,要求人才培养模式变革以培养"担当民族复兴大任的时代新人"。《职业教育提质培优行动计划(2020—2023 年)》则明确提出要适应科技革命和产业革命要求,利用现代信

---

① 石伟平,华东师范大学职业教育与成人教育研究所,教授,博士生导师。
② 林玥茹,华东师范大学职业教育与成人教育研究所,在读博士。

息技术推动人才培养模式改革。因此,厘清技术变革影响职业教育人才培养的机制,分析新技术时代职业教育人才培养模式变革的挑战,并站在教育立场上探索人才培养模式变革的对策,不仅有利于职业教育应对时代挑战、服务经济发展,也有利于职业教育坚持立德树人、提高教育质量。

二、技术变革与职业教育人才培养模式:一个分析框架

技术始终是影响教育的重要力量,特别是职业教育独特的类型属性使得技术变革对职业教育的影响具备更多路径。在技术与职业教育的关系中,技术不仅作为"实现特定目的的标准化手段和方法"而存在,更是作为一种"技术环境"而发挥作用;技术变革对职业教育的影响,不仅仅是直接影响,更重要的是以工作世界为中介的间接影响。技术变革的两条不同影响路径以不同的方式作用于职业教育人才培养的目标、过程与主体等(如图 1 所示)。

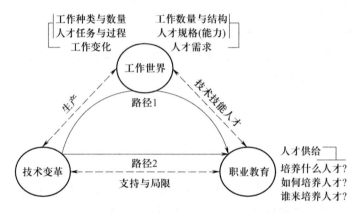

图 1　技术变革影响职业教育人才培养的双重路径

(一)技术影响职业教育人才培养模式变革:工作世界的逻辑

技术变革影响职业教育人才培养模式的第一条路径为"技术—工作世界—职业教育",其内在逻辑是:新技术的发展改变工作世界,新的工作世界需要具备新能力的技术技能人才,而新的技术技能人才培养需要新的职业教育实践来实现。在这一作用机制中,工作世界是技术与职业教育间的中介变量。职业教育作为最终指向就业的教育,与工作世界的紧密联系毋庸置疑。这种联系的建立是以"技术技能人才"为连接点的。在职业教育世界中,"技术技能人才"即是要培养的受教育者;在工作世界中,"技术技能人才"即是被需要的劳动者;职业教育将受教育者培养成合格的技术技能人才,技术技能人才通过就业进入工作世界,成为生产力的核心要素之一。因此,职业教育实际上是人才供给方,工作世界是人才需求方。工作世界对技术技能人才数量与结构、人才规格的要求,在一定程度上决定了职业教

育培养什么样的技术技能人才,进而影响整个人才培养模式的后续变革。

而工作世界与技术变革的关系更为复杂,两者的联系主要以生产为连接点。技术对生产的影响是全方位的,技术发展不仅引起劳动资料、劳动对象的深刻变革,同时也促进生产组织与管理的深度变化,在生产力提高、生产方式转变的基础上又引发产业结构演变等。工作世界以劳动生产为核心,势必受到技术变革所带来的生产领域变化的影响。简单来说,技术变革通过影响生产引起工作革命,使得工作种类与数量、工作任务与过程等发生不同程度的变化;工作本身的变化又对完成这些工作的技术技能人才提出了新的需求。

(二)技术影响职业教育人才培养模式变革:教育世界的逻辑

技术变革影响职业教育人才培养模式的第二条路径为"技术—职业教育",其具体作用路径是:新技术为职业教育人才培养模式变革提供了新的手段支持,但同时技术本身并非万能,新技术在职业教育人才培养中也具有局限性。这一机制主要作用于技术技能人才的培养过程,得益于新技术手段的发展为职业教育人才培养方式带来了更多可能,是技术影响职业教育的直接路径。技术作为实现教育目的一种手段,在教育发展史中以不同的技术形态一直存在。教育的"技术"发展主要经历口传、手工抄写、印刷、电子传播、数字传播这五个阶段,技术变革引起的教育变革包括"新瓶装旧酒"与"新瓶酿新酒"这两个阶段。当下,技术对教育的手段支持主要表现在教育信息化方面。《国家职业教育改革实施方案》明确要求适应"互联网+职业教育"发展需求,运用现代信息技术改进教学方式方法,推进虚拟工厂等网络学习空间建设和普遍应用。然而,随着技术在教育中的推广应用,不少研究也对技术进行了反思与批判。部分学者认为技术更多改变的是教育的外在形态,不能改变教育的核心领域,甚至提出学校计算机"把丰富的课堂教学和学习简化为最可预见的机械学习"等。探究技术变革对职业教育人才培养模式的直接影响,需要进一步分析技术变革为职业教育人才培养模式变革提供了什么新手段、有什么好处又产生了哪些问题等。

(三)职业教育人才培养模式变革的结构维度:目标—过程—主体

技术变革对职业教育人才培养模式的影响包括以工作世界为中介的间接影响路径与以技术本身为手段的直接影响路径。这两种路径因作用方式不同,在现实分析中对应了不同的关键问题。在工作世界逻辑下,要探究新时代职业教育人才培养模式因何变革、如何变革,实际上是要回答新技术对工作世界带来了哪些变化,这些工作世界新变化对技术技能人才提出了什么新需求;而在教育世界逻辑下,要回答的关键问题在于新技术作为技术手段,在职业教育人才培养中有何用处,又有何局限。在此基础上,本文主要将人才培养模式分为三个维度,包括培养目标、培养过程、培养主体,主要回答"培养什么人才""如何培养人才""谁来培养人才"这三大问题。技术变革影响职业教育人才培养模式的双重路径与职业教育人才培养模式的三维内容,共同构成了本文的分析框架(见表1)。

表 1　新技术时代职业教育人才培养模式变革的分析框架

"技术"意义	技术变革影响职业教育人才培养模式的作用机制	技术变革影响职业教育人才培养模式的具体路径	技术变革影响职业教育人才培养模式的关键问题	职业教育人才培养模式变革的主要维度
技术作为环境	技术变革—工作世界—职业教育（间接影响）	新技术改变工作世界 工作世界对技术技能人才提出新要求 技术技能人才即职业教育人才培养目标新变化，需要人才培养模式变革	新技术对工作世界带来哪些变化 工作世界新变化对技术技能人才提出什么新需求	培养什么人才（培养目标） 如何培养人才（培养过程）
技术作为手段	技术变革—职业教育（直接影响）	新技术对职业教育人才培养提供新的手段支持 新技术在职业教育人才培养中具有局限性	新技术在职业教育人才培养中的用处 新技术在职业教育人才培养中的局限	谁来培养人才（培养主体）

三、新技术与职业教育人才培养模式变革：新变化、新要求与技术理性

在理论上，技术通过两种途径影响职业教育人才培养。在实践上，新的技术革命会让职业教育人才培养模式更加复杂。一方面，新技术引起工作世界深刻变化，越发需要技术技能人才具备更高水平、更复合、与新技术相关的专业能力与通用能力，职业教育人才培养模式必须随之变革；另一方面，新技术为职业教育人才培养模式变革提供了新的手段支持，但同样存在诸多局限与实践问题，必须坚持技术理性。

（一）新技术发展与应用对工作世界带来的新变化

人类历史上，几乎每一次重大技术变革都会引发一轮工作革命。当前，人类社会经历机械化、电气化与自动化后正逐步开始经历智能化，工作世界迎来全新变革。

一是工作种类与数量的变化。新技术发展对劳动力的替代作用无疑使得部分工作面临消失风险，"机器换人"的担忧在多个领域引发激烈讨论。麦肯锡全球研究院报告提出，未来可能有 5% 的职业将被机器完全取代，49% 的工作内容面临被机器取代的风险。然而，技术变革对于劳动力需求除了具有替代效应（Displacement Effect）外，同样具备恢复效应（Reinstatement Effect）与生产力效应（Productivity Effect），新技术发展可创造新任务、提高生产力，从而提供更广泛、更具比较优势的工作，或使部分劳动力被解放到其他工作（如非自动化任务）之中。据估计，1999 年至 2016 年期间，取代重复性劳动的技术变革同时在欧洲创造了2 300 多万个工作岗位，技术进步带来的新工作基本超过了其淘汰的旧工作。虽然当前对未来哪些具体工作将会兴亡并不能准确预测，但大体来说，标准化、重复性、可编码的工作更易

受到新技术尤其是人工智能、自动化的冲击,而需要社交技能、创造力、要求在不确定状态下进行决策的工作被机器取代的风险更低。与此同时,与新技术发展与应用相关的全新工作则可能不断涌现,如工业机器人调试、智能汽车维修、智能车间管理等。

二是工作任务与过程的变化。通过模糊工作的传统界限、扩大价值链、改变就业地理边界、兴起零工经济等,新技术正在变革多种工作的工作任务与工作过程。部分工作虽然名称未变,但其主要工作任务已然不同。例如,随着信息通信技术的发展,同样是服装销售,网店销售、直播带货等正在赶超传统销售成为新的工作内容;同样是旅游管理,网络旅游已逐渐代替传统旅行社业务形成新的工作内涵。同时,新技术变革也使得工作过程发生变化,包括工作过程去分工化、工作方式研究化、服务与生产一体化等,工作过程总体趋向于更为综合复杂,只负责单一岗位操作、只按标准埋头生产的工作将逐渐衰落。

(二)工作世界变化对技术技能人才提出的新要求

新技术引发的工作世界变化对技术技能人才提出了新要求。

一是技术技能人才需求数量与结构的变化。对这一变化的现实分析,可以根据工作种类与数量变化进行推断。从工作岗位来看,从事标准化、重复性、可编码工作的技术技能人才需求将大幅减少,如从事数据录入等中等技能工作的工人;而伴随新技术产生的新工作所需的技术技能人才将大幅增加,如工业机器人的调试与维修工人、智能车间的班组长等。从产业的角度来看,制造业对技术技能人才的需求变化可能最大,一线操作工人尤其容易面临新技术冲击,因为在制造业中机器在生产过程中具有战略地位,更容易实现"机器换人";而服务业对技术技能人才需求的变化可能相对较小,因为"人"及其服务是服务业中的关键生产要素,人的情感联结也很难被机器所取代。

二是技术技能人才培养规格要求的变化。随着新技术重塑工作世界,技术技能人才从事某项工作所需能力正发生改变。有研究者提出,职业教育应当培养适应工作机器智能化的人机协作技能、适应工作活动智慧化的软技能、适应工作关系协作化的在线协作技能。也有研究者认为,新技术时代下技术技能人才所需要的硬技能主要包括信息中介技能、基础ICT(信息通信技术)技能、应用/管理 ICT 技能、ICT 专业技术能力。虽然不同工作对技术技能人才规格的要求必然不同,但新技术时代所需要的技术技能人才应具备的主要能力可以归为两大类。一类是与工作任务密切相关的专业能力,尤其是因为技术变革引起工作任务变化所需要的能力,包括有关新技术的、不同水平的理论知识与操作技能,如熟练应用远程办公软件、智能化设备等能力。另一类是适应新时代的通用能力,包括人机协作能力、解决复杂问题能力、创新能力、沟通能力等,这类能力主要指向人与机器的共同合作,以及人相对机器而言更具优势的能力。在丹麦、德国、法国等 7 国的调查发现,解决复杂问题的能力每增加一个标准差,工资水平将会提高 10%~20%;而部分新兴经济体中具备问题解决和学习新技能能力的工人获得的收入溢价将近 20%。此外,除了需要不同种类的能力外,技术技能人才还面临技术升级导致的技能操作高端化、工作边界模糊带来的能力组合多元化等要求。

（三）新技术在职业教育人才培养中的作用与局限

如今,立体化教材、翻转课堂、微课、在线教学、移动学习以及虚拟现实、增强现实与混合现实等新技术在职业教育中已有所应用;下一代学习管理系统、人工智能、虚拟和远程实验室、信息可视化等将可能在未来几年中得以推广。这些新技术的应用在职业教育人才培养中具有诸多积极作用:一是有利于降低人才培养成本,提高安全性,如虚拟仿真技术等能使学生无限制地练习而不耗费实物成本,并提前熟悉技能以避免危险。二是有利于激发学生学习兴趣,活跃课堂教学,如数字媒体技术等能实现可视化、动画化以吸引学生注意,并使艰深理论与复杂实操更易理解。三是有利于打破时空壁垒,共享资源,促进个性化学习与终身学习,如多终端在线教学、数字化教学资源库等使师生可以拥有优质教育资源的普遍使用权,并根据个体需求与特点随时随地、终身地进行教与学。事实上,新技术的这些积极作用已得到部分实证支持。在一项对 12 所职业院校进行为期 3 学年的教育实验研究中,使用ICT 方法的班级比使用传统教学方法的班级在知识与技能掌握方面都表现得更好。

然而,新技术应用在职业教育人才培养中也有诸多局限。技术工具论、技术实体论、技术批判论等在理论层面反映着人们对技术的担忧与反思,“技术并非万能”在职业教育实践中也被多次证明。例如,疫情期间我国职业院校开展了前所未有的大规模、长时间在线教育,暴露出诸多实践问题,包括教学主体信息化能力不足、在线教学方案适用性不够、远程教学对象管理难度变大、在线教学平台质量参差不齐等。虽然我国已步入教育信息化 2.0 阶段,但职业教育中“为了技术而技术”的现象不在少数,教师教学能力比赛不乏“炫技而无内容”的作品,教学资源库建设也不乏“作秀而不实用”的问题。这些问题的背后,技术本身的局限是因素之一,如在现有技术条件下,在线教学无法替代传统课堂师生、生生面对面的交流互动,也无法独立完成机电、汽修、服装等技能操作要求较强的专业的人才培养。另一个更重要的因素则是对技术理性思考的欠缺。当前在技术与职业教育的关系中,可能不是“技术太多”而是有关“人”以及“人与技术”的思考太少,缺乏教育技术视域的人性观和生命观。“教育技术本质是引领学习者进入世界、理性参与世界并合法共享世界的学习路标”,新时代职业教育人才培养模式变革在利用技术的同时,应当回归教育本质,落实到个体的发展之上,使新技术手段以更深入融合的方式作用于人才培养之中。

四、新技术时代职业教育人才培养模式所面临的变革挑战

新技术发展与应用通过不同路径影响着职业教育人才培养,对职业教育人才培养模式变革提出了多元挑战。当前,职业教育人才培养模式变革在培养目标、培养过程与培养主体方面都存在诸多困境,难以应对新技术时代职业教育人才培养需求,亟待变革完善。

（一）人才培养目标复杂化,数量规格变化难测

新技术时代,职业教育人才培养目标的确立将越发复杂。这一方面是由于新技术发展

带来的变化使得工作世界对技术技能人才需求本身更加复杂,不仅在人才数量与结构方面引起了诸如"机器换人是否会引起大量失业""智能制造时代还需不需要中职"等问题争论,还对人才规格提出了更多内容、更高水平的要求,如需掌握更多的专业理论知识,具有更高的专业技能水平,具备更好的通用能力与综合素养,能够胜任更综合、更复杂的工作任务等。另一方面,新技术的发展速度与影响深度远超过去,工作世界对技术技能人才需求的变化也更加迅速、全面,这使得关于技术技能人才数量与规格需求的准确判断更加困难,无法通过预测具体数值来确定职业教育的人才培养目标。

对于新技术时代快速变化的工作世界,"从知识和技能角度预测未来的就业趋势和需求"对于所有利益相关者而言都越发重要。遗憾的是,我国当前在技术技能人才需求预测方面还存在很大不足,尤其是缺乏一个科学完整的人才需求预测体系,没有将人才需求调研这项技术性强、耗时耗资大的工作纳入国家层面的行动框架之中。这使得许多职业院校的人才培养目标制定只能基于自身开展的市场调研与部分公开资料,往往受困于少数校企合作的企业、校长的私人关系与难辨真假的数据。同时,我国学界对此的相关研究也不够成熟,难以满足新技术时代职业教育人才培养目标调整修订的需要。

(二)人才培养过程人本化,技术应用有待成熟

新技术时代,职业教育人才培养模式改革必须注重"人"的发展,这不仅是工作世界与技术理性对职业教育的要求,更是立德树人价值理念在职业教育发展中的基础性、中心性、引领性定位决定的。职业教育人才培养过程应当坚持"以人为本",主要包括三层含义:其一,职业教育人才培养内容需更注重培养不能被机器所替代的人的能力,突出人之所以为人的本质属性。随着技术的发展,程式化、重复性的技能已经开始由机器完成。与机器相比,人的精准度、工作强度等往往难以匹敌,但综合分析能力、决策能力、创造性能力、审美能力、与他人沟通互动等能力更具优势与不可替代性。职业教育所培养的技术技能人才不应再是单一技能的熟练操作者,更应具备"社会文化及职业通用专长",包括对非典型情境的务实性的思考力与评估自己专业活动所产生的各种后果的能力。其二,职业教育人才培养方式应从受教育者独特多元的生涯发展需求出发,设计并实施更具个性化的人才培养方案。新技术时代个体的自我实现需求将更加强烈,虽然职业教育具有很强的经济功能,但其也需坚持立德树人,通过因材施教帮助个体发展。其三,各级各类职业教育人才培养过程应具备一定衔接性,促进终身职业教育的实现。新技术的飞速发展将对技术技能人才的要求充满变化,以职前教育为主的现有职业教育人才培养模式将无法应对这些变化,人们需要终身化、不断更新的职业教育人才培养模式。

此外,职业教育人才培养过程还应注重技术应用的切实效益,真正做到"为了人才培养而用技术",关注从教育内部生发的而非从外部强加的技术,提高技术与职业教育的有效融合。当前职业教育人才培养模式还难以实现人本化的培养过程,在技术应用与人才培养方面也存在"为了用技术而用技术""技术应用流于表面"等问题。

（三）人才培养主体多元化，师资队伍水平不足

我国职业教育长期以来一直以学校职业教育为主，然而随着新技术的发展应用，职业教育人才培养主体多元化的要求开始增多，可操作性也在不断提高。其中以在线教育促进社会职业培训为典型代表。得益于互联网渗透率提升与疫情政策驱动，在线教育在5G时代迎来快速发展。根据艾瑞和CNNIC数据，2019年在线教育市场中，职业教育预计占总用户数的26%，在线人数超6 000万人，市场规模预计约815亿元，未来3年可达1 500亿元。而在千亿元级别的在线职业教育市场中，与学校职业教育相比，社会职业培训需求更为突出。对于企业而言，大企业虽然一般具备相对完整的企业内培训体系，但线下培训往往费时费力，搭建企业统一的在线培训平台以及课程外包采购已开始成为趋势。小企业面对相对更高的培训成本与普遍存在的跳槽现象，进行线下企业培训的意愿更低，甚至可能将职业培训责任转嫁给个人。而对于个人而言，在线职业教育具有针对性强、资源丰富、时空无限、形式多样等特点，更适合已经步入工作世界、难以进行或适应全日制学历教育而又需要提升职业能力的群体。在线社会职业培训可能成为职业教育人才培养未来的新风口。当然，随着技术发展，学校职业教育也会发生变化，如在线教育很可能与传统线下教育相结合形成混合教育模式，成为学校职业教育新常态。除此之外，职业教育人才培养主体的变化还体现在对职业教育师资队伍的水平要求上。无论是由于技术变革带来的技术技能人才更高培养要求，还是由于新技术手段本身在职业教育人才培养中的更高应用要求，都需要职业教育教师具备更强的教育教学能力。当前，在职业教育人才培养主体方面，无论是培养机构还是职教教师，都难以完全承担起新时代职业教育人才培养的任务，亟待进一步完善机构分工合作，提升教师素养。

五、新技术时代职业教育人才培养模式的变革措施

新技术时代职业教育人才培养模式的具体变革措施应面向"培养什么人才""如何培养人才""谁来培养人才"这三个主要维度，根据新技术影响人才培养模式变革的现实分析，结合现有实践问题，提出优化对策设想。

（一）以能力分析为基础的人才培养目标更新与专业设置调整

职业教育人才培养模式变革首先需要确定"培养什么人才"，即根据新技术时代对技术技能人才的要求，利用新技术手段，动态调整人才培养目标，明确应开办的具体专业。虽然新技术时代职业教育人才培养目标总体上定位于智慧型技术技能人才，但由于新技术发展对各行各业影响程度的不同，各专业的人才培养定位仍需基于更为详细的市场调研与人才需求预测。具体实践应以能力分析为基础，遵循"数量需求+质量要求"调查相结合、"工作任务+职业能力"分析为主体的研究路径，明确某专业所培养人才未来主要的职业方向与可能的生涯路径，总结具体的人才培养规格要求，并据此设定人才培养的学制时限等。不过，这套确定人才培养目标与专业设置的方法有两点需要注意：其一，专业设置除了考虑市场需

求外,还有区域协调分布的问题,应对区域不同职业学校与培训机构的专业设置进行统筹规划,避免专业重置造成的资源浪费与恶性竞争问题。其二,这种基于对当前产业行业需求的调查不具备超前性,更适合发展较为成熟、对技术技能人才能力要求明确的行业,在为新兴行业提供人才支持方面较为不足,后续应对其优化策略进行探索。除了关注技术发展带来的新要求外,职业教育人才培养目标与专业设置的调整也应充分利用新技术力量,改变现有技术技能人才需求预测体系欠缺问题,在国家层面建立人才需求预测机制,如通过大数据、云计算等开发人才需求规模与能力结构分析模型,通过互联网构建人才需求预测系统,通过人工智能探索人才培养目标智能化制定等。

（二）以学生发展为中心的课程结构内容重塑与教学方式优化

在确立人才培养目标之后,"如何培养所需技术技能人才"成为关键问题,这也是新技术时代职业教育人才培养模式改革的主体部分。这一部分的改革主要涉及两大方面,即课程改革与教学改革,包括课程结构的重新规划、课程内容的选择与组织、教学方式的更新优化等。具体实践应以学生发展为中心,遵循学生能力发展规律,重点突破"实践是理论的简单应用"与"为了技术而技术"的错误观念与实践困境。在课程结构与内容方面,应根据教育规律将工作任务与职业能力分析结果转化为相应的课程,课程结构应符合学生能力发展的顺序与特点,课程内容应符合人才培养目标中的能力要求。新的课程不仅需要重视技术知识,使新技术相关的理论学习与技能训练成为人才培养的重要内容;还应关注在新技术时代中尤为重要的通用能力,如创新能力、沟通能力、信息素养等。在教学方式方面,同样应以学生为中心,探索适应新技术时代的、智慧课堂中的教与学。教学方式的优化不仅应以智慧型技术技能人才培养这一目标为导向,利用新技术优化在线教学、混合教学、虚拟教学等,进一步深化产教融合,推动"做中学"实践;还应注重未来学生作为新技术时代"原住民"的特点,促进个性化学习、泛在学习、自主学习,以更适合学生、更具吸引力的教学方式提高教学质量。

（三）以体系建设为关键的多方培养主体合作与教师素养提升

新技术时代职业教育人才培养模式变革离不开对培养者的关注,即回答"谁来培养人才?"的问题,主要包括承担人才培养的多方主体,以及具体实施职业教育的一线教师。在人才培养主体方面,职业院校与社会培训机构是承担新技术时代职业教育人才培养的主要机构。两者需要打破原来职业院校负责学历教育、培训机构负责社会培训的传统任务分割方式,根据不同技术技能人才的培养需求与职业院校、培训机构各自擅长之处进行共同合作,形成职前教育与职后教育一体化的技术技能人才培养体系。此外,企业与政府在职业教育人才培养模式改革中的作用也应得到重视,应进一步深化校企合作、加强政府指导,形成多方培养主体协同合作的培养体系。在职业教育教师方面,由于一线教师是职业教育人才培养模式变革的主要实践者,其对新技术以及新时代职业教育人才培养的理解与掌握深刻影响着其教学与发展,因此应更新教师教育与培训的相关内容,着重提升教师根据新技术要求进行课程改革、运用新技术进行教学的能力。值得注意的是,教师素养提升的相关改革也应以体系建设为主。可以预见,新技术时代对职教教师的能力要求将会更高,对双师型师资队伍的需求也会更为迫切,只有通过构建完善的职业教育教师培养体系,才能改变教师职前教育难以兼顾专业知识、专业技能、教育教学能力与工作经验,教师职后培训非常规化、任务化等问题,打造能够应对新技术时代挑战的教师团队。

（摘自《中国电化教育》2021(01):34-40）

4. 中等职业教育的基础性转向：类型教育的视角

徐国庆[①]

摘要：中等职业教育已进入历史性转折阶段。中等职业教育的就业功能基本完成历史使命后，它的另一个重要功能正在出现，即成为应用型人才培养体系的基础教育。技术知识与思维模式的独立性决定了应用型人才培养体系在类型上的相对独立性，智能化时代应用型人才的能力特征决定了其培养体系构建离不开中等职业教育。中等职业教育走出困境的核心思路是实现办学的基础性转向。策略包括对不同中等职业学校与专业的人才培养功能定位进行分化，改革课程内容与教学方法、突出中等职业教育的教育功能，对中高等职业教育的专业设置与教学标准进行一体化设计三个方面。

关键词：中等职业教育；应用型人才培养体系；职业基础教育

中等职业教育办学问题源于 20 世纪末。由 1999 年的高等教育扩招作为关键刺激因素，导致中等职业学校招生人数快速下滑。该现象曾一度被认为只是短暂困境，因而解决策略也只是从数量维度采取行政手段扩大中职招生规模。从 2005 年开始，教育部连续两年实施中等职业教育百万扩招计划，2006 年招生人数计划达到 750 万。然而此后的中等职业教育一直处于"地位不稳、招生艰难"的办学状态，持续 10 多年。这种状态严重制约了中等职业学校的发展和现代职业教育体系的建设。近年来，随着一些省市或明或暗地推出弱化中等职业教育的政策，中等职业教育的办学困境再次进入学术视野。日益严峻的发展格局让我们开始认识到，中等职业教育已进入历史性转折阶段。中等职业教育办学问题的实质是什么，是否还需要中等职业教育，需要什么样的中等职业教育，如何使中等职业教育进入稳定发展状态，这些问题亟待学术层面的系统解答。

一、文献综述

21 世纪以来，由于中等职业教育的办学困境始终未能得到根本解决，因此该问题一直是职业教育中的重要研究课题，相关研究文献比较多。归纳起来，研究者们关注的问题主要集中在以下几方面。

一是关于中等职业教育办学困境的原因分析。研究者们普遍把中等职业教育办学问题聚焦在招生难、招生人数下滑，归纳的原因一是高等教育扩招对中等职业教育的挤压、尊重

[①] 徐国庆，教育部国家教材建设重点研究基地（职业教育教材建设和管理政策研究），华东师范大学教育学部，教授，博士生导师。

技能的社会氛围尚未形成、中等职业教育自身办学质量需要提升；也有研究者认为，中等职业教育招生人数下滑存在专业设置未能及时跟上产业结构转型带来人才需求变化的原因。二是关于中等职业教育继续存在的必要性分析。研究者们普遍认为中等职业教育仍然有存在的必要性，明确主张在我国教育体系中不能废除中等职业教育；必须坚持中等职业教育的基础性地位；认为当前坚持高中阶段普职比大体相当仍具有重要意义，但各地之间应有一定弹性；有研究从教育公平角度，认为加强中等职业教育的基础地位，是实现学习者自身智力类型与教育类型适配的公平性追求，明确反对中学后分流模式。三是关于中等职业教育如何突破办学困境的对策分析。有研究者在大规模数据分析的基础上，提出要将中等职业教育人才培养定位从直接就业的技能型人才转向为高等教育输送具有基础职业能力和基本文化素养的合格生源。更多的研究主张，当前中等职业教育发展已处于就业导向与升学导向的交织状态，解决的策略是同时重视中等职业教育的就业功能和升学功能，或者说突出生涯发展导向功能。四是关于中等职业学校学生升学途径设计的研究。在以上分析基础上，研究者们提出要做好中等职业教育发展的顶层设计，营造发展中等职业教育的良好氛围，完善中等职业教育招生制度，畅通中等职业学校学生升学渠道。改革高考制度，建立与普通高考平行的职教高考制度。高等教育应该实施分类招生，应用型大学应从中等职业学校招收学生；高中阶段教育要多样化，形成由普通高中、综合高中、中等职业学校等构成的多样化高中办学格局。

二、中等职业教育办学问题正面临从外部竞争到学理质疑的转折

中等职业教育办学困境这样一个长达 20 年多的议题，在今天从更高学术层面对其进行研究有何必要性？有什么新的学术问题需要探讨？中等职业教育今天的办学问题，在表象上似乎与 20 多年前差别不大，如招生困难，学生报考的积极性不高；生源质量差，招收的均是未能升入普通高中的学生等，然而问题的性质发生了根本变化，只从中等职业教育自身发展需求出发建立的策略已无法解决这一问题。如不能清晰地把握新问题的实质，并提出更具长远性、根本性的解决思路，很可能丧失职业教育发展的重大机遇，影响整个教育体系的发展和 2035 年现代化目标的实现。

事实上，今天中等职业教育办学面临的最为严重的问题，并非招生困难、生源质量不高。从招生规模看，中等职业教育招生数下滑幅度最大的年份是 2010 年到 2015 年，从 870 万人下降到 610 万人，五年减少了 31%。此后基本处于稳定状态。2019 年中等职业教育招生人数占高中阶段教育招生总人数的比例仍然达到了 41.70%。当然，不同省份情况存在比较大的差别。这一时期中等职业教育仍能在较大职普比基础上保持较为稳定的发展状态，得益于地方教育行政部门的政策支持，也与就业导向的中等职业教育在这一时期尚存在较大社会需求有关。首先，这一时期我国高等教育还处于大众化发展阶段，高等教育的入学机会相对来说还比较有限；其次，许多企业的技术水平还不够高，中等职业学校毕业生已能满足其

需求;最后,高等职业教育尚处于办学初期,人才培养质量总体不高,有些院校人才培养质量还不如中等职业学校,高等职业教育高在哪里一度成为重要研究课题。正因为此,当教育部为了解决招生难问题,颁布中等职业教育每年扩招 100 万人的计划时,地方政府对这一政策给予了大力支持,使中等职业教育进入了相对稳定的发展阶段。

但是,今天,在中等职业教育招生尚处于比较稳定的状态下,为何职业教育界却感受到了其办学面临的前所未有的危机?中等职业教育办学困境产生的主要原因已不再是高等教育大众化所带来的挤压,而是人们在观念深处否定中等职业教育存在的必要性。中等职业教育的存在正在遭遇严峻的学理质疑,这是中等职业教育办学问题的重要转折点。从学理上质疑中等职业教育存在的必要性,比其他任何因素对中等职业教育办学带来的威胁都要严重。

主张废除中等职业教育的观点,其立论依据主要有以下几方面。一是中等职业教育已不符合民众的教育需求,因为随着过去 20 多年家庭经济实力的大幅度提升,人们接受高等教育的愿望越来越强烈,而中等职业教育升学途径狭窄,升学选择机会很少,无法满足人们的教育需求。二是随着过去 20 多年产业技术水平的大幅度提升,许多企业希望招聘更加成熟、学历水平更高的高等职业院校毕业生,有些企业明确表示不再招聘中等职业学校学生。三是高等职业院校经过 20 多年的发展,办学实力得到了大幅度提升,其人才培养质量已远非中等职业学校可比,中等职业教育的价值难以凸显。四是由于缺乏有力的监控措施和引导力量,有些中等职业学校的人才培养质量很低,造成了中等职业教育的不良社会影响。

但是,仅仅基于这些理由就能否定中等职业教育存在的必要性吗?客观地说,这一判断过于草率。讨论是否需要废除中等职业教育,需要区分清楚一个问题,即废除整个中等职业教育,还是废除中等职业教育的现有功能,使之转向别的功能?事实上,尽管主张废除中等职业教育的观点所依据的以上理由的确存在,但依据这些事实只能做出中等职业教育就业功能已基本完成历史使命的判断,却不意味着中等职业教育没有了其他使命。教育政策的制订,不仅要看到民众个体的教育需求,更要看到民众整体的教育需求;不仅要看到当前的教育困境,更要长远地看到未来社会对教育的需求;不仅要看到局部的教育问题,更要从教育整体发展视角分析对各级各类教育的需求。

三、应用型人才培养体系构建为中等职业教育确立了新使命

讨论是否还需要中等职业教育首先要注意一个现象,即迄今为止,世界上没有任何一个发达国家或地区完全废除了中等职业教育,中等职业教育的地位并没有因为职业教育的高移而削弱。即使是美国这样制造业已大量转移的国家,仍然坚持发展中等职业教育,甚至实施全民职业教育。简单否定中等职业教育存在的必要性,是一种完全被基础教育、高等教育办学优势所导向的观点。在这种观点中,之所以还为中等职业教育留一点空间,只是因为它是为一些成绩不良学习者设计的"托底教育"。然而,从全面发展的教育观看,教育不仅仅是

传授知识,它还要发展人的道德、审美与实践能力,中等职业教育也是不可或缺的。从功用的角度看,中等职业教育的就业功能基本完成历史使命后,它的另一个重要功能正在出现,那就是成为应用型人才培养体系的基础教育。培养应用型人才,不是单一学制层次、单一类型的教育能够完成的任务,它需要对整个教育体系进行系统设计,而中等职业教育必须在其中扮演重要角色。

（一）构建应用型人才培养体系是当前我国教育改革的重要维度

对中等职业教育存在必要性的论证,和对其功能的重新认识,要基于应用型人才培养体系构建一个范围更广的教育框架。应用型人才培养体系的核心是职业教育体系。2019 年 1 月,国务院印发的《国家职业教育改革实施方案》指出:"职业教育与普通教育是两种不同教育类型,具有同等重要地位。"历史上首次在国家层面明确把职业教育定位为一种教育类型,这对我国职业教育发展产生了深远影响。职业教育确立类型地位,首先是体系要完善,应涵盖中等教育、专科教育、本科教育三个学制层次,这就必须有中等职业教育。仅仅在高等教育层面举办职业教育,会使职业教育因缺乏根基而后继乏力。中等教育层面的强制分流必须坚持,因为它是职业教育体系存在的基础。这一基本认识可推导至整个应用型人才培养体系。而立足应用型人才培养体系构建,将带来对中等职业教育功能更为全面的认识,并使其获得更为广阔的发展空间。

构建应用型人才培养体系的需求是随着我国产业升级日益明晰起来的。早在 21 世纪初,国家就确立了产业升级的政策方向,要求我国产业发展走新型工业化道路,实现从劳动密集型、资源密集型向技术密集型转换。产业升级对教育的要求是加强技术开发与技术技能人才培养,凸显教育的经济功能。这是我国教育功能发展的重要转折点,即从精英化时代偏重学术功能的教育,转向学术功能与经济功能并重的教育。这一转向促进了我国应用技术的研发与职业教育的发展。2015 年,《教育部　国家发展和改革委员会　财政部关于引导部分地方普通本科高校向应用型转变的指导意见》明确要求部分地方普通本科院校向应用型人才培养方向转型。尽管迄今为止,真正实现成功转型的普通本科院校极少,但它是引导我国教育体系突出应用性的关键性文件,其重要意义在于提示人们,应用型人才培养不仅仅是职业教育的任务,普通教育也应强化应用属性。这就使应用型人才培养从局部教育改革向教育体系构建迈出了一步。

《中共中央关于制定国民经济和社会发展第十四个五年规划和二○三五年远景目标的建议》确立了 2035 年基本实现社会主义现代化的远景目标,这一目标能否实现,很大程度上取决于应用型人才培养体系的构建是否成功。因为到 2020 年,我国 GDP 已达到了一个全新高度,突破了 100 万亿元人民币。在这样一个高度进一步推动经济发展,唯有依靠技术升级。技术升级一方面需要大量能从事应用技术研发的科技人员,尤其是能突破核心关键技术的科技人员,另一方面需要大量能很好地应用新技术,使之转化为现实生产力的技术技能人才。技术创新与技能应用是现代化目标实现的两大基本人才保障,他们均属于应用型人才。唯有围绕这一人才培养需求对我国教育体系重新进行设计,才能有力地支持现代化目标的实现。

构建应用型人才培养体系,满足产业发展对应用型人才的需求,是教育体系设计必须考虑的重要维度。1985年的《中共中央关于教育体制改革的决定》就明确指出:"教育必须为社会主义建设服务,社会主义建设必须依靠教育。社会主义现代化建设的宏伟任务,要求我们不但必须放手使用和努力提高现有的人才,而且必须极大地提高全党对教育工作的认识,面向现代化、面向世界、面向未来,为90年代以至下世纪初叶我国经济和社会的发展,大规模地准备新的能够坚持社会主义方向的各级各类合格人才。"落实这一教育发展理念,最重要的是确立社会人才结构平衡观念。经典的人才结构理论把社会人才划分为四类,即学术型、工程型、技术型和技能型人才。社会既需要大量高水平学术型和工程型人才,也需要大量从事实际工作的技术型和技能型人才,只有人才结构完整,各行各业才能很好地运行,经济才能真正实现内循环。然而,我们的教育似乎没有为这一目标做好准备,劳动者(尤其是大学生)就业仍然存在"体制内偏好"现象,2015年制造业人口中,初中学历人员占52.42%,受过高等教育的人员只占12.07%。

(二)技术知识与思维模式的独立性决定了应用型人才培养体系的相对独立性

建立相对独立的应用型人才培养体系,是基于技术相对科学的独立性。对科学与技术关系的错误处理,是忽视应用型人才培养体系构建的思想根源。传统观念中,技术被定义为应用科学,这是第二次世界大战以后在美国建立起来的观念,最初由技术哲学家邦格(Bunge. M.)用学术形式确立起来。迄今为止,它还非常盛行,深刻影响着各国的科研与教育政策。在这一观念中,技术只是科学知识应用的结果,它自身的独立性被抹杀。基于这一观念,人们建立了"科学知识+技术知识"的应用型人才培养模式。其基本逻辑是:应用型人才培养应该先教授自然科学知识,然后在此基础上进行技术知识的教学;科学知识掌握牢固了,技术知识的掌握才能牢固;提高技术创新能力的基本方法是延长具有普通性质的科学知识的教学时间,推迟专业教学进行的时间。在这一观念指导下,推迟分流已成为教育改革的一种时尚。按照这一逻辑,应用型人才培养不需要自成体系,它只是科学教育的副产品。

然而技术哲学家们基于技术知识性质的分析,早已解构了对科学与技术关系的这一理解。他们把科学与技术看作平行而又密切互动的两个体系。技术哲学家克罗伊斯(Kroes. P.)指出:"关于技术的这一观点是由于科学哲学家没有严肃地研究过技术知识……这一神话曾一度被拒绝,而今又被科学和技术哲学家们认为是有缺陷的。它未能完整地描述技术最为重要的原因是,这一观点对技术设计的特定形式完全缺乏理解。"技术哲学家们做出这一判断,一方面是基于大量技术知识并非来自科学知识的应用,而是有它自身的生产逻辑;另一方面是通过对科学知识与技术知识的比较,发现技术知识在思维模式上与科学知识有本质区别(见表1)。技术相对科学的独立性的确立,要求建立基于技术知识的、具有相对独立性的应用型人才培养体系。

表 1　科学知识与技术知识的比较

比较维度	科学知识	技术知识
知识目的	理解性:理解世界	功能性:完成技术任务
思维载体	语言逻辑思维:主要运用语言逻辑思维	思维具体性:需要运用语言逻辑思维、具体形象思维和直观动作思维等多种思维,特别是具体形象思维和直观动作思维
内容特征	普遍性:适合所有现象	情境性:只适用于具体情境,需要运用判断力知识决定什么情境该应用哪条技术规则或哪方面经验
内容特征	简单性:追求简单,力图用公式、命题逻辑地描述世界	复杂性:很零碎、具体、复杂,无法用简单的几个命题或公式来概括
存在形态	命题型:以语言等符号为载体,以命题、公式的形式被记载,具有静态性	过程型:存在于实践过程中,具有动态性。虽然技术规则等也能用语言进行描述,但个体只有在实践过程中才可能真正掌握这些技术规则
存在形态	内在逻辑:按照知识本身的逻辑进行组织	任务逻辑:以实践任务为核心进行组织

（三）应用型人才的能力特征决定了其培养体系构建要以中等职业教育为基础

为了满足产业发展对应用型人才的需求,不仅要建立具有相对独立性的应用型人才培养体系,还要建立从中等教育到高等教育贯通的应用型人才培养体系。应用型人才培养不是只通过对高等教育进行改革就能完成的任务,其培养需要从高中教育阶段就开始,并持续相当长时间。这是由智能化时代应用型人才的能力特征所决定的。

什么是应用型人才?目前对这个概念的理解似乎还处于比较模糊的状态。从最广义的角度看,任何人才均具有应用属性,因为任何层面的人才均需要应用其他人生产的知识。但应用型人才培养需求是从产业发展角度提出的,因而应用型人才应限定在服务产业的人才范围内。当然,这种服务包括直接和间接两种形式。直接服务指企业内部人才提供的服务;间接服务指企业外部人才提供的服务。要看到的是,不同技术水平和生产关系条件下,应用型人才的结构与能力特征是不同的,因而应用型人才是个具有时代与文化特征的概念,而不是一种内涵固定不变的人才类型。我们已处在智能化时代的入口。智能化技术带来的深刻变革,不只是提供了新的课程内容和新的专业设置需求,更为重要的是正在深度重构职业的结构,主要体现在以下三个方面。

1. 人才纵向复合增强

劳动者能力发展经历了一个从综合到分层再到复合的过程。工业革命以前,劳动者的能力是高度综合的,劳动者往往同时又是业主,其能力要求跨度很大,包括了设计、施工、销售等整个经济活动过程。工业革命以后,产业形态从个体手工业模式转向工厂模式,为了提高劳动效率,同时也是由于生产技术日益复杂,职业分工加剧,并形成不同层级。19世纪初,工程师作为一种职业正式出现,标志是1818年英国土木工程师协会创立。20世纪上半叶,随着技术问题日益复杂,为了使工程师的设计更为有效地得到实施,产生了对专门从事技术问题的人才的需求,并逐步发展成为一种独立的人才类型,即技术型人才。这是劳动者能力的分层阶段,形成了由工程师、技术员和技术工人构成的金字塔人才结构,各层次人才之间的界限非常分明。到了这一时期,应用型人才不再是单一人才类型,而是一个由多种人才类型构成的科层系统。这个时期职业教育的任务是培养技术员和技术工人,工程师的培养任务由大学承担。自动化的出现开始打破这一人才结构。到了智能化社会,这一趋势被大幅度加强,主要是由于操作技能日益被机器取代,导致整个人才结构上移。同时,由于技术越来越复杂,导致技术型人才队伍扩大,工程师内部则分化为工程科学人才、工程规划人才和工程实施人才。这就形成了所谓的橄榄形人才结构。这一人才结构的形成是由技能型人才上移、技术型人才扩大和工程型人才下延三方面力量组合而成的。这一趋势不仅导致了中间型人才规模的扩充,而且由于两头压缩导致了从业者能力的大幅度复合,因此把这一时期称为从业者能力发展的复合化时期。这三方面力量形成的中间型人才在能力要求上有相似性,但也有区别。

2. 人才横向分化加剧

关于智能化对人才需求的影响,人们有时只看到了机器取代人的现象。如果只朝这一个方向进行分析,很可能误判智能化时代的人才需求。其实,智能化对人才需求的影响远比这复杂得多。智能化的确会导致技能型人才绝对数的减少,但它大大提高了对中间型人才的需求;同时还会由于技术日益复杂、产品越来越多样而带来中间型人才的横向内部分化。一方面,智能化技术不会单独出现,它一定是伴随技术水平整体提升而出现的。技术发展水平越高,它与应用情境相结合产生的具体技术形态就会越丰富。另一方面,社会生活的日益多样和复杂化,也使得技术在与现实生活相结合过程中产生非常多样的技术形态。这是智能化时代实体技术非常重要的发展趋势,其结果是同一技术平台支撑下会产生非常多样化的技术形态;由于这些技术非常复杂,不同行业的同一技术需要由不同从业人员来承担,从而导致人才的横向分化。

3. 人才之间边界模糊

工业化时代,人们构建了分工细致、边界清晰的职业体系。智能化时代,这一体系正在被彻底解构。无论从纵向上还是横向上看,不同类型人才之间的关系,不再像工业社会流水线上不同岗位人才之间的关系那样泾渭分明,而是相互交叉融合,呈现出相对独立的特点。从纵向上看,工程实施人才、技术型人才和技术性技能人才之间的边界已经非常模糊,许多从业者甚至会在这三类职业之间根据实际就业情况往返流动。比如,一个企业的产品设计师很可能转入车间负责生产质量。从横向上看,在同一技术平台上,不同行业的从业者相互流动更是非常普遍的现象。比如,一位物联网工程师,很可能跨到金融行业从事网络安全工程师的工作。

基于以上对智能化时代应用型人才结构及其能力特征的分析,应用型人才培养体系构建至少在三个意义上离不开中等职业教育。一是技术思维模式培养需要从高中阶段开始并采取职业教育形式进行。应用型人才的培养,不是简单地通过应用科学知识就可实现的,技术有着自己的知识体系和思维模式。它与科学是并行关系,而不是演绎关系。技术所拥有的独特知识体系,尤其是独特思维模式,要求在高中阶段就开始应用型人才的培养,并采取职业教育的形式进行。技术教育的重要性已为教育界充分认识到,普通高中已开设技术学科,但如果没有中等职业教育做基础,技术学科课程很难完全实现开设的初衷。二是应用型人才的能力复合化、边界模糊化要求其培养从高中阶段开始。无论是纵向复合还是人才边界的模糊,都要求从业者具备比以前宽广得多的知识。边界模糊环境下的职业适应能力并非通过延长普通教育年限就可获得,而是要让学习者直接学习更为宽广的专业知识。专业知识学习年限的延长,已使得大学教育难以完全承担其教育任务,需要把部分教育内容下移到高中阶段。高中教育如何打破文理教育占绝对主导地位的框架,引入专业教育,应成为当前高中教育改革的重要议题。三是应用型人才以实践为基础的能力特征要求从其培养以中等职业教育为基础。应用型人才的高移化、纵向复合化并非意味着其能力结构中不再需要实践能力。事实上,这种人才的能力结构,是高水平应用理论知识和高水平实践能力的复合。当然,这里的实践能力,也不再只是操作技能,而是包括实施方案设计、工艺问题解决等在内的心智型实践能力。只有把应用理论知识学习与实践能力训练相结合,才能培养出真正符合需要的应用型人才。自然,其培养离不开中等职业教育。

四、应用型人才培养体系构建背景下中等职业教育的系统改革

在应用型人才培养体系构建这一宏观背景下,转向职业基础教育是中等职业教育最为重要的发展方向,这既是应用型人才培养体系构建的需求,也是中等职业教育自身发展的需求。智能化时代职业教育的内容已为这一转向提供了知识基础。但对于习惯了就业导向功能定位的中等职业教育来说,这是个极大的挑战。

(一)中等职业教育功能从经济本位向教育本位转型的可行性

中等职业教育能够具备基础教育功能吗?在传统的观念框架中,职业教育一直被定义为面向职业的教育,它是以胜任职业岗位直接需要的知识、技能和态度为内容的教育。当人们谈到职业教育这一概念时,往往把它与功利主义联系在一起,并不认可它的教育功能。然而,历史上一直存在基于经济目的和教育目的这两种目的的职业教育。经济目的职业教育的典型代表是德国,教育目的职业教育的典型代表是美国。正如杜威(Dewey. J.)所说:"我们国家的问题主要是一个教育问题,而不是像德国那样,是商业的或技术的问题。"学术界也不乏论证职业教育的教育功能的研究,如有学者指出:"实践技能和对工作世界的熟悉不仅仅可以为特定职业岗位做准备,它们是普通教育应有的组成部分,应在适龄阶段把它们引入

到教育系统中,而不只是进入劳动力市场前的最后一段教育。"

事实上,20世纪80年代以来,随着技术水平的快速提升,职业教育内容已发生了根本性变化,理论知识在职业教育教学中所占比重越来越高。理论知识的提升带来了职业教育性质的重要变化,即从满足岗位技能需要的教育转变成了突出工作实践问题解决能力的教育。发展到这一阶段,职业教育的教育属性大大增强。国际上有一个概念可以用来表述职业教育性质的这一转向,即新职业主义。新职业主义的"新"是相对过去狭隘的、针对某一具体工作进行训练的旧职业主义来说的。当时,英国等发达资本主义国家的社会、经济等都发生了深刻变化,旧职业主义已无法适应工作世界新的要求,整个社会,包括政府、雇主,对建立新的教育制度呼声日益高涨,新职业主义应运而生。到了智能化时代,职业教育对理论知识的要求更是发生了根本性提升,这就为其功能转型奠定了重要的知识基础。目前中等职业教育实现这一转型所需要的已不再是解决内容上的可行性问题,而是建立新的职业教育课程观念和开发技术,以及支撑转型的制度体系。

(二)中等职业教育人才培养目标定位实现基础性转向的策略

图1所示是职业教育视野中的应用型人才培养体系。在这一体系中,中等职业教育已成为基础教育的组成部分。与普通教育为学术型人才培养奠定高中教育基础不同,其目标是为应用型人才培养奠定高中教育基础。这是中等职业教育具有历史意义的改革。这一改革的成功取决于两个前提条件:一是大幅度扩充面向中等职业学校学生的本科教育资源;二是构建与普通高考平行的职教高考制度。在这两个前提条件下,中等职业教育的基础性转向应从以下三个方面入手。

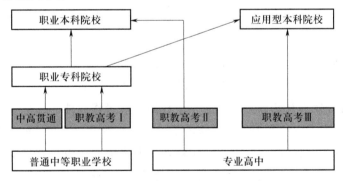

图1　职业教育视野中的应用型人才培养体系

1. 对不同中等职业学校与专业的人才培养功能定位进行分化

中等职业教育的基础性转向,既不意味着所有中等职业学校与专业均转向职业基础教育,更不意味着所有中等职业学校与专业转向同一类型的职业基础教育。首先,就目前的社会需求和教育发展水平看,所有中等职业学校与专业均转向职业基础教育既不现实,也没有必要。中等职业教育在经济发展尚处于一般水平的地区和技术内涵不深的专业还有存在的必要性。应该采取多样化发展思路，有计划地引导部分办学质量好的中等职业学校和部分技术内涵深的中等职业教育专业逐步转向职业基础教育。其次，承担应用型人才培养任务的不同高等教育机构，如应用型本科院校、职业本科院校、职业专科院校，其对学习者的高中教育基础要求有区别，因此面向这三类高等教育机构的中等职业学校，其人才培养目标应有所区别。

应用型本科院校对学生语文、数学、外语和其他文理课程的要求更高，职业本科院校对学生语文、数学、外语、其他文理课程的要求与专业课程的要求基本处于平衡状态，职业专科院校则对学生的专业知识与技能基础有更高要求。相应地，面向应用型本科院校的中等职业学校，其课程应偏向语文、数学、外语和其他文理课程，在此基础上，开设好一门专业课程；面向职业本科院校的中等职业学校，在开设好语文、数学、外语课程的前提下，至少开设好三门专业课程，其他文理课程则以达到学业水平基本要求为标准；面向职业专科院校的中等职业学校，其语文、数学、外语以达到学业水平基本要求为标准，并选择性地开设部分其他文理课程，但要求在此基础上开设完整的专业课程体系。为了区分不同办学定位的中等职业学校，前面两种中等职业学校可称为特色高中，即它们事实上是以应用型学科教育为特色的高中。

由于不同类别应用型高等教育机构对高中阶段教育有不同要求，因而需要针对不同类别应用型高等教育机构建立不同类型的职教高考形式。职教高考Ⅰ是为中职生升入职业专科院校设计的，采取以专业课程为主要内容的考试模式；职教高考Ⅱ是为中职生升入职业本科院校设计的，采取"语文、数学、外语+三门专业课程"的考试模式，语文、数学、外语与普通高考同卷；职教高考Ⅲ是为中职生升入应用型本科院校设计的，采取"语文、数学、外语+两门其他文理课程+1门专业课程"的考试模式，语文、数学、外语、两门其他文理课程与普通高考同卷。

2. 改革课程内容与教学方法突出中等职业教育的教育功能

中等职业教育实现基础性转向，需要从课程内容和教学方法的根本性改革入手。首先，在课程内容上，要开发具有基础意义的技术学科知识和操作技能。即把学习者进入应用型高等教育机构相关专业继续学习需要具备的基础性专业理论知识和技能编制成课程。这是一种高等教育导向的课程改革，完全打破了就业导向中等职业教育直接依据职业岗位需要进行课程开发的逻辑。最为熟悉这些课程内容的是应用型高等教育的专业负责人，因此他们应成为中等职业教育课程改革的中坚力量。近年来各省市在广泛实施的中高贯通、中本贯通人才培养方案，为这一课程改革提供了重要基础。其次，在教学方法上，要突出技术思维能力的培养。与就业导向中等职业教育强调通过反复示范、模仿、训练培养学习者的动作技能不同，职业基础教育要突出思维教学，通过实践问题的解决培养学习者真实情境中的技术思维能力，这是由应用型人才工作任务的性质和能力要求决定的。

3. 对中高等职业教育的专业设置与教学标准进行一体化设计

21世纪初，虽然在高等职业教育大规模发展基础上，职业教育形成了由中高等职业教育构成的两级学制,但由于中等职业教育与高等职业教育的人才培养目标并未明确区分,使得中等职业教育与高等职业教育事实性地形成了平行关系,且由不同教育行政部门管辖。在这一运行框架下,中高职专业目录由各自的行政主管部门主导独立开发,形成了不同的专业目录分类体系和设置口径,以此为基础开发的专业教学标准自然也不可能建立衔接关系。专业分类体系不一致,专业教学标准不衔接,甚至中高等职业教育的人才培养目标都没有明确区分,是中等职业教育实现基础性转向的重要障碍。只有当中高等职业教育的专业设置建立在同一个分类框架内,并通过一体化专业教学标准开发在中高等职业教育的课程内容之间建立清晰衔接关系,才能使中等职业教育在应用型人才的系统化培养中真正发挥好基础作用。解决这一问题,需要建立中高等职业教育专业设置与教学标准提升的内在逻辑路径,即工作范围的扩大、任务弹性度的增强与技术复杂程度的提升。2020年教育部的专业目录修(制)订工作,已为解决中高职专业一体化设置迈出了具有历史意义的关键一步。

(摘自《教育研究》2021,495(04):118-127)

4. 中等职业教育的基础性转向：类型教育的视角

5. 职业教育服务乡村振兴的贡献测度
——基于柯布-道格拉斯生产函数的测算分析

摘要：职业教育作为跨界融合的教育类型,在乡村振兴过程中不仅能够优化农村人力资本,还能提升生产要素的利用效率。然而,职业教育对乡村振兴的真实贡献率却始终处于"黑箱"状态。以熵权法为基础,通过构建乡村振兴发展指数,并以柯布-道格拉斯生产函数为基础测度职业教育对乡村振兴的贡献率,发现职业教育服务乡村振兴效果显著,贡献率高达 16.19%,投资回报比可观;职业教育对乡村振兴的贡献存在地域差异,东部地区最优,中部地区塌陷明显;乡村振兴的速度与职业教育贡献率存在明显偏差,东部地区乡村振兴进入集约化发展阶段。为增强职业教育与乡村振兴的精准匹配程度,需要设立项目制经费,保障职业教育服务乡村振兴的持续性;优化经费使用监督机制,提升职业教育区域服务能力;谋求发展共生,打造职业教育与乡村振兴的利益共同体。

关键词：职业教育;乡村振兴;柯布-道格拉斯生产函数;贡献率

一、问题提出

乡村振兴战略关系到我国 5.6 亿乡村人口的幸福生活,是全域性、全面性和全民性的系统性工程,在实施过程中需要经济、政治、文化、社会、生态等多领域的跨界融合。中华人民共和国成立以来,始终坚持将乡村建设作为国家建设的重要战略,党的十九大报告正式提出了乡村振兴战略。其中,1982—2018 年,我国中央一号文件共计 20 次围绕"三农"问题展开讨论,2018 年讨论的重点就是实施乡村振兴战略。截至目前,我国乡村振兴取得了显著成绩,农村贫困人口持续减少,在农村多样化产业发展的背景下出现劳动力回流的现象,充足的劳动力又反哺产业发展,实现乡村振兴的良性循环。但已有研究也表明,我国农村贫困地区社会经济增长的减贫效益正在不断下降。乡村振兴的边际效应越发明显,单靠外部生产要素的输入将无法实现广大农村地区的全面振兴。职业教育作为横跨"职业域""技术域""教育域"与"社会域"的教育类型,与社会、政治、经济、文化相互依存,通过跨界融合能够将外部生产要素转化为乡村振兴的内部人力资本与技术资本。《国家职业教育改革实施方案》明确指出,职业教育要服务乡村振兴战略,为广大农村培养以新型职业农民为主体的农村实

---

①　朱德全,西南大学教育学部。
②　杨磊,西南大学教育学部。

用人才。由此可见,职业教育对乡村振兴具有至关重要的作用。

然而,当前职业教育服务乡村振兴的相关研究以逻辑演绎范式为主,研究成果多从职业教育的价值功能出发,构建职业教育服务乡村振兴的顶层设计。职业教育服务乡村振兴的横断研究相对匮乏,时间跨度较大的纵向研究尚不多见。职业教育对乡村振兴是否有促进作用?贡献率究竟有多大?仍然处于"黑箱"状态。基于此,本文拟就构建乡村振兴发展指数,并以柯布-道格拉斯生产函数(Cobb-Douglas production function,以下简称C-D生产函数)为基础测度职业教育对乡村振兴的贡献率。

二、文献综述

人力资本相关思想见端经济学之父斯密(Smith. A.),他在《国富论》(*An Inquiry into the Nature and Causes of the Wealth of Nations*)中详细阐明了劳动价值论,指出"资本包含社会上一切人民学到的有用才能,进入学校或工厂学习的资本,最终形成的才能又变为资本固着在他身上"。而真正让人力资本成为世界公认的理论的是舒尔茨(Schultz. T.W.),他通过对1929—1957年美国国民收入和教育投入进行测度,计算出教育投入对国民收入的增量贡献率为33%。改革开放以来,我国社会经济快速发展得益于巨大的人口红利,其中教育在将人口资源转变为人力资源的过程中起着至关重要的作用。1978—2003年,我国教育所形成的人力资本对经济增长的贡献率高达25.72%,与舒尔茨的结论相接近,并显著高于1956—1978年的9.4%。2004—2010年,一项关于北京西城区的数据表明,教育人力资本具有显著的外溢效益,"教育人力资本对经济增长的年均贡献率高达56.44%"。

然而,在教育人力资本理论受到高度追捧的同时,有学者却从边际效应的视角发出不同的声音,指出不同地区的教育对经济增长贡献存在差异,较之初始平均收入水平较高的经济体,初始平均收入水平较低的经济体能够获得更快的国内生产总值(以下简称GDP)潜在增长速度。也就是说,在经济欠发达地区发展教育,人力资本产出率相对较高。与此同时,教育对经济增长的促进效应也具有一定的局限性,教育对经济的促进作用只在少数地区是显著的,但是对于大多数地区来说则不显著。由此看出,在我国社会经济发展过程中,教育对经济发展贡献的实证研究结果并非完全一致,不同的时间、不同区域与不同算法都可能导致研究结果不一致,甚至出现相反结果。

乡村振兴战略是我国农村地区的全面振兴,人才振兴既是其中最关键的一环,同时也是乡村振兴的重要支撑。已有研究表明,人力资本对农村居民收入增长具有非常显著的正向作用,总贡献率达到38.57%,可以有效降低农村人口的贫困发生率。农业从业人员的人力资本存量对提高耕地产出率的贡献率更是高达45.26%。在不同教育类型中,职业教育与社会经济联系最为紧密,对我国经济发展的贡献率也最为突出。与此同时,职业教育除教育属性以外,还具有职业属性和产业属性,通过"产业带动、人才训育、技术积累、生态重构、组织建设"等方面的优势助力乡村振兴。第一,职业教育的行业属性能够与涉农企业进行信息传递、技术交流和经验介绍，推动农村地区一、二、三产业的融合发展，有效整合农村产业发展；第二，职业教育的教育属性能够激活学历教育和职业培训并行的育人途径，为农村地区培养新型职业农民，进一步释放农村人口红利；第三，职业教育培育的农村劳动力与就业市场需求更加吻合，能够促进农民增收，实现生活富裕的具体目标；第四，发挥职业教育技术优势，通过构建"绿色育人理念、绿色育人体系、绿色技术供给、绿色生产生活方式、绿色文化生态的'5G'共生模式"，能够实现农村的生态宜居；第五，职业教育作为跨界协同的教育类型，能够助推乡村振兴的治理理念、治理架构、治理工具和治理内容的改革，加速农村治理现代化进程。

综上所述，人力资本是我国改革开放以来社会经济飞速发展的重要利器，同样，乡村振兴与农村地区人力资本存量之间存在强关联性，要快速实现我国广大农村地区的全面振兴必须加速农村地区的人力资本开发，释放人口红利。而在广大农村地区，职业教育作为跨界融合的教育类型不仅能最大程度地发挥人力资本的外溢效益，还能提升农村地区整体生产要素的利用效率。然而，当前关于职业教育服务乡村振兴的相关研究大多是宏观层面的理论构想，职业教育真实的服务力度仍被关在研究的"黑箱"之中。本文正是从此视角出发，基于 2007—2018 年我国乡村振兴和职业教育发展的宏观数据，测度我国职业教育对乡村振兴的贡献。

三、模型建立与指标选取

乡村振兴是建设中国特色社会主义的重要举措，也是我国特有的民生工程。从现有研究来看，相关测度模型处于研究空白阶段。要科学测度职业教育对乡村振兴的贡献，有必要从计量经济学与教育经济学中找寻理论依据。

（一）模型构建

计量经济学领域关于人力资本与经济发展的测量模型已经相对成熟，其中最为典型的是 C-D 生产函数、CES（Constant Elasticity of Substitution，CES）生产函数、超越对数生产函数等。其中，C-D 生产函数是由数学家柯布（Cobb.C.W.）和经济学家道格拉斯（Douglas.P.H.）共同创造的生产函数，通过对美国 1899—1922 年资本和劳动对生产的影响进行测算，得出劳动对产出的贡献高达 3/4，创造性地论证了斯密等古典经济学家关于劳动价值论的观点。同时，因为 C-D 生产函数能够使均方估计误差降到最低，所以经常受到学者们的青睐，舒尔茨、卢卡斯（Lucas.R.E.）、罗默（Romer.P.M.）等人在测度人力资本对经济发展的贡献时均受其影响，具体如公式（1）。在公式中，Y 为产量，A 为技术水平，K 为资本投入，L 为劳动力投入，α 为资本投入弹性，表示每当资本投入增加 1% 时，产量 Y 会随之增加 α%，β 则为劳动力投入的弹性，表示每当劳动力投入增加 1%，产量 Y 也会随之增长 β%（α、β>0）。

$$Y = AK^{\alpha}L^{\beta} \tag{1}$$

在教育研究领域中，我国学者也对 C-D 生产函数进行了持续性的论证与修正。有学者系统性地对 C-D 生产函数与我国改革开放国情进行分析,认为改革开放以来我国劳动力和人力资本存量符合 C-D 生产函数的基本假设。有学者则对 C-D 生产函数进行多重修正,构建出教育生产函数,具体如公式(2)。相比公式(1),公式(2)增加了变量 E,表示教育投入,教育投入 E 也拥有一个弹性系数 γ,表示教育投入每增加1%,社会经济发展多产出 γ%。对公式(2)两端取自然对数得公式(3),因为存在时间因素,再对公式(3)的 t 做全导数处理,并用微分方程近似地转化为差分方程,求出教育对社会经济增长的贡献模型,即公式(4),其中,γ 是指教育投入的弹性系数,C_E 是指教育对社会经济发展的贡献率,E_r 是指教育投入的年均增长率,Y_r 是指社会经济年均增长率。

$$Y = AK_t^{\alpha}L_t^{\beta}E_t^{\gamma} \tag{2}$$

$$LN^{Y_t} = LN^A + \alpha LN^{K_t} + \beta LN^{L_t} + \gamma LN^{E_t} \tag{3}$$

$$C_E = \gamma \frac{E_r}{Y_r} \tag{4}$$

乡村振兴是农村地区的全面振兴,因此可以将其看作农村地区完整的社会发展目标。长期以来,我国城乡之间呈"二元化"发展格局,21世纪之初城乡之间差距越发明显,"三农"问题仍然是跨世纪的发展难题。而影响农村社会经济发展最关键的要素包含社会资源的再分配和人力资本的流动。因为,职业教育不仅能够提升农村劳动力素质,提高农村社会的社会生产力,还能以农村产业升级为支撑,激发农村社会、政治、经济、生态的发展活力。基于此,本研究选取 C-D 生产函数作为研究模型,以期测度我国职业教育对乡村振兴的贡献。其中,Y 值由原来的社会经济变为乡村振兴发展指数,E 则用职业教育经费投入来表示,E_r 是指职业教育经费投入的年均增长率,Y_r 是指乡村振兴发展指数增长率。

(二)指标确立和数据来源

科学测度职业教育对乡村振兴的贡献,首先需要构建科学合理的指标体系。在已有研究模型中,因变量 Y 最常用 GDP 来表示,自变量 K 用全社会固定资产来代表,L 用全社会就业人数来代表,E 则用教育经费投入为代表。但就本研究的意图而言,乡村振兴是我国农村地区的全面振兴,单一的指标无法合理代表。党的十九大报告中用"产业兴旺、生态宜居、乡风文明、治理有效、生活富裕"高度概括了乡村振兴的总体要求,已有研究围绕乡村振兴"20字方针"来测度当前乡村振兴的现状。有学者选取农业效率化、乡村规划率、家庭之风、民主自治、农民收入等19项指标,构建了乡村振兴"六化四率三风三治三维"的指标体系。有学者选取农田节水灌溉率、卫生厕所普及率、人均教育文化娱乐消费支出等26项观测指标,构建了乡村振兴的指标体系。有学者则自主选取农村产业结构、自然环境宜居、文化教育建设、乡村法治建设、农民收入水平等15项指标构建乡村振兴测评体系,并实地开展调查研究。

总体来看,关于乡村振兴测评指标体系研究成果相对丰富,且在指标的选择上符合我国乡村振兴的实践境遇,但指标体系在纵向的时间序列和横向区域序列上有待进一步优化。

在时间序列上,虽然我国乡村振兴战略是在党的十九大报告中正式提出,但乡村建设长期以来都是我国的一项基本国策。为此,对乡村振兴的测度应当将时间序列拉长,才能有效地反映出我国乡村振兴的稳定性概貌。在区域序列上,如果把时间序列拉长就可能出现统计年鉴统计口径不一致,部分地区数据缺失的问题,其中西藏地区表现最为明显,因多项指标数据的缺失,大部分研究者会将其排除在测评对象之外。然而,西藏作为我国少数民族聚居地,截至 2019 年年末乡村人口比重仍然高达 68.86%,是我国乡村振兴战略攻坚克难之地,将其排除在乡村振兴测评对象以外显然不符合研究的目的。因此,借鉴乡村振兴指标体系研究成果,并结合研究目的和数据的可获取性,本文构建了职业教育服务乡村振兴发展指数的指标体系(见表 1)。

表 1   乡村振兴发展指数指标选取

一级指标	二级指标	三级指标	数据来源
产出指标	产业兴旺	农业机械化率	
		农村人均用电量	
	生态宜居	农村(乡镇)卫生院数量	
		农村人均住宅面积	《中国统计年鉴》
		农村卫生厕所普及率	《中国农村统计年鉴》
	乡风文明	农村居民参与文化培训人次	《中国民政统计年鉴》
		农村居民家庭文教娱乐支出	《中国社会统计年鉴》
	治理有效	村委会委员数量	《中国生态环境统计年鉴》
		村委会委员大专学历比例	《中国城乡建设统计年鉴》
	生活富裕	农村居民可支配收入	《中国教育经费统计年鉴》
		农村家庭耐用家电数	31 个省份统计年鉴
投入指标	资本投入	农村住户固定资产投资	
	劳动力投入	农村从业人口	
	教育投入	职业教育经费投入	

鉴于研究对象涉及 31 个省级行政单位,且时间跨度较大,部分统计年鉴存在统计口径不一致等问题,为了数据的可获取性和可靠性,本研究最终将面板数据的时间序列设定在 2007—2018 年。在具体指标上,产出指标以乡村振兴“20 字方针”为依据,具体表现为产业兴旺、生态宜居、乡风文明、治理有效和生活富裕等 5 个二级指标,5 个二级指标下又设计 11 个三级指标,分别为农业机械化率、农村人均用电量、农村(乡镇)卫生院数量、农村人均住宅面积、农村卫生厕所普及率、农村居民参与文化培训人次、农村居民家庭文教娱乐支出、村委会委员数量、村委会委员大专学历比例、农村居民可支配收入、农村家庭耐用家电数。投入

指标则包含资本投入、劳动力投入、教育投入，分别对应农村住户固定资产投资、农村从业人口、职业教育经费投入3个三级指标。

四、实证分析

乡村振兴是一项复杂的系统工程，其内部各要素之间具有强关联性。在实践过程中，不同地区可能因经济、社会、政治、文化等因素导致乡村振兴各要素进展不一。为更客观地反映我国乡村振兴的真实情况，本文选取客观熵权法对乡村振兴各项指标进行赋权，并以此为基础测算职业教育对乡村振兴的贡献率。

（一）乡村振兴水平测算

1. 乡村振兴发展指数指标权重的确定

为确保指标赋权的科学性，本研究采用熵权法对指标进行客观赋权。

首先，以乡村振兴发展指数各项指标为基础建立原始评价矩阵。如公式（5）所示，矩阵中 n 表示乡村振兴测评样本个数，m 则表示指标个数，X_{ij} 为第 i 个样本第 j 个指标的数值。其次，计算具体指标在乡村振兴不同观测省份中所占比重，具体见公式（6）。再次，计算乡村振兴发展指数每项指标的信息熵，具体见公式（7），其中正常数 $K = 1/Ln(n)$。最后，计算各指标在乡村振兴中实际权重，见公式（8），其中 $d_j = 1 - e_j$，d_j 越大表示指标越重要。

$$A = \begin{pmatrix} X_{11} & \cdots & X_{1m} \\ \vdots & \vdots & \vdots \\ X_{n1} & \cdots & X_{nm} \end{pmatrix} \quad (5)$$

$$P_{ij} = \frac{X_{ij}}{\sum\limits_{i=1}^{n} X_{ij}} (j = 1, 2, \cdots m) \quad (6)$$

$$e_j = -k^* \sum\limits_{i=1}^{n} P_{ij} \ln(P_{ij}) \quad (7)$$

$$W_j = \frac{d_j}{\sum\limits_{j=1}^{m} d_j} * P_{ij} \quad (8)$$

依据上述公式，乡村振兴发展指数各项指标的权重计算结果见表2。乡村振兴五项指标中权重由高到低分别为产业兴旺（33.59%）、乡风文明（25.00%）、生活富裕（14.61%）、治理有效（13.60%）、生态宜居（13.20%）。从指标权重可以看出，五个维度之间存在一定差距，其中产业兴旺与乡风文明权重较大，所占比重共计达到58.59%，这一现象表明，在乡村振兴过程中不同地区之间产业兴旺和乡风文明的发展速度与质量存在明显差异，要实现我国乡村的全面振兴就必须重点突破这两项课题，因此，在乡村振兴五个维度当中权重相对较大。反之，生态振兴、治理有效和生活富裕三个维度权重基本相同且趋近14.00%的权重，则说明乡村振兴过程中三个维度在不同地区之间取得的成效相对统一且稳定。

表 2 乡村振兴发展指数指标权重

一级指标	权重	二级指标	信息熵	权重
产业兴旺	33.59%	农业机械化率	0.97	3.80%
		农村人均用电量	0.77	29.79%
生态宜居	13.20%	农村(乡镇)卫生院数量	0.92	9.71%
		农村人均住宅面积	0.99	1.46%
		农村卫生厕所普及率	0.99	1.87%
乡风文明	25.00%	农村居民参与文化培训人次	0.85	19.05%
		农村居民家庭文教娱乐支出	0.95	5.95%
治理有效	13.60%	村委会委员数量	0.97	3.28%
		村委会委员大专学历比例	0.92	10.32%
生活富裕	14.61%	农村居民可支配收入	0.98	3.12%
		农村家庭耐用家电数量	0.91	11.48

2. 乡村振兴测评结果的分析

根据上述乡村振兴发展指数各项指标的权重,对 31 个省级行政单位乡村振兴现状进行测评,鉴于各省份之间农村人口绝对数值存在较大差异,本研究首先对乡村振兴各项观测指标进行均等化处理。同时,因为单位不同的原因,不同指标之间绝对量存在较大差距,还需对数据进行对数化处理,将处理后的数据代入公式(5)~公式(8),各地区乡村振兴发展指数测算结果见表 3。

表 3 各地区乡村振兴发展指数

	2008 年	2010 年	2012 年	2014 年	2016 年	2018 年	均值	位次	增长率
北京	6.36	6.38	6.46	6.53	6.63	6.68	6.49	2	0.50%
天津	5.77	6.09	6.25	6.52	6.63	6.37	6.26	5	0.45%
河北	5.51	5.64	5.84	5.97	6.02	6.10	5.82	10	0.93%
山西	5.17	5.31	5.60	5.75	5.79	5.89	5.55	14	1.36%
内蒙古	5.17	5.29	5.59	5.76	5.89	5.96	5.60	13	1.31%
辽宁	5.84	5.99	6.28	6.35	6.41	6.40	6.16	6	0.95%
吉林	4.94	5.21	5.42	5.54	5.61	5.68	5.39	20	1.12%
黑龙江	5.06	5.30	5.44	5.58	5.68	5.73	5.43	18	1.29%
上海	6.87	6.91	6.92	7.47	7.56	7.56	7.21	1	0.87%
江苏	6.02	6.25	6.47	6.55	6.66	6.74	6.41	4	1.13%

	2008 年	2010 年	2012 年	2014 年	2016 年	2018 年	均值	位次	增长率
浙江	6.18	6.27	6.39	6.52	6.70	6.82	6.45	3	0.96%
安徽	4.87	5.06	5.43	5.59	5.72	5.82	5.37	22	1.81%
福建	5.38	5.68	5.88	6.05	6.13	6.20	5.84	9	1.43%
江西	4.72	4.93	5.16	5.38	5.53	5.60	5.18	25	1.65%
山东	5.63	5.80	5.92	6.05	6.16	6.20	5.92	8	1.04%
河南	5.21	5.36	5.58	5.71	5.79	5.83	5.55	15	1.04%
湖北	5.01	5.27	5.42	5.61	5.75	5.85	5.44	16	1.58%
湖南	4.95	5.07	5.37	5.58	5.70	5.76	5.35	23	1.60%
广东	5.69	5.8	6.04	6.20	6.38	6.38	6.06	7	1.19%
广西	4.51	4.72	5.14	5.30	5.43	5.48	5.04	27	2.28%
海南	4.46	4.69	5.05	5.28	5.43	5.46	5.02	29	1.97%
重庆	5.14	5.42	5.68	5.86	6.01	6.09	5.66	11	1.79%
四川	4.98	5.15	5.43	5.55	5.64	5.73	5.38	21	1.42%
贵州	4.39	4.66	4.99	5.32	5.50	5.59	5.01	30	2.37%
云南	4.48	4.73	5.12	5.30	5.44	5.44	5.03	28	1.91%
西藏	3.62	4.03	4.35	4.51	4.82	4.93	4.34	31	2.12%
陕西	5.04	5.24	5.51	5.58	5.69	5.75	5.43	17	1.33%
甘肃	4.89	5.03	5.26	5.45	5.57	5.67	5.27	24	1.55%
青海	4.59	4.93	5.25	5.17	5.26	5.40	5.04	26	1.36%
宁夏	5.26	5.34	5.21	5.53	5.59	5.69	5.40	19	0.92%
新疆	5.16	5.30	5.70	5.88	6.00	5.99	5.64	12	1.46%
全国	5.19	5.38	5.62	5.79	5.91	5.96	5.60	—	1.38%
东部地区	5.79	5.95	6.14	6.32	6.43	6.45	6.15	—	1.04%
中部地区	4.99	5.19	5.43	5.59	5.70	5.77	5.41	—	1.43%
西部地区	4.73	4.96	5.23	5.39	5.53	5.61	5.24	—	1.65%
民族地区	4.65	4.87	5.17	5.35	5.49	5.56	5.14	—	1.72%
SD	0.64	0.59	0.53	0.55	0.53	0.51	—	—	—

从乡村振兴发展指数来看,我国乡村振兴主要呈现出两大特点:首先,乡村振兴与地区发展水平呈现高度一致性,东部地区乡村振兴具有先发型优势,2007—2018 年东部地区乡村

振兴发展指数得分最高为 6.15，其次是中部地区得分 5.41，再次是西部地区得分 5.24，最后是民族地区得分 5.14。这一现象与现实情况一致，因为经济发达地区在财力和治理能力上均有明显的优势，相对应的农村地区在一定程度上承接了城市地区比较系统的产业转移。因此，社会经济本身相对发达的地区，其乡村振兴发展指数也相对较高，正如测算结果中乡村振兴发展指数位列前三名的分别是上海(7.21)、北京(6.49)和浙江(6.45)。另一方面，乡村振兴发展指数不断提高，且各地区之间差异不断减小。如表 3 所示，虽然东部地区乡村振兴发展指数在均值上仍处于优势，但就指数的增速来看，民族地区最快(1.72%)，西部地区次之(1.65%)，中部地区再次(1.43%)，东部地区最后(1.04%)。同时，全国整体而言乡村振兴发展指数的标准差(SD)由 0.64 降低到 0.51，表明各省份之间乡村振兴差异不断减小。出现这一情况，主要得益于国家实施的"西部大开发""中部崛起"等战略，在政策优惠下大量企业选择在西部地区县域内建厂，加之国家财政转移支付，西部地区，特别是少数民族地区农村经济体量相对较小。因此，乡村振兴发展指数增速相对较快。

为揭示乡村振兴的具体情况，以 2018 年乡村振兴测算结果为例，通过基数折合的方法将地区最高分作为除数消除单位，最终结果见表 4。在乡村振兴综合得分上，全国平均得分为 78.81 分，整体处于中等偏上水平，这一结果反映出我国乡村振兴工作取得了良好成绩，但整体标准差为 6.71，表明不同地区乡村振兴存在一定的差距。具体而言，不同地区乡村振兴综合得分由高到低分别为东部最高(85.22)、中部次之(76.28)、西部从次(74.63)、少数民族地区最后(73.25)。而在区域内部，东部地区标准差得分为 6.22，差异最为明显；中部地区标准差得分为 1.19，差异最小；西部地区和少数民族地区标准差得分为 3.99 和 4.22，处于中间位置。

表 4　乡村振兴各维度得分情况

	产业兴旺 (SD)	生态宜居 (SD)	乡风文明 (SD)	治理有效 (SD)	生活富裕 (SD)	综合得分 (SD)
全国	70.13 (10.07)	83.41 (8.55)	76.25 (7.21)	85.43 (8.05)	92.98 (2.98)	78.81 (6.71)
东部地区	80.13 (9.13)	81.64 (8.65)	80.19 (9.85)	90.39 (7.32)	95.49 (2.75)	85.22 (6.22)
中部地区	66.05 (1.41)	83.49 (8.57)	73.20 (3.14)	86.46 (5.12)	92.97 (1.20)	76.28 (1.19)
西部地区	63.69 (6.34)	84.99 (8.13)	74.66 (3.95)	80.20 (7.05)	90.68 (2.00)	74.63 (3.99)
少数民族地区	62.56 (7.30)	83.71 (9.44)	73.12 (2.98)	79.42 (5.47)	90.53 (2.23)	73.52 (4.22)

在乡村振兴具体维度上,全国平均得分由高到低分别为生活富裕(92.98)、治理有效(85.43)、生态宜居(83.41)、乡风文明(76.25)、产业兴旺(70.13),表明乡村振兴在实践中不同领域的进展程度不一。具体而言,在产业兴旺维度,不同地区得分区间为62.56~80.13,属于中低分数段,但最大分差高达17.57,东部地区表现出明显优势,中部地区、西部地区和少数民族地区整体落后。在生态宜居维度,不同地区得分区间为81.64~84.99,属于中分数段,最大分差仅为3.35,表明在我国社会主义新农村建设、农村厕所革命等政策的引导下,广大农村地区生活环境得到了显著改善,且地区间差距不断缩减。需要指出的是,西部地区在生态宜居上表现最好,表现出明显优势。在乡风文明维度,不同地区得分区间为73.12~80.19,属于中低分数段,最大分差为7.07,东部地区存在一定优势,但全国整体水平都有待提高。在治理有效维度,不同地区得分区间为79.42~90.39,属于中高分数段,最大分差为10.97,东部地区和中部地区表现良好,西部地区和民族地区则处于80分的分水岭位置。在生活富裕维度,不同地区得分区间为90.53~95.49,属于高分数段,最高分差为4.96,各地区均处于90分以上,说明不同地区的农村已经基本实现全面小康的生活水平,且居民生活富裕程度大致相当。

(二)职业教育对乡村振兴贡献率测算

面板数据模型按类型可以划分为混合模型、变截距模型和变系数模型,按影响形式又可以分为固定效应模型和随机效应模型。在构建职业教育对乡村振兴贡献测度模型之前,需要对模型进行检验,以便选择最优模型。首先,使用LLC检验对模型所涉及变量进行单位根判断,避免回归过程当中出现伪回归的情况。如表5所示,经过LLC检验在含截距项的情况下,乡村振兴发展指数、农村资本投入、农村劳动力资本和职业教育投入四个变量都拒绝原假设($p=0.00<0.01$),表明四个变量在含截距项情况下都不含单位根,是平稳的。在含截距和趋势项情况下,农村资本投入和职业教育投入拒绝原假设($p=0.00<0.01$),而乡村振兴发展指数($p=0.78>0.05$)和农村劳动力资本($p=0.11>0.05$)则接受原假设,表明四个变量在截距和趋势项情况下两个变量含单位根,仅是部分平稳的。而在不含截距项情况下,仅农村劳动力资本拒绝原假设($p=0.00<0.01$),其余三个变量都具有单位根,整体处于非平稳状态。从检验结果可知,仅在含截距项的情况下面板数据所有变量处于平稳状态,是故可选用变系数模型、变截距模型和混合模型。

表5　模型数据LLC检验

	乡村振兴发展指数	农村资本投入	农村劳动资本	职业教育投入
含截距	−10.63*** (0.00)	−11.52*** (0.00)	−5.48*** (0.00)	14.06*** (0.00)
含截距和趋势	0.77 (0.78)	−5.35*** (0.00)	−1.22 (0.11)	−7.06 (0.00)

	乡村振兴发展指数	农村资本投入	农村劳动资本	职业教育投入
不含截距	20.31	2.21	−3.096***	15.58
	(1.00)	(0.99)	(0.00)	(1.00)

注：＊＊＊表示在 0.001 的水平上显著。

其次,使用目前认可度较高的协方差分析检验,即通过 F 检验确定模型的形式。检验结构见表6,变系数模型的残差平方和 $S_1 = 1.76$,变截距模型的残差平方和 $S_2 = 4.83$,混合模型的残差平方和 $S_3 = 58.81$。根据统计量 F 的推导公式(9)、公式(10),计算得出 $F_1 = 5.01$, $F_2 = 69.34$,临界值 $F_{\alpha1}(90,248) = 0.82$,$F_{\alpha2}(120,248) = 0.84$,也就是说 $F_1 > F_{\alpha1}$,$F_2 > F_{\alpha2}$,在5%的显著水平下统计量大于临界值,表明面板数据模型应选择变系数模型。最后,对面板数据模型进行 Hausman 检验,卡方统计量 $\chi^2 = 27.75$,$P = 0.00$,拒绝原假设,表明模型应该选择固定效应影响形式。综合以上分析,本研究最终决定采用变系数固定效应模型。

$$F_1 = \frac{(S_2 - S_1)/[(N-1)K]}{S_1/[NT - N(K+1)]} \tag{9}$$

$$F_2 = \frac{(S_3 - S_1)/[(N-1)(K+1)]}{S_1/[NT - N(K+1)]} \tag{10}$$

表6　贡献测度模型 F 检验

变系数模型 S_1	变截距模型 S_2	混合模型 S_3	假设检验 H_1		假设检验 H_2	
			F_1	$F_{\alpha1}$	F_2	$F_{\alpha2}$
1.76	4.83	58.81	5.01	0.82	69.34	0.84

借助 Eviews10.0 对职业教育服务乡村振兴贡献测度模型进行参数测算,测算结果见表7,模型的决定系数 $R^2 = 0.99$,统计量 $F = 176.61$,$P = 0.00 < 0.01$,表明模型构建成功;同时,模型 $D_W = 1.85$,靠近 2.0 临界点,表明模型自相关不显著,各项系数有效。通过计算,农村固定资产投资、乡村从业人员、职业教育经费投入的弹性系数分别为:$\alpha = 1.07$,$\beta = 0.72$,$\gamma = 1.72$,$\alpha + \beta + \gamma = 3.51 > 1$,表明该模型是典型的递增报酬模型,即是说按现有的技术水平,扩大三者的规模实施乡村振兴战略仍是可行的。

具体而言,职业教育对我国乡村振兴的贡献率整体高达 16.19%,有力地证明了我国职业教育在乡村振兴的过程中发挥着重要性作用。其中,职业教育服务乡村振兴贡献率前五的省级单位依次为青海(32.15%)、天津(27.39%)、广东(25.87%)、浙江(23.79%)和河南(22.81%)。贡献率后五的省级单位则依次为江西(9.22%)、湖南(7.58%)、福建(6.78%)、海南(6.67%)和广西(6.51%)不同省级单位之间的职业教育服务乡村振兴的贡献率则介于6.51%~32.51%,最大分差高达 26 个百分点,极差值为青海和广西。两地均为西部民族地区。与此同时,在不同区域职业教育服务乡村振兴贡献率也存在差异。其中,东部地区职业教育的贡献率最高为17.85%;少数民族地区贡献率为16.20%,与全国平均水平持平;而西部地区和中部地区贡献率则分别为15.56%和14.86%,均低于全国平均水平。如表7所示。

表7　职业教育服务乡村振兴的贡献率

	$LnK(\alpha)$	$LnL(\beta)$	$LnE(\gamma)$	Y_r	E_r	C_E	位次
全国	0.17	−0.88	0.4	1.38%	13.67%	16.19%	—
北京	0.02	0.02	0.4	0.50%	5.90%	17.62%	14
天津	−0.06	3.76	0.15	0.45%	10.73%	27.39%	2
河北	0.04	3.19	0.41	0.93%	11.66%	19.02%	11
山西	−0.12	5.99	0.38	1.36%	11.79%	12.63%	20
内蒙古	0.91	−2.23	0.13	1.31%	13.21%	11.43%	23
辽宁	−0.39	6.34	0.49	0.95%	8.91%	15.28%	17
吉林	−0.09	0.64	0.54	1.12%	13.90%	21.39%	6
黑龙江	−0.08	−0.92	0.61	1.29%	10.94%	15.59%	16
上海	0.17	0.01	0.83	0.87%	7.48%	19.92%	8
江苏	−0.07	−1.11	0.77	1.13%	10.10%	19.36%	10
浙江	−0.16	−1.87	0.91	0.96%	9.21%	23.79%	4
安徽	0.36	−10.14	0.55	1.81%	19.18%	18.38%	13
福建	0.87	1.06	0.01	1.43%	9.59%	6.78%	29
江西	0.42	−3.92	0.25	1.65%	11.86%	9.22%	27
山东	0.1	−1.04	0.45	1.04%	9.68%	14.65%	18
河南	0.01	−4.12	0.43	1.04%	15.41%	22.81%	5
湖北	0.34	−0.4	0.35	1.58%	12.50%	11.26%	24
湖南	0.45	−1.22	−0.04	1.60%	12.59%	7.58%	28
广东	0.5	−5.47	0.82	1.19%	13.59%	25.87%	3
广西	0.44	7.76	−0.01	2.28%	15.02%	6.51%	31
海南	0.08	5.39	−0.01	1.97%	13.30%	6.67%	30
重庆	0.27	−1.91	0.35	1.79%	14.99%	11.90%	22
四川	−0.17	−7.17	0.45	1.42%	13.15%	14.47%	19
贵州	−0.34	−1.27	0.77	2.37%	19.15%	17.48%	15
云南	0.67	−3.52	0.36	1.91%	16.57%	12.38%	21
西藏	0.25	−0.63	0.48	2.12%	24.29%	18.63%	12

	$LnK(\alpha)$	$LnL(\beta)$	$LnE(\gamma)$	Y_r	E_r	C_E	位次
陕西	0.27	−0.57	0.31	1.33%	10.68%	10.97%	25
甘肃	0.52	−3.58	0.03	1.55%	29.72%	19.79%	9
青海	0.03	−7.67	0.85	1.36%	18.79%	32.51%	1
宁夏	0.05	−4.68	0.19	0.92%	15.15%	19.97%	7
新疆	0	2.38	0.07	1.46%	14.61%	10.65%	26
C_E	全国		东部地区	中部地区	西部地区	少数民族地区	
	16.19%		17.85%	14.86%	15.56%	16.20%	
$R^2 = 0.99; F = 176.61; P = 0.00; D_W = 1.85$							

（三）测算结果讨论

在测算结果的基础上，对职业教育服务乡村振兴的弹性系数、贡献率的地区差异、乡村振兴发展速度与职业教育贡献率的关系进行分析，明晰当前乡村振兴过程中职业教育的作用，探究不同地区职业教育服务乡村振兴贡献率差异产生的原因，以期为职业教育更好服务乡村振兴提供参考。

1. 职业教育服务乡村振兴的贡献效果显著，投资回报比最高

从弹性系数来看，职业教育投入（$\gamma = 1.48$）的弹性系数明显高于农村固定资产投入（$\alpha = 1.19$）和农村劳动力投入（$\beta = 0.42$），$\alpha + \beta + \gamma = 3.09 > 1$，表明该模型是典型的递增报酬模型，即随着投入要素以一定比例增加，乡村振兴产出增加比例会大于生产要素增加的比例。这一情况，一是说明当前我国乡村振兴建设过程中还存在较大的固定成本，即发展过程中需要大量的基础设施建设，当生产要素聚集在一起能发挥更大的效率。二是说明乡村振兴各生产投入要素之间具有较强的互补性。例如，农村固定资本的投入能够改善农村居住环境与工作待遇，在一定程度上能够留住劳动力，同时还能够降低职业院校建设成本；而职业教育的投入则能够提升农村劳动力素质，实现资本投入的集约化使用，最终实现规模效应。但相比资本投入和劳动力投入而言，职业教育的弹性系数最大，表明在乡村振兴中职业教育的投资成本最低，产出效率最高。

从职业教育服务乡村振兴的贡献测度来看，2007—2018 年职业教育服务乡村振兴的贡献成绩可观，贡献率高达 16.19%。职业教育服务乡村振兴具有高贡献率，主要原因是职业教育的价值定位与乡村振兴存在高度的耦合性，且职业教育对广大农村地区的发展起持续性、渐强性的作用。其具体表现在以下几个方面：一是通过招生就业，从根本上阻断农村地区的代际贫困。近年来，职业教育不断加大农村贫困地区的招生倾斜力度，高职类院校面向农村贫困地区招生 286.5 万人，为 1 100 万个贫困家庭培养了第一代大学生。二是通过职业

培训,提升农村地区人力资本的体量和质量。乡村振兴最关键的是人的振兴,职业院校在农村地区开展职业培训,可以将农村剩余劳动力进行合理再分配。近年来,职业院校还在农村地区大力培养新型职业农民,累计培养致富带头人55.4万人次,明显提升了农村地区人民致富能力。三是通过产教融合,以专业带产业加速农村地区产业更新,提升生产力水平。简言之,在职业教育的加持下,乡村振兴能够快速完成由资源密集型的外生式发展向结构优化型的内生式发展转变。由此看出,职业教育在为乡村地区提供直接人力资源的同时,还能扮演催化剂的角色,加速乡村振兴资源的优化配置。因此,在乡村振兴战略实施过程中,投资职业教育是一项高收益的选择。

2. 职业教育服务乡村振兴的贡献存在地域差异,中部塌陷明显

职业教育服务乡村振兴贡献率高达16.19%,但在不同地区却存在一定差异。其中,东部地区职业教育的贡献率最高(17.85%),其次是少数民族地区(16.20%),再次是西部地区(15.56%),最后是中部地区(14.86%)。从测评结果可以看出,不同区域之间职业教育服务乡村振兴的贡献率存在一定差异,中部塌陷明显。已有研究表明,相比普通教育,职业教育对降低农村贫困情况,减小农村居民收入差距更为突出,对于乡村振兴来说是最具回报率的教育投资。在我国教育经费中,职业教育经费投入占比不同地区基本持平,以2018年为例,职业教育经费投入在教育经费中占比由高到低依次为中部地区(10.72%)、西部地区(9.85%)、少数民族地区(9.67%)和东部地区(9.51%)。因此,从重视程度来看,中部和西部地区是意识到职业教育具有重大社会效益的。但从职业教育生均经费来看,2018年东部地区高职生均经费为31 380.12元,西部地区为30 162.96元,少数民族地区为32 791.52元,而中部地区高职生均经费则仅为20 971.28元,与相邻的西部地区相比都相差9 191.68元,处于明显的劣势地位。从发展阶段来看,除东部地区外,我国职业教育尚处于成长期,仍需要投入大量资金进行基础建设。西部地区和少数民族地区在国家政策支持下职业教育生均经费得到了基本保障,在完成硬件建设后,仍留有部分使用弹性较大的经费,因此,贡献率也会相对突出。然而,中部地区职业教育经费投入虽然在不同地区中占比最大,但可灵活使用经费的真实体量相对较小,能用于乡村振兴的专项资金则相对欠缺,故而贡献率相对较低。

同时,受东部地区社会经济发展的"虹吸效应"影响,相比西部地区和少数民族地区,中部地区农村劳动力流失在时间上更早,规模上更大,情感割裂上更果决。换言之,中部地区职业院校通过学历教育培养出来的乡村振兴人才要受到本地区城市化和东部发达地区就业市场的双重稀释,导致农村高端技术型人才的流失;职业教育试图在农村开展技能与文化培训,提升农村劳动力素质的路径则同样苦于精壮劳动力外流导致的招生难的问题。

3. 乡村振兴的速度与职业教育贡献率之间存在明显偏差

从乡村振兴发展指数的增速与职业教育服务乡村振兴贡献率来看,两者之间存在明显偏差。就指数增长速度而言,由高到低依次为少数民族地区(1.72%)、西部地区(1.65%)、中部地区(1.43%)和东部地区(1.04%)。然而,职业教育服务乡村振兴贡献率与乡村振兴速度

却呈现出无规律性的偏差,贡献率由高到低依次为东部地区(17.85%)、少数民族地区(16.20%)、西部地区(15.56%)和中部地区(14.86%)。从相关数据来看,天津的乡村振兴发展指数增长速度为0.45%,但职业教育服务乡村振兴的贡献率为27.39%,处于全国较高水平;广西的乡村振兴发展指数增速为2.28%,处于全国较高水平,但职业教育服务乡村振兴的贡献率仅为6.51%;海南乡村振兴发展指数增速为1.97%,处于全国较高水平,但职业教育服务乡村振兴的贡献率仅为6.67%。

上述现象一方面反映出当前不同地区之间乡村振兴增长模式的差异,东部地区乡村振兴已经走上了集约化发展模式,主要通过提升人力资本的素质来实现农村地区的全面振兴,而发展职业教育就是主要的手段之一。中部、西部和少数民族地区与之相比则存在一定差距,职业教育在价值定位上与乡村振兴现实需求游离、脱嵌。一是职业教育在专业设置上缺乏地区服务意识。2015年,教育部在《全国职业教育工作专项督导报告》中指出,西部地区的职业院校在专业设置上扎堆开办热门专业,缺乏服务地区产业转型意识,涉农专业也不断缩减。二是职业教育在人才培养上缺乏管培意识。大部分地区的职业院校只重视学生的就业率,忽视本地人才的管理培训,导致大量优秀的技术技能型人才外流,留下参与乡村振兴的人才更是凤毛麟角。另一方面,在国家政策的支持下,除教育经费外还有大量的财政经费用于乡村振兴,特别是对农村地区基础建设的投资,以硬件设施的完善提升农村居民乡村振兴的获得感。因此,在一定程度上也稀释了职业教育对乡村振兴的贡献率,但这样的振兴是粗放化的,在后续的发展过程中需要职业教育对其进行结构化调节。

总之,西部地区、少数民族地区和中部欠发达地区的职业教育功能定位未能与乡村振兴实现精准匹配,导致乡村振兴服务能力低于东部发达地区。但这些地区的职业教育同时也具备追赶效应,随着基础设施建设的逐步完善,职业教育发展的固定成本也会随之降低,进而实现职业教育服务乡村振兴的规模效益最大化。例如,青海省抓住本地区劳动力外流相对较少的契机,通过职业院校和地方政府合作共建实训基地降低职业教育发展的固定成本,并以"人才订单"的模式培养新型职业农/牧民。截至2020年8月,青海省累计培训高素质农/牧民9.4万人(次),通过认定1.8万人。劳动力素质的提高有效促进农牧业的集约化、生态化、产业化发展,在提升农牧产品效益的同时,也提高了农牧民收入,并推动农村和牧区的全面振兴。

五、结论与建议

本文通过熵权法客观赋权,构建了乡村振兴发展指数指标体系,以此为工具测算2007—2018年31个省级行政单位的乡村振兴发展状况。在此基础上,建立职业教育投入对乡村振兴发展贡献的面板数据,采用C-D生产函数对贡献率进行测算,经分析发现:职业教育投入对乡村振兴具有高回报率,整体贡献率高达16.19%,显著高于农村居民固定资产投入和农村劳动力投入;职业教育对乡村振兴的贡献存在地域差异,整体表现为东部地区最高、少数民族地区、西部地区次之、中部地区最低,中部塌陷明显;乡村振兴的速度与职业教育贡献率存在明显偏差,中西部地区乡村振兴发展迅速,但职业教育贡献率却相对较低,东部地区率先进入集约化发展模式。针对上述结论,要增强职业教育与乡村振兴的精准匹配程度,提升贡献率,应着力于以下几个方面。

（一）设立项目制经费,保障职业教育服务乡村振兴的持续性

现阶段,在投资既定的情况下,加大职业教育投入是乡村振兴的最优选择之一。截至目前,职业院校参与乡村振兴已经取得了不菲的成绩,但大部分都是属于职业院校自发的公益性质。这一行为符合"教育逻辑",但不符合"经济逻辑",若没有专项经费的补充,职业院校服务乡村振兴的举措在一定程度上会挤占职业教育其他方面的资源,不利于两者之间的长期协调发展,在中部和西部地区表现尤为明显。目前,我国社会经济发展由追求速度向追求质量转变,项目制作为一种自上而下的资源配置形式,溢出财政领域成为国家治理和政策执行的重要手段。对此,政府有关部门可以协商建立"教育服务乡村振兴"的相关项目。一方面,设立职业教育服务乡村振兴的专项资金,培植职业院校服务乡村振兴的行动自觉。当前在职业教育中,"示范校建设""优质校建设""现代学徒制项目""双高计划"等项目制极大促进我国职业教育培优提质,但在实践过程中也产生了"强者愈强"的"马太效应"。依据职业教育服务乡村振兴的工作量与工作难度,而不是职业院校自身层次水平来设立职业教育服务乡村振兴的专项资金,能够在很大程度上实现职业教育与乡村振兴的协调发展,发挥更大的规模效益。另一方面,赋予地方政府向职业院校购买乡村振兴服务的权责。由地方政府牵头厘定职业院校服务考核标准,筛选出最优的教育提供者,并对乡村振兴服务过程进行监督,保障职业教育服务乡村振兴的真实性。

（二）优化经费使用监督机制,提升职业教育的区域服务能力

当前,中西部地区乡村振兴的速度相对较快,但职业教育在其中的贡献率表现略显逊色,归根结底在于职业教育地区服务能力弱。迫于招生与就业的压力,西部职业院校在专业设置上存在"赶潮流"的现象,大量的教育经费流向汽修、数控、土建等专业建设上,涉农专业却不见起色,西部地区培养的毕业生出于对大城市的向往,或本地产业与专业不对口等因素,大量涌向经济发达地区。技术型人才流失无疑是对西部地区和中部落后地区职业教育资源和人力资源的浪费,降低了职业教育对乡村振兴的贡献率。因此,需要强化经费使用的监督机制。一方面,将职业院校培养的乡村振兴专业人才作为办学成效重要指标之一,并以此为参照作为申报乡村振兴专项基金的依据,避免职业教育发展过程中"程序正义"取代"实质正义",即人才流失过程中导致的地方职业教育资源的流失。另一方面,通过经费监督机制确保职业教育经费能够促进地方经济的发展。例如,通过乡村振兴专项基金,或降低企业相关税费鼓励职业院校在农村地区开展校企合作,促进职业教育与农村地区产业进行对接。同时,政府行政部门将定期对校企合作成效进行检查,确保专项基金能够真正实现农村地区产业更新换代。

（三）谋求共生发展，打造职业教育与乡村振兴的利益共同体

职业教育与农村社会之间是融合共生的利益共同体关系，职业院校、地方政府、企业、行业、农户家庭等多方利益相关者之间是非对称博弈的关系。在资源既定的情况下，多主体的协同发展可以实现最优交易结构。因此，职业教育特别是农村职业教育的发展要嵌入农村社会的发展。首先，职业教育与乡村振兴其他主体共建共享基础设施，实现资源利用最大化。例如，职业院校实训基地的建立可以与新型农村集体经济组织共建共享，两者通过资金链与技术链的互动，在成本分担的基础上建立更加现代化的产业链。其次，职业教育可以利用自身理念优势，促进新型农村集体经济变革与发展，推动乡镇新业态链条和产业升级。例如，职业院校通过股份制、混合所有制改革吸引各类社会力量、社会资本有序进入涉农教育领域，或者引导农村已有但未成规模的小农组织向新型农村集体经济组织转型。最后，职业教育要发挥自身行业属性和技术禀赋，实现农村地区一、二、三产业的融合发展。在这一过程中，职业教育在促进农村产业升级，增加农产品经济产值的同时，承担起新型职业农民的培养，转移农村部分剩余劳动力的重要任务，最终实现职业教育与乡村振兴利益共同体的协同发展。

（摘自：《教育研究》2021,497(06):112-125）

6. 新发展格局下职业教育的适应性发展

潘海生①　林晓雯②

摘要:党的十九届五中全会提出加快构建国内大循环为主体、国内国际双循环的新发展格局引领高质量发展。进入"十四五"时期,在质量效益基础上实现可持续健康发展,经济结构优化,产业基础高级化、产业链现代化水平明显提高是未来五年经济社会发展的新要求。面对新历史时期的任务与需求,全国职业教育大会指出,职业教育是国民教育体系和人力资源开发的重要组成部分。兼具职业性、社会性、教育性等多重属性的职业教育,其适应性发展本就是一个复杂系统问题。在适应人与产业发展的不同需求下,职业教育的适应性经历从"被动适应—主动适应—适应引领"的转变。面对新发展格局与人民日益增长的美好生活需要,增强职业教育的适应性是建成高水平、高层次技术技能人才培养体系,实现职业教育高质量现代化发展的必由之路。

关键词:职业教育;适应性;现代化;系统;全国职业教育大会

《中共中央关于制定国民经济和社会发展第十四个五年规划和二○三五年远景目标的建议》提出,面对当前国内外复杂的发展环境,须统筹各方力量,建设高质量教育体系,在职业教育层面进一步明确提出"增强职业技术教育适应性"。2021年4月,全国职业教育大会的召开开启了新发展格局下我国职业教育事业改革发展的新征程。习近平总书记对职业教育工作做出重要指示,强调"增强职业教育适应性,加快构建现代职业教育体系,培养更多高素质技术技能人才、能工巧匠、大国工匠,为全面建设社会主义现代化国家、实现中华民族伟大复兴的中国梦提供有力人才和技能支撑"。增强职业教育适应性成为当前阶段构建高质量职业教育体系与实现职业教育现代化发展的迫切任务,也是构建服务技能型社会的教育体系的重要组成部分。

一、职业教育适应性的基本内涵

职业教育的适应性问题主要涉及两个层面,一个层面是何为适应性问题,另一个层面是厘清职业教育适应性内涵的实质。

（一）适应性的内涵与相关理论

适应性原本是一个生态学术语,是指通过生物的遗传组成赋予某种生物生存潜力,实则

---

① 潘海生,天津大学教育学院。
② 林晓雯,天津大学教育学院。

是一种生物体与环境间相适应的状态。在生物与环境相适应过程中，进行适应的生物体为适应主体，被适应的环境为适应对象，适应的形式与状态是多样化的。这种适应性具有一定的相对性，主要是遗传基础的稳定性和环境条件相互作用的结果。很多学者将这一适应性引入其他学科领域研究中，逐渐整合成多个适应性理论。

1984 年，Santafe 研究所关于"复杂性"的讨论，孕育诞生了复杂适应系统（Complex Adaptive System，CAS）理论。这一理论认为系统中主体具有适应性和主动性，这种适应性指主体能够与环境以及其他主体交互作用，在交互作用过程中主体不断完善自身，改变自己的结构与行为。基于此，霍兰（John Holland）教授提出"适应性产生复杂性"，复杂适应系统就是一个由规则描述同环境与其他互动作用的主体组成的系统。这一理论中提出 7 个基本概念和两类模型体系主体与环境的"外部交互模型"（Echo 模型）和主体的"内部模型"（Internal 模型）来描述主体适应的两种不同过程，并形成了一个涵盖系统环境、系统主体以及系统运行的组织模式。这一理论被逐渐推广到经济和社会等领域。

（二）职业教育适应性的实质内涵

职业教育是与经济社会紧密联系的一种教育类型，兼具教育性质与经济性质，天然存在适应性的问题。不断适应产业发展，切实服务经济建设是职业教育发展最基本的要求。当前，我国进入中国特色社会主义新时代，并提出到 2035 年基本实现社会主义现代化的发展目标。作为社会主义现代化的重要组成部分，教育现代化也对职业教育提出了新的发展要求。在现代化的背景下，职业教育适应性的内涵不断丰富，它是一个复杂系统问题，但归根结底，这种适应性是以职业教育的根本属性——服务经济社会发展与服务人的全面发展为旨归。

1. 适应人的全面发展是职业教育适应性的根本含义

职业教育作为一种教育类型，其根本任务是在发展和传递文化的过程中提高人的综合素质、开发人的智力，最核心的功能是促进人的发展。职业教育的发展具有满足人与社会发展的"双中心"教育价值。职业教育初期以就业为导向，更多关注产业的发展需求。随着产业低端向产业高端的转变，关注人的全面发展逐渐进入职业教育发展的视野中。一直以来，人的全面发展都是职业教育发展的核心。但是，职业教育促进人的发展与普通教育促进人的发展的作用不同。普通教育中人的发展更多是通过通识教育进而达到开心智的作用，而职业教育则是通过促进职业能力的可持续发展实现人的全面可持续发展。

职业的出现是社会分工的产物。随着社会分工的细化，纵向层面的岗位分层也逐渐形成。在社会分工与岗位分层的双重影响下，对不同层级人才的需求不断凸显。人们为满足自我成长与职业成长，对职业教育提出了新的要求，促使职业教育实现适应性发展。进入知识经济、全球化与信息社会快速发展的新时期，工作要求越来越精细化、职业内容更加多样化、职业界限越发模糊化。在这种发展趋势下，职业的更新与淘汰速率加快，对于职业人才的要求不再是固化与静态的。学会学习与技能的可迁移成为"21 世纪技能"中的重点。在职业教育中,人才供给分为两大类——"增量供给"与"变量供给",其中,满足人们终身职业发展的"变量供给"将逐步占据更重要的地位。在未来,职业教育的适应性更多是为了适应人的职业能力的可持续发展,适应技术变化的能力和面向未来终身发展的职业变迁能力。

2. 适应产业的更迭发展是职业教育适应性的基本旨归

职业教育与产业相互影响,相互促进。一方面,职业教育为产业的发展提供人才支撑与技术服务。职业教育的主要目的是为满足受教育者从事某种职业或生产劳动所需的职业知识、技能及道德的培养需求,使其能够适应经济社会与产业发展的变化。随着"新轴心时代"的到来,新技术的更迭与创新成为产业转型与更迭的重要因素。职业教育作为以技术技能为核心要素的实践活动,技术的革新在引领职业教育变革发展的同时,也为产业的发展提供更多的技术服务。

另一方面,产业的发展对职业教育的发展具有决定性作用。一是产业发展对行业兴衰、职业布局与人才流动形成连环影响。产业带动效应理论提出某一产业的兴起会带动相关行业的发展,进而影响从业人员的规模与结构。产业的转移、集群与升级也决定了人才从某种产业向另一种产业转移或劳动密集型向高精尖型产业跨越的横向与纵向的流动。二是产业发展的规模、结构及类型决定职业教育专业发展的规模、结构与类型。在产业发展的影响下,职业教育须调配相关资源以适应产业的发展需求。职业院校设置什么专业,专业的规模大小,如何建设这些专业,是否需要提高职业教育的教育层次等,都与产业发展紧密相关。

人的需求与产业的需求是职业教育适应性的本质核心。对于人全面发展的适应是职业教育教育性的回归,对于产业发展需求的适应是职业教育经济性的彰显。在不同发展时期,受特定的社会文化背景影响,职业教育适应性具有不同的阶段性内涵。但是,每一个阶段职业教育适应性的内涵最终落脚点都是人与产业。

二、职业教育适应性的进阶形式

在不同的发展阶段,受不同因素的影响,职业教育适应性的内涵也呈现阶段性发展特征。

(一)被动适应发展阶段——适应产业调整与建设的"供给驱动"

新中国成立初期,我国经济结构单一,各行业百废待兴,物质基础与工业化基础十分薄弱。面对积贫积弱的国内经济状况,我国实行了有计划赶超型经济发展战略,优先发展重工业以巩固国防,奠定社会主义工业化基础。基于此,这一阶段的职业教育主要以适应产业发展,尤其是重工业发展为主。

国家政治经济体制与制度政策决定了整个产业关系系统的变革与发展,产业关系系统的调整决定了技能系统的形成与建设,进而影响了整个职业教育的发展。新中国成立初期,我国充分发挥政府作用,采取高度集中的计划经济体制。在这一计划经济体制下,职业教育实行的是计划经济导向的"供给驱动",与经济社会乃至国家发展需求具有紧密耦合关系。

国家政策按照工业化建设所需人才提出要求,职业教育按照要求供给人才。1958年,职业教育的发展以服务生产劳动,恢复和发展人民经济为主,将"教育必须与生产劳动相结合"作为教育方针,积极推进全日制学校教育和半工半读制并行的教育制度。这一时期,我国还借鉴学习了苏联在专业设置、课程模式以及行业办学的发展模式。职业教育实行行业特色办学的发展模式,呈现出与产业紧密结合的特点。改革开放以后,我国开始市场经济探索,并逐步建立起社会主义市场经济体制。市场要素的不断引入促使产业结构调整、科技结构优化,并逐渐成为影响职业教育的更重要因素。职业教育、产业关系系统与国家政治经济体制从原来的一体化关系开始走向松散,职业教育发展从"国家计划"转为"市场导向",适应市场经济下的产业发展成为职业教育适应性的新内涵。经济体制改革以及由此引起的更深层次的社会变革是教育体制改革的动力源泉。1985年,中共中央颁布《关于教育体制改革的决定》提出从教育体制出发,进行系统的教育改革。伴随着经济体制改革与现代工业化体系的探索性构建,初步建立与政治体制、经济体制、科技体制相适应的教育体制,为我国职业教育的发展奠定了基础。

新中国成立初期到改革开放前期,职业教育的发展继承与发扬了黄炎培的职业教育思想。秉承服务大众解决平民生计以及服务社会进步的宗旨,职业教育与社会发展紧密联系。这一时期强调教育与生产劳动结合,推行"半工半读"的教育制度,进行了"院系调整""强化工科"等尝试。职业教育与国家建设任务挂钩,职业教育的政治功能占据主要地位。改革开放后,在西方教育思想"实用主义"以及"双元制"等影响与改善"职业教育与生产实践脱离"的困境下,职业教育开始产教结合、工学结合与校企合作的尝试。20世纪80年代,在以"经济建设为中心"的发展任务下,职业教育产业化思想盛行,职业教育的经济功能不断凸显。

经济的恢复与增长、产业的调整与工业化体系构建的需求占据这一阶段职业教育适应性问题的主导地位。虽然职业教育进行了一定的尝试与探索,但是处于从属地位的职业教育的适应仍然以单向度、浅层次、被动式的供给为主,是一种国家政策要求与社会文化环境下的"倒逼式"适应,具有一定的滞后性。

(二)主动适应发展阶段——适应服务人的就业与产业优化的"需求驱动"

党的十七大报告首次将"转变经济增长方式"表述为"转变经济发展方式",由"增长"向"发展"的转变是我国经济发展新阶段的必然选择。经济发展方式逐渐向可持续增长、集约型经济、结构均衡型以及三大产业协调发展转变。其中,自然资源、资本、技术与教育(人力)被视为推动经济发展的四大要素。进入新的发展阶段后,技术要素始终保持重要作用,自然资源与资本要素的地位逐渐被教育(人力)所取代。基于此,这一阶段的职业教育开始关注人的发展需求,探索满足人的职业发展需求与产业结构调整需求的发展路径。

21世纪初期,职业教育的适应性内涵不断丰富。一是教育(人力)与经济发展紧密联系,作为培养适应区域经济发展需要的应用型人才的高地,职业教育如何主动适应人的发展需求成为重要关注点。2001年,我国发布《中华人民共和国国民经济和社会发展第十个五年计划纲要》，首次将人才战略确立为国家战略与经济社会发展总体规划与布局的重要组成部分。到 2007 年，人才强国战略被写入党章。在职业教育中，就业导向不断呈现。职业教育以就业为导向，是一种"从职业出发的教育"。职业院校大力推行工学结合、校企合作的培养模式，根据市场和社会需要进一步深化教育教学改革，学生实践能力与职业技能的培养逐渐成为职业院校的关注点，关注人的发展需求的转向是职业教育作为教育类型的一种觉醒。二是职业教育的服务宗旨不断强化，从原本"被动式适应"与"供给驱动"转变为"主动式适应"与"需求驱动"。2005 年，国务院颁布《关于大力发展职业教育的决定》（国发〔2005〕35号）提出职业教育要"以服务社会主义现代化建设为宗旨"，进一步指出职业教育"四项服务"具体要求，促进职业教育与经济社会的发展从被动式适应关系，向以社会发展需求为主的"需求"与"服务"的主动式适应关系转变。2010 年，《国家中长期教育改革和发展规划纲要（2010—2020 年）》出台，明确指出需引领职业教育主动适应新阶段的发展方式转变，到2020 年，形成适应经济发展方式转变和产业结构调整要求的现代职业教育体系，满足人民对职业教育的需求与经济社会的需求成为当前阶段职业教育的双重需求主体。这标志着职业教育从"供给驱动"向"需求驱动"转变。

在职业教育"需求驱动"发展时期，强调"以服务为宗旨、以就业为导向、以能力为本位"。职业教育为经济建设和社会发展服务，以促进区域经济发展和社会进步为办学宗旨。就业是民生之本，职业教育坚持以就业为导向，关注大众化背景下人民群众的切身利益。对职业教育的"教育性"与"人文性"的关注促使职业教育对人的关注增强，在 21 世纪初期便将"能力本位"的科学人才观确立为人才发展新战略。坚持以人为本的价值观并以此指导职业教育教学。以人为本的职业教育价值观强调关注"人人"，关注人的生存与发展，帮助人人成才。

（三）适应引领发展阶段——兼顾人的全面发展与产业转型升级的"创新驱动"

当前，经济建设进入新的发展格局，职业教育也进入"提质培优"的新阶段，增强适应性是职业教育提质培优的关键。这一发展阶段，职业教育的适应性复杂化。如何将人的全面发展与产业转型升级和谐统一于职业教育中，成为当前阶段职业教育适应性的重要命题。职业教育不仅"服务"与"适应"发展，更开始探索"引领"发展，发挥其在促进就业、适应产业、服务行业、引领业态中的作用。

其一，"人民满意"的职业教育与人的终身全面发展是职业教育的时代责任。党的十八大提出"完善终身教育体系，建设学习型社会"，全民学习、终身学习成为当前及未来一段时间的重要发展趋势。人民群众对知识更新与技能提升的需求成为职业教育关注的焦点。2019 年国务院办公厅印发《职业技能提升行动方案（2019—2021 年）》（国办发〔2019〕24号），把职业技能培训作为新时代经济转型升级与高质量发展、全面建成小康社会的重要支撑。职业教育"增量供给"逐渐发挥重要作用。为完善终身教育体系，建立中国特色现代职业教育体系与沟通各级各类教育成为重要突破点。其二，随着产业转型升级，产教融合不断深入。2013年颁发的《中共中央关于全面深化改革若干重大问题的决定》提出"深化产教融合、校企合作"的要求。2014年全国职业教育工作会议,明确了产教融合在职业教育中的主体地位。2017年,"深化产教融合"写入十九大报告后,在国务院办公厅《关于深化产教融合的若干意见》(国办发〔2017〕95号)中明确指出"深化产教融合,促进教育链、人才链与产业链、创新链有机衔接,是当前推进人力资源供给侧结构性改革的迫切要求"。产教深度融合是职业教育高质量适应产业需求的表现。其三,新的技术革命与产业变革的双重推动对高素质技术技能人才提出新的要求。2012年,党的十八大提出了实施创新驱动发展战略。2014年,教育部等六部门印发《现代职业教育体系建设规划(2014—2020年)》,提出到2020年"本科层次职业教育达到一定规模"的规划,这一规划是对更高层次技术技能型人才培养的政策抉择。数字化技术的广泛、深度应用促使产业往高精尖、细化分工、复合与集成化的方向发展,如何面对日新月异的新经济、新技术与新业态,职业教育如何瞄准新产业培养与造就大国工匠,如何在关键共性技术、前沿引领技术以及颠覆性技术等方面创新成为新时期的适应关键。

当前,我国正处于"百年未有之大变局",以国内大循环为主体、国内国际双循环相互促进的新发展格局正在形成。面对新一轮科技革命与产业变革,职业教育的适应性从主动式适应更深化为主动适应并兼具引领式发展,这一阶段的适应更为精准化,更高质量,更具有前瞻性。

三、职业教育适应性的优化路径

全国职业教育大会在基本定位、人才培养体系、职业教育改革、技能型社会建设以及保障发展机制五个方面系统阐明新时代职业教育的改革发展路径。其中,明确提出"优化职业教育类型定位"是职业教育改革发展的逻辑起点,职业教育的改革发展需"坚定不移走类型特色的发展道路"。这实则是对技术技能人才培养规律的一种回归与强调。增强职业教育适应性,突出职业教育是"面向人人的终身教育、面向市场的就业教育、面向能力的实践教育、面向社会的跨界教育"的类型特色是当前职业教育科学发展的新方向。

(一)加快构建高质量的现代职业教育体系

建立灵活贯通的"双轨双通"的现代职业教育体系是当前增强职业教育适应性的基础。"建设高质量教育体系"是"十四五"发展规划中的重要内容。全国职业教育大会,习近平总书记做出的重要指示,为奋力构建高质量职业教育体系指明方向,指出现代职业教育体系的构建是培养更多高素质技术技能人才、能工巧匠、大国工匠的基础。独立完善的现代职业教育体系的建立是中国特色与现代化水平的重要体现。这一体系的构建,一方面从制度层面确立了职业教育的独立地位,另一方面更是处理职普关系的重要切入点。当前,现代职业教育体系应着力于建成横向融通的人才成长立交桥与纵向融通的完备体系层次。其一,建立国家资历框架制度,实现职业教育与其他各级各类教育的学分与学习成果互认,加强职普融通。建立"人人、时时、处处"都可以学习的职业教育体系,落实职业教育的终身学习理念。其二,完善职业教育的体系层次。通过高标准、高起点与高质量稳步发展本科层次职业教育,探索专业研究生教育层次,确保本科层次以上的职业教育必须是优质教育。从制度层面打破职业教育的"断头教育"与"唯学历主义"的发展困境。其三,建立动态调整的职业教育标准体系。加快完善课程、专业、教学、实习、实训等"五位一体"的国家标准体系,通过标准化建设提高教育质量,实现职业教育现代化发展。建立标准的动态调整机制以适应当前的新业态、新经济、新技术等的要求,提高职业教育适应引领的前瞻性。

（二）建立健全多元协作与组合配套的产教融合制度体系

产教融合、校企合作培养技术技能人才是深化职业教育人才培养供给侧结构性改革的重要环节。建立健全产教融合制度体系既要考虑职业教育的发展规律也要适应产业体系与技能形成的变革。其一,完善顶层设计,明晰产教融合的制度边界。积极落实即将出台的《中华人民共和国职业教育法（修订草案）》,各地区基于职教法要求与精神进一步明晰产教融合中各利益主体的权责边界并出台相关配套文件。当前,产教融合制度由集团化办学、产业学院、"1+X"证书制度、现代学徒制等构成,存在纷繁复杂、分割实行以及力度不强等问题。加快出台产教融合方面的专门性法规有利于规范各类产教融合制度的内容、形式与联系,形成协同发展的效力。其二,明确"四位一体"体系架构,健全多元协作的组织运行体系。基于国务院办公厅《关于深化产教融合的若干意见》,积极发挥"政府统筹规划、企业重要主体、人才培养改革主线、社会组织等供需对接"作用,搭建"四位一体"架构。其三,加强制度协同,搭建产教融合制度框架。搭建工学结合的教学组织制度、校企合作的技术技能人才共育制度、"专业—产业双集群"的产教融合协调发展制度以及多元合作的办学制度。当前,技术进步促使职业技能生成成为职业教育产教融合的重要关注点。在产教融合制度体系的搭建与完善过程中应当关注技能生成的规律,将这些规律转化到高素质技能型人才培养的全过程。

（三）根植工匠精神塑造成才报国的职业教育文化

物质、制度与观念（价值）是职业教育现代化的三个重要层面,其中,职业教育观念（价值）的现代化是核心。职业教育文化是职业发展的内生动力和战略引领。一直以来,"劳力者治于人""唯学历主义"以及"万般皆下品,唯有读书高"等传统观念桎梏困扰着职业教育发展。形成良好的职业教育发展环境和与时俱进的职业教育发展理念对增强职业教育适应性有着深远的影响。其一,在发展战略层面明确职业教育文化的重要地位,大力弘扬工匠精神,打造一批职业教育"文化高地"。职业文化与产业文化是构成职业教育文化的重要组成部分。要鼓励部分地区开展职业教育"文化高地"的探索,深入落实职业教育适应人与产业的发展。其二,制定公平公正的劳动用人与就业晋升制度,完善技能人才的培养、使用、评价与考核机制。打通职业教育人才上升通道,在社会层面树立正确的人才观与职业教育价值观。确立应用型人才与技术技能型人才在经济社会发展、产业变革与技术创新中的重要作用,从根本上改变这类人才的社会地位。大力弘扬劳模精神,营造尊重劳动、尊重人才、尊重技能、崇尚技能、学习技能的良好环境,为更多人提供技能成才、技能报国的机会。其三,建立工匠文化等职业教育文化研究方面的专门机构,加强职业教育思想理论与"匠心文化"研究,形成独立的职业教育话语体系。针对不同时期的职业教育发展困境,传承传统文化的优秀思想,开展相关理论研究,形成具有远见性和针对性的对策建议。

(四)构建系统的职业教育适应性动态调整机制

职业教育的适应性不仅受外部的产业需求与个人需求影响,技术与政府等要素的参与更会增加其适应性的复杂性。搭建一个动态系统的分析框架去增强职业教育的适应性符合科学发展观,更是职业教育自身特性的必然要求。其一,形成从目标、内容到结果的系统分析体系。在适应目标中,要兼顾产业与人的需求。在适应内容上,系统的治理视角与多元的发展路径是职业教育适应性的必然选择。进入"十四五"时期,建立"政府—行业—企业—社区—学校—家庭"多元合作机制,有利于落实多元主体的利益诉求。通过"双高计划"、提质培优计划等不断推进职普融通、产教融合与校企合作,实现适应性的开拓创新。在适应结果中,职业教育的现代化助力社会主义现代化。增强职业教育适应性的问题不仅是职业教育现代化的发展需求,更是适应产业现代化与最终实现社会主义现代化的发展要求。职业教育现代化作为教育现代化与社会主义现代化的重要组成部分具有同等重要的价值。其二,运用信息化手段建立职业教育大数据平台,提升"服务经济社会"与"服务人"的契合度。发展性研究视角是增强职业教育适应性的必然选择。影响职业教育发展的各要素不断更迭进步,因而适应性问题本身就是一个动态发展的问题。如果认为满足当前需求就可以"一劳永逸",那么职业教育的发展便很容易出现"不匹配""不对称"或是"结构性矛盾"等。因而,通过信息化手段增强职业教育的适应性,是职业教育面对未来与引领创新的一种表现。

(摘自《职业技术教育》2021,42(15):15-20)

7. 职业院校"十四五"事业发展规划的编制

任君庆[1]　　任洁华[2]

摘要："十四五"时期是推进职业教育高质量发展的重要时期,职业院校要重视"十四五"事业发展规划的编制。规划编制要做好国家职业教育政策、区域产业发展、学校发展现状、问题与挑战等研究,要科学锚定学校发展目标,系统运用战略研究、比较研究、调查研究等规划编制的方法,处理好学校规划与区域经济社会发展、学校长远发展与当前发展、蓝图描绘与解决现实问题等关系,促进学校事业全面发展。

关键词:职业院校;"十四五"规划;编制方法。

《中华人民共和国国民经济和社会发展第十四个五年规划和 2035 年远景目标纲要》(以下简称《纲要》)指出,"十四五"时期是我国全面建成小康社会、实现第一个百年奋斗目标之后,乘势而上开启全面建设社会主义现代化国家新征程、向第二个百年奋斗目标进军的第一个五年。《纲要》提出要建设高质量教育体系,职业教育要"加大人力资本投入,增强职业技术教育适应性。"职业院校要按照《纲要》提出的要求,系统谋划,认真编制学校"十四五"事业发展规划,提高学校办学的适应性,推进学校高质量发展。

一、规划编制工作的准备

规划是学校基于现实状态对未来发展的系统性设计,是对学校"十四五"事业发展的顶层设计。"战略规划是大学在面对复杂形势时所选择的符合自身发展要求、面向未来解决发展的深层次问题的工作方案"。编制好学校"十四五"事业发展规划,需要做好相应的研究工作,包括研究国家职业教育政策,梳理地方发展规划和产业发展政策,深入分析学校"十三五"期间取得的成绩和存在的短板等。

（一）研究国家职业教育发展政策

国家职业教育发展政策是规划编制的重要依据。职业院校要认真贯彻《纲要》,研究"十四五"期间如何提高学校人才培养和社会服务的适应性,更好地服务高质量职业教育体系建设。要按照《国家职业教育改革实施方案》提出的"职业教育与普通教育是两种不同教育类型""没有职业教育现代化就没有教育现代化"等要求,认真研究"十四五"期间如何强化学校的职业教育类型特征、加快现代化学校建设,构建现代化治理体系。要根据教育部等九部门印发的《职

---

① 任君庆,宁波职业技术学院,副校长。

② 任洁华,浙江工商职业技术学院。

业教育提质培优行动计划(2020—2023 年)》要求,把学校承接的项目和任务,纳入"十四五"规划,把《职业教育提质培优行动计划(2020—2023 年)》的落实与"十四五"规划有机结合。

(二)梳理地方发展规划和产业发展政策

区域性或地方性是职业教育的重要特性。职业院校的主要功能是为地方经济社会发展培养"用得上、下得去、留得住"的高素质技术技能人才。因此,职业院校"十四五"事业发展规划编制,一是要研究地方发展规划,如省、区、市等区域"十四五"经济社会发展规划,使学校事业发展规划与地方经济社会发展规划相契合。二是要研究地方产业发展政策,学校"十四五"发展规划的专业建设、社会服务等内容要与地方战略性新兴产业、重点产业和民生事业发展相适应,突出服务地方经济社会发展功能。三是要用好、用足地方职业教育政策,把相应政策要求纳入学校发展规划,提升学校服务区域现代职业教育体系建设,服务学生成长成才,服务学习型社会建设的能力。

(三)分析学校"十三五"规划的落实情况

学校"十四五"发展规划是在"十三五"规划基础上的发展。因此,编制"十四五"规划,需要对"十三五"规划的落实情况进行全面分析,一是要检查"十三五"规划的目标达成情况;二是要检查"十三五"期间学校在党建(思政)、专业(群)建设、师资队伍、校企合作、教育教学改革、社会培训与技术服务、学生成长成才等各项任务的完成情况,如果部分目标和任务没完成,要分析没有完成的原因;三是要结合学校年度工作总结,全面梳理学校在"十三五"期间取得的主要成绩与存在的问题。通过对"十三五"规划落实情况的全面分析,为"十四五"规划的编制提供坚实基础。

(四)分析学校"十四五"发展面临的机遇和挑战

学校"十四五"规划的编制,需要对学校发展面临的形势进行科学判断,厘清学校发展的机遇和挑战,只有明确学校发展的优势、面临的机遇和挑战,才能科学锚定学校"十四五"发展目标。学校发展的优势、机遇和挑战分析,一般可以运用 SWOT 分析法。SWOT 分析是"基于内外部竞争环境和竞争条件下的态势分析,是将与研究对象密切相关的各种主要内部优势、劣势和外部的机会和威胁等,通过调查列举出来,并依照矩阵形式排列,然后用系统分析的思想,把各种因素相互匹配起来加以分析,从中得出一系列相应的结论"。通常情况下,职业院校对学校自身优势比较了解,而对学校发展面临的机遇和挑战,则相对会比较模糊。因此,正确认识学校发展的机遇和挑战,对锚定学校"十四五"发展目标具有重要意义。机遇和挑战可以从内外两个维度来分析,外部发展机遇可以从国家和地方政策、产业发展、现代职业教育体系建设、职教高地建设、"双高计划"建设和提质培优三年行动计划等方面进行梳理;内部发展机遇主要是分析学校现有优势,通过对学校优势的提炼,分析学校"十四五"发展的内部机遇。外部挑战可以从国家的政策要求、产业转型升级的要求等方面进行分析,内部挑战可以从学校在人才培养、师资队伍、社会服务、治理体系等方面存在的短板进行分析。挑战应该是对学校"十四五"发展起重要作用的关键问题,问题指向要明确,不能避重就轻,泛泛而谈。

二、学校发展目标的锚定

"战略规划是大学发展的纲领性文件,是大学改革、建设与发展的愿景蓝图、路线图和实施方案"。职业院校"十四五"事业发展规划要描绘好学校建设和改革发展的愿景蓝图。一个好的职业学校发展规划,应该具有统一思想、凝聚共识的作用。因此,职业院校一定要科学锚定"十四五"发展目标,描绘好学校发展的愿景蓝图,使规划起到统一师生员工思想、凝聚改革发展共识的作用。

科学锚定学校"十四五"发展目标要从学校发展的全局出发,同时兼顾学校各项事业发展,要抓住学校"十四五"期间的关键性发展需求,"前瞻性地选择对学校发展具有重大影响的任务作为战略目标"。发展目标要体现全局性和前瞻性,选择学校发展中的关键性任务作为目标,关键性任务的确定与学校发展中存在的关键性问题密切相关。规划编制要直面学校发展中的现实问题,抓住关键性问题,并把关键性问题转化为规划中的关键性任务。规划的全局性需要对学校各方面工作有全面认识,对学校发展的优势、特色、存在的问题有准确认知,对学校发展起到全面的指导作用。前瞻性要求提出的发展目标既符合现实基础,又具有引领性,起到凝聚共识、锚定发展方向的作用。同时,学校发展目标的锚定还可以借助对高水平学校的对标研究来明确学校的发展方位。通过对标研究,了解学校在全国或区域职业院校中的位置,明确学校"十四五"期间要追赶的目标。以"双高计划"建设学校为例,"双高校"分为高水平建设学校和高水平专业群建设学校,每类又分为 A、B、C 三档,如果某职业院校列入高水平建设学校的 C 类院校,那么,C 类院校是现有方位,如果"十四五"规划提出学校要进入"双高计划"的 B 类学校,那么,B 类学校就是学校"十四五"期间的发展方位。同理,对没有进入国家和省级"双高计划"建设的学校,可以把进入新一轮国家和省"双高计划"建设学校作为学校的发展目标。

学校发展目标的锚定,要基于学校发展的现有基础,切忌好高骛远,如果提出的发展目标过高,脱离了学校发展实际,成了空中楼阁,目标就很难达成;但提出的发展目标过低,又难以起到提振师生信心的作用。因此,要科学锚定学校发展目标,既有全局性、前瞻性,又要符合学校发展实际,起到凝聚共识、振奋人心的作用,在目标实现的过程中推进学校各项事业又好又快发展。

三、规划编制的方法

职业院校事业发展规划编制的方法有多种,其要点主要如下。

(一)战略研究法

无战略不规划,学校的规划设计是基于学校发展战略和战略架构进行的。战略研究法是指在规划编制中,以解决学校发展中的问题为出发点,围绕职业院校发展的"全局性、关键性和前瞻性问题展开研究,探讨解决问题的方法"。学校发展规划是否具有高度,具有前瞻性,同规划人员是否具有战略思维密切相关。"战略思维具有整体性、预见性、聚焦性和创造性,它能有效地协调整体发展与局部发展、过去发展与未来发展、重点发展与一般发展、常规发展与非常规发展之间的关系,使大学能够在现实发展基础上谋求跨越式发展,使发展水平跃升到一个新层次"。而职业院校的规划编制往往由学校办公室和职业教育研究部门的人员负责,他们虽然具有比较丰富的基层工作经验,对学校发展现状比较了解,但由于长期在基层工作,缺乏战略思维能力的训练,运用战略思维进行规划编制的能力比较缺乏。要提高规划编制的质量,需要对他们进行战略思维能力训练,提高他们的宏观思维和战略思维能力。

（二）全员参与法

规划要起到统一思想、凝聚共识、推进改革的作用,在规划编制过程中需要全校师生员工的积极参与、全程参与。职业院校规划编制的通常做法是学校组织一个规划编制写作班子,具体负责规划的编制工作。这样做的后果容易造成规划编制是写作班子几个人的事情,师生员工会认为规划编制与自己没有什么关系,从而对规划编制不重视、少参与。因此,学校"十四五"规划的编制需要创造条件,广泛动员,让广大师生员工参与到规划编制中来。学校可通过召开师生座谈会、讨论会、问卷调查等方式,让"他们或参与发展形势讨论,或研究学校发展经验教训,或参与学校愿景设计,或讨论规划的实施要求,或针对学校具体工作发表自己的看法或意愿"。广泛听取师生员工的意见、建议和想法,并在规划编制过程中凝聚学校发展共识,发挥规划编制过程的集众智、成共识作用。

（三）比较研究法

比较研究是"根据一定的标准,对两个或两个以上有联系的事物进行考察,寻找其异同,探求普遍规律与特殊规律的方法"。比较研究在数量上可以分为单向比较和综合比较,在时空上可以分为横向比较和纵向比较,在性质上可以分为定性比较和定量比较等。职业院校的规划编制,可以运用比较研究的方法,对国内、省内高水平学校进行横向比较,单向比较和综合比较研究。重点开展对要追赶的1~2所标杆学校从党建思政、人才培养、师资队伍、社会服务、经费投入、考核与绩效、二级管理与治理体系等进行全方位研究。通过比较研究,找出与标杆学校的差距,明确学校发展优势和存在差距,提出追赶的目标和举措,为"十四五"规划发展目标和发展路径、重点项目和举措的确立提供重要参考。

（四）调查研究法

没有调查就没有发言权,调查研究是一种常用的研究方法,主要通过实地考察、访谈、问卷等方法考察了解客观情况,获取第一手材料,并对获取的材料进行分析的研究方法。职业院校"十四五"规划编制,要对学校办学的利益相关方进行调查研究,一是要听取举办方对学校的评价、要求和期望;二是要听取行业企业等用人单位对学校人才培养、校企合作、社会服务等方面的评价和要求;三是要听取学生家长对学生办学条件、学生管理等方面的要求;四是要听取教师和学生对学校教育教学、教师发展、技术与社会服务、学生发展与服务等方面的要求和期望。学校可以组成若干调研组,通过实地考察、上门访谈、召开座谈会、问卷调查等方式对办学利益相关方的进行调查。要对获取的调查材料进行分析研究,并把利益相关方的意见建议纳入学校发展规划,使规划的编制起到凝聚各方共识的作用。目前,职业院校的规划编制,除了对学校师生的意见建议比较重视外,对其他利益相关方的调查研究还不够深入,要进一步加强。

四、规划编制要处理的若干关系

职业院校发展规划的编制,要处理好学校与区域经济社会发展、长远发展与当前发展、蓝图描绘与解决现实问题、总体规划与专项规划、规划制定与监督执行等关系。

（一）学校规划与区域经济社会发展的关系

职业教育是与经济社会发展联系最为紧密的教育类型。职业院校要聚焦区域经济社会发展重点,瞄准产业发展变化,优化专业结构和资源配置,提升服务经济社会发展能力。职业院校不能闭门编制"十四五"规划,要做深入的学校办学利益相关方调查,听取利益相关方的意见建议,了解政府、行业企业等发展需求,回应学校举办方、行业企业的诉求。要围绕区域产业转型升级、战略性新兴产业发展规划专业设置、强化教师的技术服务能力,增强学校对区域先进文化的引领力,提高学校办学的社会适应性。

（二）着眼长远与当前发展的关系

学校规划要着眼于长远发展。"十四五"规划的时间跨度是五年,但规划的远景目标可以超越五年,"战略规划要谋划长远,不能短视或近视,要看到长远发展和未来趋势"。依据《纲要》,职业院校要描绘好二〇三五年远景目标。随着现代信息技术的发展,信息技术应用能力的增强,职业院校运用信息技术手段预测学校未来发展的能力也在增强,能够对学校长远发展状态进行规划和设计。在进行长远设计的同时,也要兼顾学校当前发展,任何规划都是基于学校发展现状进行的设计,脱离学校当前发展的规划设计,蓝图虽然美好,但要实现蓝图则将出现意想不到的困难。

（三）蓝图描绘与解决问题的关系

学校发展规划是着眼于未来的长远设计,是集聚师生员工智慧的产物,饱含了师生员工对学校的憧憬和期望。一个好的发展规划应该是一幅学校发展的美好蓝图,让师生员工看到学校未来发展的方向,增强对学校未来发展的信心。但规划不能只是一幅蓝图,还必须要把蓝图转化为现实成果。一个好的规划要直面问题,并解决学校发展中的关键问题,解决师生员工关切的核心问题。职业学校要解决的问题众多,如办学基础条件问题、人才培养质量问题、专业（群）建设问题、师资队伍结构与水平问题、校企合作问题、治理体系与治理能力问题、院系二级管理问题、考核与绩效分配问题,等等。但规划也不可能解决学校发展中的所有问题。因此,规划的编制,要运用系统论的方法,对学校存在的问题进行分析研究,并根据问题的性质、对学校发展的影响和师生关切程度,分轻重缓急,对有些虽是重要问题,但并非能在规划周期内解决的问题,则可以先放一放,先重点解决涉及学校发展的关键性问题、师生关心的迫切问题。

(四)学校总体规划与专项规划的关系

学校事业发展规划一般由总体规划和若干专项规划组成一个整体。在职业院校规划编制实践中,对学校总体规划比较重视,对专项规划则重视不够。笔者在对职业学校的评估中发现,有些职业院校只有总体规划,没有专项规划;有的学校虽有专项规划,但专项规划过于简单,只有 2~3 页纸,也没有可检测的具体指标。由于总体规划与专项规划没有形成一个整体,规划实施的效果大打折扣。因此,职业院校在重视总体规划编制的同时,要重视各专项规划的编制。专项规划是对学校总体规划的具体化,是"针对学校发展的重点任务或校级各部门单位对自身所负责的专门工作进行的设计",专项规划要注重可操作性,要有具体的可检测指标。职业院校的专项规划要根据学校在不同发展阶段的重点任务来设计,但在不同发展时期,专项规划应该有所区别,要与学校改革发展的重点任务相适应。一般来说,高职院校的专业设置、师资队伍、社会服务、信息化、国际化、校园文化等都要做专项规划。

(五)规划编制实施与监督评价的关系

职业院校要正确处理规划编制与实施评价的关系,编制高水平的事业发展规划固然重要,但规划的实施和评价同样重要。有些职业院校存在重编制,轻规划落实与实施的现象,规划没有起到指导、推进学校发展的作用。因此,职业院校要建立监督规划实施、执行和评价的机制,要把规划中的发展目标、重点任务分解为年度工作任务,一年接着一年干,一件一件加以落实,把工作层层推进,直至规划目标的达成。要把规划中的重点任务实施纳入部门、干部和教职员工的年度考核,并与评优评先、绩效奖励相挂钩。只有建立起规划实施的考核、评价机制,才能真正发挥规划推进学校工作、促进学校发展的作用。

(摘自《中国职业技术教育》2021(10):23-26+34)

8. 本科层次职业教育的国际经验与我国思考

关晶[①]

摘要：虽然"本科层次职业教育"的提法是我国首创，但类似的实践在国际上并非空白。本科层次职业教育经历了早期高等教育的职业倾向及其剥离、20世纪下半叶的兴起以及20世纪90年代以来分化的三个阶段。国际比较发现，"不同但是平等"是本科层次职业教育的共同发展理念，办学制度存在分轨还是合流的分歧，校企深度合作是人才培养的基本特征，避免学术漂移是治理的主要挑战。借鉴国外经验，我国发展本科层次职业教育应倚重结构调整，在专业学位的框架下鼓励不同机构多样化办学，人才培养突出企业主体，以分类治理避免学术漂移。

关键词：本科层次职业教育；发展历程；国外经验

自2014年国务院《关于加快发展现代职业教育的决定》（国发〔2014〕19号）首次明确提出"探索发展本科层次职业教育"以来，本科层次职业教育成为我国教育领域的改革热点。虽然"本科层次职业教育"的提法是我国首创，但类似的实践在国际上并非空白。本科层次职业教育是指在高等教育阶段开展的直接为学生从事特定职业做准备并可获得学士或相当于学士学位资格的教育。它对应的是联合国教科文组织《国际教育标准分类法ISCED2011》的6级专业类课程，许多国家都有相应实践。本文力图通过纵向历史追溯和横向国际比较，呈现本科层次职业教育的全球图景，进而结合我国国情讨论我国开展本科层次职业教育的行动策略。

一、本科层次职业教育的发展历程

（一）早期高等教育的职业倾向及其剥离

高等教育起源于欧洲中世纪大学。最初的大学与"追求神圣的真理和知识"有一定距离，它甚至被认为主要是一种职业培训机构。医学、法学、神学和文学是当时大学最常开设的学习科目。鲁迪（Willis Rudy）曾这样描述："（中世纪）高等教育机构中的许多培训内容都具有不加掩饰的职业性，而且有段时间还包括我们今天称为商业课程的东西，或更确切地称为是秘书学的科目，这就是'写信艺术'课程"。不过大学毕竟是最具知识的一群人的集合，伴随着欧洲经院哲学的发展，很快大学就开始寻求属于自己的知识逻辑，逐渐远离职业教育。

---

① 关晶，上海师范大学教育学院，教授。

受社会工业化的影响,18 世纪至 19 世纪除了"大学"以外,欧洲还出现了专门学院或技术学院这样的"非大学"高等教育机构,比如法国的路桥学院(1747 年)、德国的矿山学院(1766 年)、美国的伦斯勒理工学院(1824 年)、丹麦技术学院(1829 年)等。这些学校以培养高级技术管理人才为办学使命,具有一定的职业教育色彩,但从严格意义上说,它们不属于职业教育,因为其课程主要还是理论科学,如物理学、机械学、生物学、矿物学等。一些国家还出现了新兴的城市大学,比如英国谢菲尔德的费思学院(1874 年)、诺丁汉的大学学院(1881 年)等。与传统大学不同,城市大学主要开设科学与技术课程,面向地方工商业培养实用人才。不过就社会声望与学术地位而言,城市大学和技术学院远不及大学,"传统大学—城市大学—技术学院"的高等教育内部分层初显端倪。

高等教育呈现出的职业倾向很快引起了传统大学及教育思想家们的警惕。19 世纪"以人及个性的自由发展"为教育最高原则、"抛弃教育中的实用性与职业性"的理性主义最终占据了西方高等教育思想的主导地位。其中以洪堡(Wilhelm Von Humboldt)和纽曼(John Henry Newman)的教育思想为代表。洪堡在 19 世纪初建立柏林大学时提出把"追求最高形式的纯粹知识(wissenchaft)"作为大学的最高目标,主张大学应当坚持"孤独和自由"的原则,与世俗社会及功利主义教育价值保持距离。1873 年纽曼在其著作《大学的理念》中亦主张"大学是一个教授普遍知识的场所",反对把学生限定于特定的专业。这些教育理念把职业倾向从"大学"中剥离出去,并且强化了高等教育的内部层级。上述提到的许多技术学院也在后来的办学中逐步升格为大学,转向理论教学与研究。综上,正如一些学者所言,"高等教育并非生来就与职业教育绝缘,它经历了一个转身之后才与职业教育拉开了距离"。

(二) 20 世纪下半叶本科层次职业教育的兴起

当代意义的本科层次职业教育兴起于 20 世纪下半叶,主要原因包括两个方面:一是人力资本理论指导下的社会绩效主义要求高等教育对社会经济需求做出回应。第二次世界大战结束后,西方各国迅速投入社会经济恢复与重建工作,需要大量高素质的专业技术人才。20 世纪 60 年代人力资本理论的提出,更是助推了国家对教育的重视和投入。政府基于社会绩效主义高度重视教育投入的效用与效率,认为教育必须为国民经济和社会成员的就业服务,对于高等教育来说,这意味着他们不仅要履行学术职责,还必须承担直接服务社会和培养专业人才的责任。20 世纪 70 年代以来的第三次科技革命进一步推动了发达国家高等教育的结构调整。二是高等教育的大众化与普及化要求高等教育对学生多样化需求做出回应。据统计,1940 年世界平均高等教育毛入学率只有 1.3%,发达国家也只有 2.9%,而到1970 年发达国家高等教育平均毛入学率已达 26.36%,1999 年世界高等教育毛入学率升至18.32%,发达国家更是高达 56.13%。许多学生选择高等教育是为了将来谋求一份好工作而不是追求学术。正如克尔(Clark Kerr)所言,"试图把大众化高等教育和普及高等教育的学生都容纳在精英框架之内,是一个巨大的历史性错误"。

在此背景下,本科层次职业教育在西方许多国家迅速发展起来。建立专门的高等职业教育机构是最普遍的做法(见表1)。从机构渊源和命名上看,主要分为三类:一类是以英国为原型的多科技术学院(Polytechnic),还有葡萄牙、芬兰等,此类学校独立于大学,跨学科的应用性课程是其办学特色;一类是以德国为原型的高等专科学校(Fachhochschulen),20 世纪90 年代后对外改称应用科学大学(University of Applied Sciences),还有奥地利、瑞士等,相比于多科技术学院,此类学校的专业性更为突出;还有一类是以瑞典为原型的大学学院(Hogskola),还有荷兰、挪威等,此类学校在办学自主权方面低于大学,有的附属于大学。这些机构成立时间跨度较大,国家之间存在学习借鉴关系。这些机构除了开展本科层次职业教育以外,通常还开展相当于我国专科层次的短期职业教育。另外需要提及的是美国,其高等教育虽然没有形成类似于欧洲的二元体系,但出于"学生消费者至上"的理念,20 世纪 70 年代亦兴起了一场"职业教育运动",许多传统大学甚至文理学院增设了职业系科,向学生提供职业性的教育计划。此外,前苏联、波兰等社会主义国家出于国家工业化发展战略以及"教育与生产劳动相结合"的教育基本理念,大力发展工业大学、工程技术学院、专门学院等类型的新型高等教育机构。这些高等教育机构的专业划分非常细致,指向技术骨干或高级专业人员培养,并通过在高等学校附设工业车间或厂办工学院等方式强化生产实习,具有较明显的职业教育特征。

(三)20 世纪 90 年代以来本科层次职业教育的分化

20 世纪 90 年代以来西方国家发展本科层次职业教育的路线产生了分化,呈现出复杂的发展图景。大部分国家仍然坚定地推行高等教育二元制,大力发展专门的高等职业教育机构,比如芬兰、奥地利、瑞士。而一些国家的高等职业教育则出现了所谓的"学术漂移"。柯维克(SveinKyvik)概括了六个层次的学术漂移:学生漂移、教师漂移、项目漂移、机构漂移、部门漂移和政策漂移。这些不同层次的漂移或多或少在不同国家有所表现。英国多科技术学院升格被认为是典型案例。1992 年英国结束了高等教育二元制,将所有多科技术学院升格为大学,被称为"92 后大学"。虽然三明治课程仍是许多"92 后大学"的办学特色,但总体上学校的职业教育属性有所减弱。其他一些国家虽然没有英国的学术漂移如此明显,但也有体现。比如德国国内不认可 Fachhochschulen 的"大学"身份,但 1998 年德国各州文教部长联席会议最终同意将其对外统一英译为"University of Applied Sciences(应用科学大学)",学生毕业证书上也不再加注"FH"的字样。荷兰大学学院也是不允许升格为大学的,但不少学校对外交流时都英译自己为"大学",荷兰政府于 2003 年也放宽了高等教育机构类型与学位类型之间严格联系的限制,允许大学学院授予文学和科学的学士及硕士学位。

表1　20 世纪下半叶欧洲国家本科层次职业教育的代表性机构

国家	机构名称原文	官方英译	中文翻译	形成时间(年)	形成方式
英国	Polytechnic	Polytechnic	多科技术学院	1966[a]	合并升格

国家	机构名称原文	官方英译	中文翻译	形成时间(年)	形成方式
法国	Instituts Universitaires de Technologie	University Institutes of Technology	大学技术学院	1966	新建
爱尔兰	Institutes of Technology	Institutes of Technology	技术研究院	1970[b]	新建
德国	Fachhochschulen	University of Applied Sciences	应用科学大学	1971[c]	合并升格
瑞典	Högskola	University College	大学学院	1977	新建
葡萄牙	Instituto Politécnico	Polytechnic Institute	多科技术研究院	1977	升格
希腊	Technologica Ekpedeutika Idrimata	Technological Educational Institute	技术教育研究院	1983	升格
荷兰	Høgskolen	University College	大学学院	1987	升格
芬兰	Ammattikorkeakoulu	Polytechnic	多科技术学院	1992	合并
奥地利	Fachhochschulen	University of Applied Sciences	应用科学大学	1993	新建
挪威	Høgskoler	University College	大学学院	1994	合并
瑞士	Fachhochschulen	University of Applied Sciences	应用科学大学	1995	升格

注释:a. 英国多科技术学院在 1992 年升格为大学。

　　　b. 1998 年以前称为区域技术学院(Regional Technical College)。

　　　c. 早期译为高等专科学校,自 1998 年起德国统一对外使用 University of Applied Science 的英文翻译,故改译为
　　　　应用科学大学。

来源:笔者根据相关资料整理。

　　然而如果因此认为本科层次职业教育在 21 世纪以后就开始式微也不对。早在 1956 年雷斯曼(David Riesman)就指出了高等教育的"蛇行(snakelike procession)"现象,即高等教育机构存在地位排序,地位较低机构趋向于模仿地位较高的高等教育机构的办学,同时又会有新机构沿着它的发展轨迹,替代它的地位。由于本科层次职业教育发展需求客观存在,总有新办学机构或新办学形式去填补本科层次职业教育的缺位。比如德国应用科学大学的前身是高等专科学校,随着办学发展,其研究取向不断加强。但与此同时,德国又产生了一种新的高等职业教育机构——双元制大学(Duale Hochschulen)。双元制大学的前身是以双元制学徒培养模式为特色的职业学院(Berufsakademie),始创于 1974 年。最初这种学校不被视为高等教育机构,2002 年它获得学位授予权,2009 年又被升格为双元制大学。它被视为是对发生了一定学术漂移的德国应用科学大学的补位。学徒制向高等教育领域的渗透不仅发

生在德国,也发生在意大利、英国、美国、澳大利亚等国家。意大利于 2004 年启动高等学徒制项目。英国先是于 2010 年在其学徒制体系中增加了"高等学徒制"的层级,向学徒提供相当于学士甚至硕士层次的资格认证,2015 年正式推出"学位学徒制",学徒可以获得大学完整学位。不仅"92 后大学"积极提供学位学徒制,剑桥大学、诺丁汉大学、利兹大学这样的英国顶尖大学也纷纷参与。美国在 2014 年建立了"注册学徒制与院校联盟(Registered Apprenticeship-college Consortium)",通过第三方机构评定,学徒可以获得大学学分乃至学士学位。澳大利亚也于 2018 年确立了高等学徒制,学徒可获得澳大利亚资格框架 5 级或 6 级的文凭。相比于学校本位职业教育,工作本位的学徒制更具职业教育特点。从这个意义上说,高等学徒制的发展为本科层次职业教育的发展注入了强心剂,使其更有活力、更具类型特征。

二、本科层次职业教育的国际比较

(一)发展理念:不同但是平等

"不同但是平等(different but equal)"是西方许多国家发展本科层次职业教育的共同理念。"不同"是指本科层次职业教育与普通本科教育在办学定位上应当存在横向差异。"平等"则是指本科层次职业教育与普通本科教育在办学地位上不应当存在纵向差异。在一些国家这样的理念被写进了相关法案。比如葡萄牙在《教育法》里明确区分了大学和多科技术研究院的不同定位:"大学教育旨在确保学生拥有扎实的科学和文化背景,并提供技术教育使人们能够管理专业和文化活动,并促进理解、创新和批判性分析的发展";而"多科技术教育旨在提供扎实的高等教育层次的文化和技术教育,发展创新和批判性分析能力,并培养理论和实践科学知识及其在从事专业活动中的应用"。瑞士《高等教育法》明确指出应用科学大学与传统大学都是高等教育体系的组成部分,两者地位相同但定位不同,并强调避免两者之间的"竞争性分离"。

然而,需要指出的是,虽然"不同但是平等"是许多国家发展本科层次职业教育的基本理念,但将这一理念转化为现实却任重道远。比如英国在 20 世纪 60 年代确立二元制高等职业教育体系时,就提出多科技术学院不是大学的候补者,而是与大学"平起平坐"的,但其实际政策却被批评是按"阶梯原则(ladder principle)"对高等教育机构分层的,多科技术学院的实际地位远不及传统大学。这为后来多科技术学院集体升格为大学埋下了隐患。芬兰有关高等职业教育政策的早期文献更多使用"不同但是平等"的表述,而现在则更多表述为"平等但是不同"。这在某种程度上折射出芬兰对高等职业教育学术漂移风险的担忧。这些案例提示我们"不同"与"平等"是相互关联的,不同是平等的前提、平等是不同的保障。在本科层次职业教育发展初期,为其争取与普通本科教育平等的地位往往是政策焦点,在发展到一定阶段后,如何保持本科层次职业教育的类型特征又成为对政策制定者的考验。

(二)办学制度:分轨抑或合流

考察各国本科层次职业教育办学制度有两个重要的比较维度:一是从培养过程来看,是否由区别于传统大学的专门机构来实施;二是从培养结果来看,是否设有区别于学术学位的专门学位(见表2)。由此可以将不同国家分为四类:一是由专门机构实施并颁发专门学位或资格的国家。比如法国由附设于大学中的大学技术学院向学生授予"大学技术学士学位"。日本的专门学校和专门职大学向学生颁发"高度专门士"或"学士(专门职)"学位。二是由专门机构开展但与普通本科不区分学位的国家。比如德国的应用科学大学和双元制大学、挪威的大学学院、葡萄牙的多科技术研究院,以技术人才培养为特色,授予与普通本科一样的学位证书。三是由非专门机构开展但授予不同学位的国家。美国许多大学都同时开展通识性和职业性的本科层次教育,两者仅在学位类型上存在差别,职业导向的项目授予的是技术学士学位(Bachelor of Technology),比如普度大学。四是培养机构和学位都非专门化的国家。比如英国,"92后大学"与传统大学在法律地位上的差别消失,与此同时传统大学也越来越多地开设了职业导向的学习项目(比如学位学徒制),学生获得的学位与普通本科项目没有区别。西班牙本科层次职业教育也主要由普通大学开展,不设专门学位。

表 2　代表性国家本科层次职业教育的办学制度差异

类型	专门机构	非专门机构
专门学位	法国、荷兰、芬兰、日本	美国
非专门学位	德国、挪威、葡萄牙	英国、西班牙

来源:笔者根据相关资料整理。

进一步观察可以发现,是否由专门的高等教育机构来实施本科层次职业教育与该国中等教育是否实施普职分流有较高的关联性。坚持发展二元制高等教育的国家通常都是在中等教育阶段较早实施普职分流且中等职业教育占比较大的国家;而主要以非专门机构开展本科层次职业教育的国家通常在中等教育阶段实施的是"综合中学"的教育制度。从学位制度上看,虽然并非所有国家都设立了专门学位,但应注意到像德国、挪威、葡萄牙这样的国家,学生在学士学位以外通常还会获得由行业颁发的职业资格认证。因此可以判断,包括专业学位在内的专门资格认证仍然是本科层次职业教育的未来发展方向。

(三)人才培养:校企深度合作

世界主要国家在本科层次职业教育的人才培养上表现出以下几方面基本特征:第一,校企合作广泛。以德国巴登-符腾堡州立双元制大学为例,其合作企业多达9 000余个。第二,生源多样、学制灵活。英国的高等学徒制中25岁以上的成人群体约占学徒总数的2/3。日本专门职大学的招生对象包括应届高中毕业生、在职人员和转学生三类,工作经验不仅是招生中的加分项,在人才培养过程中还可以认定为相应学分,免修相关课程,学校还允许学生在学业中途求职就业,以累积学分的方式完成学业。第三,实践环节突出。德国应用科学大学在总共8学期的课程中就安排了2个学期的企业实习。英国"92后大学"的许多学习项目采取三明治课程模式,即前两年在校学习,第三年带薪实习,最后一年再回校完成学业。

日本专门职大学中的实践培训课程占总学分的 30%~40%,其中还必须至少有 20 学分的企业实践。第四,师资实践经验丰富。比如奥地利应用科学大学中全职员工只占约 1/3,其余为企业兼职人员。日本专门职大学中 40% 教师是拥有实践经验的从业人员。

虽然校企合作是主要国家本科层次职业教育人才培养的基本特征,但是企业参与程度存在差异。企业参与程度从浅到深大体可以分为三类:第一类是普通大学中的专业学位学习项目,比如美国。在这种模式中,高校通常会积极纳入实践要素,邀请企业人士参与教学,增加学生企业实践,但总体上课程权力是由学校掌握的。第二类是专门高等职业教育机构中的学习项目。比如德国应用技术大学。学校与企业的合作是多渠道、全方位、立体式的,包括合作设计课程、设立专门教职、提供实习岗位等,企业实践作为固定学习环节以结构化方式纳入人才培养过程。以上两类都属于学校本位的人才培养模式,而第三类高等学徒制则是工作本位的人才培养模式,比如德国的双元制大学和英国的学位学徒制。在高等学徒制模式中,企业是人才培养标准的主要制定者,工作场所是人才培养的主要场所,学习者拥有学徒和学生双重身份,企业实践时间占总学习时间六成以上并且工学交替更为频繁,大部分学生在完成学业后可以留任企业。上述三类模式的基本规律是:企业主导作用越强,工作场所学习越多,职业教育的类型特征越明显。

(四)治理方式:自治与问责平衡

本科层次职业教育是高等教育的组成,"高深学问"是其高等教育地位合理性的基础。布鲁贝克(John Seiler Brubacher)指出,"只有学者能够深刻地理解高深学问的复杂性。因而,在知识问题上,应该让专家单独解决这一领域中的问题,他们应该是一个自治团体"。这成为高等教育机构(尤其是大学)拥有自治权力的有力理由,本科层次职业教育的办学也不例外。但与普通本科教育不同,从根本上说职业教育是基于产业需求的。因此,本科层次职业教育办学需要在内部自治与外部问责之间寻求平衡,并且由于职业教育与地方经济联系紧密,外部治理重心往往在地方而不是中央。这可以从一些机构的名称、经费来源中看出。比如,爱尔兰技术研究院由地方教育委员会管理,1998 年以前的名称一直是区域技术学院;芬兰多科技术学院的办学经费中约 46% 来自州政府,54% 来自地方政府。

本科层次职业教育的治理挑战在于确保本科层次职业教育的类型特征,避免发生"学术漂移",从而提升学校服务地方经济和学生职业发展的成效。概而言之,西方国家本科层次职业教育的治理策略主要包括以下几种:一是多方参与学校治理组织,比如爱尔兰规定每个技术研究院都必须建立董事会,而成员必须包括至少 1 名政府代表、1 名地方职业教育委员会代表、1 名雇主代表、1 名工会代表以及校长。二是政府与办学机构签订绩效合同,比如芬兰政府每三年与多科技术学院签订一份协议,设定学校办学的绩效目标,并将经费拨款与绩效任务完成情况联系在一起。三是课程管理,比如德国莱茵兰-普法尔茨州成立了双元制高等教育课程委员会,由 7 名应用科学大学的教师、3 名州政府职能部门工作者、10 个企业成员、3 名工会成员和 3 名学生成员组成,职责是为双元制高等教育课程设立标准并审核课程。

四是外部评估,比如挪威 2003 年成立了高等教育质量保障与认证署,定期开展评估;芬兰通过专门监测数据库定期对多科技术学院进行外部评估。五是经费机制,英国通过企业培训税向提供学位学徒制的高校支付相应的办学经费,从而调动学校积极性。

三、本科层次职业教育的我国思考

（一）倚重结构调整,发展本科层次职业教育

从西方国家发展历程可见,本科层次职业教育的兴起与社会经济发展以及高等教育规模扩张紧密相连。我国的高等教育扩招进程始于 20 世纪末,1991 年全国高等教育毛入学率仅为 3.5%,1999 年为 10.5%。在高等教育扩招政策下,2012 年我国高等教育毛入学率达30%,实现高等教育大众化。在 2019 年我国高等教育毛入学率达 51.6%,进入高等教育普及化阶段。与此同时,我国进入了经济转型与产业升级的关键时期,需要大量高技能人才作为支撑。高等教育结构与经济发展以及学生多样需求之间的矛盾较为突出,发展本科层次职业教育势在必行。

鉴于我国高等教育规模已经达到普及化程度,发展本科层次职业教育的重点在于"调结构"而不是"扩增量"。首先,应调整本专科层次结构。我国专业层次办学规模在高等教育中占比较大,据统计,2019 年我国高等院校本科招生人数为 431 万余人,专科招生人数为483 万余人。专科层次教育定位于高等职业教育,在本科层次职业教育没有充分发展起来的情况下,专科层次占比高具有合理性。但随着本科层次职业教育的发展,原有专科层次毕业生就业岗位势必被本科层次职业教育毕业生挤占,因此建议减少专科层次人才培养比例,将生源计划转移给本科层次职业教育。其次,应调整专业结构。专业设置是本科层次职业教育与普通本科教育区别的重要体现。本科层次职业教育应主要面向专业能力限制度高的岗位开设专业,不宜面向强调通用技能和综合素养的岗位。最后,应调整生源结构。个体职业能力养成不仅依靠专业训练,在很大程度上还依赖于工作经验。西方国家本科层次职业教育中非传统生源占比较大,许多学生具有工作经验,甚至一些国家还将工作经验作为招生要求。这一做法非常值得我国借鉴,不应将本科层次职业教育局限于职前教育的定位,而应在终身教育的框架下开展,重点面向有工作经验的人员开展职后继续教育。

（二）发展专业学位,鼓励不同机构多样化办学

从国际经验来看,专门机构以及专门学位是主要国家发展本科层次职业教育的核心策略。基于我国国情,笔者认为我国宜选择以专门高等教育机构为主体、基于专业学位的多样化办学路径。首先,应以专门高等教育机构作为开展本科层次职业教育的主体。如上所述,在中等教育阶段实施职普分流的国家倾向于在高等教育阶段继续这样的分流政策。中等教育阶段保持"职普大体相当"是我国职业教育发展的基本政策。在高等教育阶段延续普职相对分离的办学制度,既有利于维护本科层次职业教育的类型特征,也有利于巩固中等教育的职普分流制度。其次,应尽快建立本科层次专业学位制度。学术学位和专业学位是两种基

本学术类型。其中专业学位是"面向特定社会职业的人才需求,为培养社会高端专业人才而设立的学位类型,具有职业性与学术性相统一、特定的职业指向性和教育的实践依赖性等特征"。在我国目前的学位体系中,博士与硕士学位均设有相当比例的专业学位,而在学士层次只有建筑学一种。在学术学位的制度框架下举办本科层次职业教育,显然不利于发展。正如一些学者所说,"职业教育学位制度的构建是推动本科职业教育高质量发展的重要制度基石"。最后,还应该鼓励各种机构的多样化办学,不必局限于某一种高等职业教育机构。英美等国选择以非专门化机构开展本科层次职业教育,除了国家文化和中等教育体系等因素外,还因为传统大学开展本科层次职业教育有利于提升职业教育的地位。剑桥大学、普度大学这样的世界名校也加入本科层次职业教育队伍,对于改变职业教育的次等教育地位是有益处的。早在 2015 年就有学者将我国本科层次职业教育的探索总结为专科高职与普通本科"联办"、专科高职"试办"、专科高职"创办"和普通本科"转办"四种。从办学实质上说,我国行业特色大学的部分应用型专业也应视为本科层次职业教育。我国应以更开放的格局开展本科职业教育,无论什么类型的高等教育机构,只要愿意提供专业学士学位课程,均可开展,均应鼓励。只不过由于学校办学定位差异,本科层次职业教育在专门高等职业教育机构(如应用技术型大学、职业大学)中占比高,而在普通本科大学占比低而已。

(三)突出企业主体,彰显人才培养的类型特征

一个专业或学校开展的是否是真正的本科层次职业教育,不在于它如何标榜自己,而在于具体的办学实践。从国外经验来看,企业在办学过程中参与得越充分越深入,职业教育的类型特征就越明显。基于我国国情,可以从以下几方面突出企业在本科层次职业教育人才培养中的主体地位。首先,是在专业设置和专业教学标准开发方面充分吸纳企业意见。德国双元制高等教育以及英国学位学徒制都是由企业制定人才培养标准的,深刻体现了职业教育"需求引导"的本质。其次,是规定本科层次职业教育课程中企业实践环节要求,包括内容、方式与时长等。根据西方国家经验,企业实践应至少占整个课程的 1/4,并尽可能实现工学交替。再次,教学内容组织应打破学科逻辑,基于工作过程重构课程,采取实践导向的教学方法。最后,还应加强双师型教师队伍建设。教师除了具备扎实的基础理论知识、较高的教学水平和较强的科研能力外,还应具备与专业相关的丰富实际工作经验;教师队伍中除了需要受过传统大学严格学术训练的理论型教师外,还需要有丰富工作经验的实践型教师。

(四)基于场域分割,以分类治理避免学术漂移

在我国当前高等教育的组织场域中,"学科神话"是占主导的制度逻辑,研究型和综合性大学是高等教育组织的"深层信仰",成为其他高等教育机构模仿的对象。虽然我国有不少大学是从中等职业教育机构逐步升格而成的,但在学校升格过程中,这些大学都逐渐刻意远离职业教育。在发展本科层次职业教育的过程中,如果不能建立起与普通本科教育相对分割的组织场域,形成本科层次职业教育办学的单独赛道,无论是转型的应用技术型大学还是新升格的职业大学都很可能逐渐丧失办学特色。借鉴西方国家经验,我国应大力推进高等

教育分类治理。首先,地方政府与应用技术型大学及职业大学订立个性化的绩效合同,突出学校在服务地方经济、培养高素质技术人才方面应实现的目标。其次,研制高校分类评价办法,以评促教。《深化新时代教育评价改革总体方案》已经提出这一改革方向,当前需要抓紧研制并落实。最后,办学经费向本科层次职业教育倾斜。职业教育的办学成本高于普通教育,然而现实中职业教育生均经费却明显低于普通教育。这加固了人们对职业教育是次等教育的看法,也打击了高校办学的积极性。加大对本科层次职业教育的生均经费投入,将有利于以经济杠杆撬动各类高校的办学积极性,进而推动职业教育的地位提升。

总之,本科层次职业教育已然在世界各国广泛开展,它代表着职业教育发展的未来方向。在我国产业转型升级以及高等教育规模不断扩大的背景下,我国当下发展本科层次职业教育对于服务产业转型升级、满足人民群众多样化需求、提升高等教育学生就业质量都具有重要意义。探索符合中国特色的本科层次职业教育发展之路需要更多的理论智慧和实践勇气。

(摘自《教育发展研究》2021,41(03):52-59)

9. 职教高考的现实基础、理论定位与体系构建

李木洲①

摘要:职教高考是高校考试招生制度体系的重要组成部分,它历经了一个从普通高考制度母体中逐渐分离的发展过程。当前,构建职教高考制度有其特定的现实基础,包括人才强国战略的时代需要、高职人才选拔的客观诉求以及高职考试招生的长期实践。基于职业教育在我国教育体系中作为类型教育地位的确立,职教高考在职能上应定位于满足不同类型与层次的高等职业院校招生需求;在性质上应定位于国家选拔培养高素质技术技能人才、能工巧匠、大国工匠的基础性教育考试制度。职教高考制度的构建是一项艰巨而复杂的系统工程,既要尊重高校考试招生录取的组织规律,又要尊重高等职业人才的教育规律。

关键词:职教高考;理论定位;体系构建

2019年1月24日,国务院印发的《国家职业教育改革实施方案》(以下简称《实施方案》),不仅指出"职业教育与普通教育是两种不同的教育类型,具有同等重要的地位",而且还提出要"建立'职教高考'制度,完善'文化素质+职业技能'的考试招生办法,提高生源质量,为学生接受高等职业教育提供多种入学方式和学习方式。"这表明在国家制度顶层设计层面已将构建职教高考制度纳入新时代教育改革的重要统筹范畴。2020年1月10日,教育部和山东省人民政府联合发布《教育部 山东省人民政府关于整省推进提质培优建设职业教育创新发展高地的意见》,决定"在山东省先行先试,率先探索建立'职教高考'制度,全面构建从中职、专科、职业教育本科、应用型本科到专业学位研究生的应用型人才培养体系,形成职教、普教并行的高考双车道"。这意味着构建职教高考制度已进入试点探索阶段。而对于构建职教高考制度这一事关国家人才培养战略的重大民生问题,特别是在其制度设计和试验探索的初步阶段,有必要首先对职教高考的现实基础、理论定位以及体系构建等基本问题加以探讨,以便为推进职教高考试点工作及其制度体系的最终构建提供参考。

一、职教高考的现实基础

制度作为上层建筑,离不开现实基础。换言之,制度构建是现实诉求在上层建筑层面的具体回应。职教高考制度作为高校考试招生制度体系的重要组成部分,其提出与构建有特定的现实基础,包括人才强国战略的时代需要、高职人才选拔的客观诉求以及高职考试招生的长期实践等。

---

① 李木洲,浙江大学科举学与考试研究中心。

（一）人才强国战略的时代需要

改革开放以来,在经济社会持续发展的内在驱动之下,人才问题逐渐成为党和国家工作的重要内容。1978年十一届三中全会首次确立了"尊重知识、尊重人才"的基本导向;2001年《中华人民共和国国民经济和社会发展第十个五年计划纲要》首次提出"实施人才战略,壮大人才队伍"的基本国策;2007年党的十七大报告明确指出人才强国战略是中国特色社会主义建设的基本战略,并被写进中国共产党章程;2017年习近平总书记在党的十九大报告中再次强调要坚定实施人才强国战略,并指出"人才是实现民族振兴、赢得国际竞争主动权的战略资源"。然而,受"学而优则仕""劳心者治人,劳力者治于人"等传统文化和教育观念的影响,我国高等职业教育体系和高等职业人才培养长期存在发展不充分和结构不合理等现象,这在根本上制约着制造业强国、工业化强国和现代化强国的实现。而独立与科学的职教高考既是奠定职业教育作为类型教育地位的根本需要,也是激活高等职业人才选拔培养枢纽作用的关键所在,因此,构建职教高考制度是当前整体推进人才强国战略的时代需要。

（二）高职人才选拔的客观诉求

高等职业教育是我国现代职业教育体系的重要组成部分,是职业教育类型化发展的引领者,是优化高等教育结构和培养大国工匠、能工巧匠的重要途径。2019年国务院印发的《实施意见》即明确将职业教育确定为类型教育,教育部部长陈宝生也指出,"要在思想上破除'重普轻职'的传统观念,在行动上把职业教育和普通教育区分开来,特别是要把科学和技术、知识和技能区分开来,践行类型教育新理念。"事实上,与普通高等教育相比,高等职业教育具有鲜明的技能性与应用性特色,它对学生的知识结构和能力素养有着特殊的要求。而在传统的高等职业院校考试招生体系之下,以普通高考成绩为参考依据的招生办法存在明显的制度性缺陷,尤其是普通高考的内容、形式以及方法等都难以满足高等职业教育对新生选拔的根本需求,难以科学而精准地实现高等职业教育人才选拔,或者说,在很大程度上选拔技能型、应用型人才超越了普通高考的制度功能。简言之,职业教育区别于普通教育的类型特征,是职教高考制度区别于普通高考制度的逻辑基础,为更加科学、高效地为高等职业院校选拔输送技能型、应用型人才,构建职教高考制度既是实现科学选才的根本途径,也是满足不同类型教育人才选拔的客观诉求。

（三）高职考试招生的长期实践

早在20世纪80年代中期,我国高中教育逐渐分化为普通高中和职业高中两类,部分省份亦开始试行"中职"升"高职"的考试招生办法。1999年大学扩招,全国录取本专科新生164.6万人,其中本科生91.9万人,普通专科生52.2万人,新高职20.5万人。高等教育规模的扩张和高等教育体系的进一步分化,从学术性精英到高级技能人才的选拔使用同一张试卷考试录取,其科学性、合理性开始引起人们的重视。2002年启动并以失败告终的广西本专科分开考试改革即是一次历史性的探索。然而,长期以来,由于高职院校采取与普通高校相同的考试招生模式,忽视了高职院校应用性、技能性等办学特色,招生批次也排在专科之后或与专科平行,导致众多高职院校存在生源少、生源质量差等办学问题,严重影响了高职院校的发展和国家技能型人才的培养。2005年,在高考制度综合改革的背景下,上海率先试点高职院校自主招生,发展至今,全国高职院校招生已有六大模式,即统一高考模式、单考单招模式、单独提前招生模式、示范高职提前单招模式、"高考+技能校考"模式、"高考+学考"模式等。可见,高等职业教育考试招生不仅具有较长的实践历史,而且在形式与实质两方面都已基本形成了独立于普通高考的考试招生体系。

二、职教高考的理论定位

优质生源是办好优质高等职业教育的重要条件之一,而职教高考的制度设计在很大程度上决定着高等职业院校的生源质量。因此,如何设计职教高考制度是一个事关高等职业教育发展成败的重要理论问题,它需要从职教高考的内涵与特征、结构与功能、目标与定位等方面加以廓清,从而为职教高考制度的设计提供理论依据。

(一)职教高考的内涵与特征

职教高考是指本专科高等职业院校考试招生制度,其内涵包括:其一,职教高考是国家教育考试制度,它与普通高考并列且同等重要;其二,职教高考是中等教育毕业生或具有同等学力社会青年进入高等职业院校学习的重要渠道;其三,职教高考是为本、专科两个高等职业教育层次选拔新生的专门制度。总之,职教高考不仅是高考家族的重要分支,而且具有国家考试的基本性质。

由优质高等职业教育资源的稀缺性和职业教育人才培养的特殊性所决定,职教高考具有五大特性:一是选拔性,为不同层次、不同专业的高等职业院校精准选拔合适的新生;二是竞争性,通过公平竞争实现高等职业教育资源的合理分配;三是技能性,把专业的技能、技巧或实操能力作为人才选拔的重要依据;四是应用性,旨在选拔培养服务于国家制造业和第三产业的高素质技工人才;五是大规模性,全国高等职业院校的大规模招生决定了职教高考是与普通高考平分秋色的大规模考试。职教高考的上述特性,必将对职教高考的组织、实施与管理提出系统化、科学化与严密化的制度建设要求。

(二)职教高考的结构与功能

一般认为,制度结构是一个社会中正式的和非正式的制度安排的总和。因此,职教高考制度结构即是规范职教高考活动的正式制度和非正式制度的总称。所谓正式的职教高考制度是指由政府、教育与考试主管部门制定并实施的,对人们的职教高考行为产生强制性约束的,确保职教高考正常运行的各种成文规则。按照职教高考制度的构成,它又主要包括职教高考测试制度、职教高考录取制度以及职教高考管理制度三大子制度。所谓非正式的职教高考制度是指对人们的职教高考行为产生非强制性约束的,存在于社会大众之中的关于职教高考的各种文化、风俗、习惯等,主要包括职教高考心理和职教高考舆论等。

正式的职教高考制度与非正式的职教高考制度有着不同功能,发挥着不同的作用。前者是一种自上而下的,规约人们职教高考招生行为的正式规则,包括对主考者、应考者、招生单位等的约束,它是确保职教高考各环节、各流程正常运行的合法基础,也是确立职教高考选拔属性和社会地位的重要保证。后者则主要是来自制度环境或社会文化的一种心理或舆论影响,其虽为非强制性规约,但它会对正式的职教高考尤其是相关利益主体产生直接或间接的影响,包括对职教高考的社会认知度、参与度、接受度等,深层次地影响着正式职教高考制度的实施、改革与发展。因此,构建职教高考制度体系应高度重视正式的与非正式的两种职教高考制度建设。

(三)职教高考的目标与定位

职教高考是典型的内生制度,其提出历经了一个从普通高考制度母体逐渐分离的发展过程,而这一过程的演进又主要来自三方面的助推力量:一是国家转型发展对高质量高等职业教育人才培养的战略需要;二是高等职业院校在类型、层次等方面的系统发展需要;三是深化推进高考分类考试招生制度改革的需要。因此,溯源职教高考形成的原因,在不同层面就具有不同的目标。在宏观层面,职教高考的目标在于优化国家人才结构,为国家选拔培养高素质技术技能人才、能工巧匠和大国工匠,以促进国家现代经济的转型尤其是制造业强国梦的实现。在中观层面,职教高考的目标在于适应并满足不同类型与层次的高等职业院校人才选拔需要,以提高高等职业人才的培养质量。在微观层面,职教高考的目标在于健全高考分类考试制度体系,以推动新一轮高考制度综合改革,实现高考治理体系与治理能力的现代化。但归根到底,中观与微观层面的目标又从属或服务于宏观层面的目标。

据统计,我国目前"共有职业学校 1.15 万所,在校生 2 857.18 万人;中职招生 600.37 万人,占高中阶段教育的 41.70%;高职(专科)招生 483.61 万人,占普通本专科的 52.90%"。而根据《实施方案》的规划,"到 2022 年,职业院校教学条件基本达标,一大批普通本科高等学校向应用型转变,建设 50 所高水平高等职业学校和 150 个骨干专业(群)。"可见,我国高等职业教育体系已呈现出多层次、多类型、融通化的办学特征,构建职教高考制度不仅具有历史必然性,而且具有现实必要性。基于职业教育在我国教育体系中作为一个类型教育地位的确立,职教高考在职能上应定位于:满足不同类型与层次的高等职业院校招生需求;在性质上应定位于:国家选拔培养高素质技术技能人才、能工巧匠、大国工匠的基础性教育考试制度。

三、职教高考的体系构建

职教高考体系的构建,在根本上涉及三个具有内在逻辑关系的核心问题,即怎么考、怎么招和怎么管,而对这三个问题的回答,实际上决定了职教高考制度体系的基本样貌。

(一)职教高考的测试制度

测试即涉及怎么考的问题,由于测试结果是高等职业院校招生录取的主要依据,因此,测试制度是职教高考制度设计的重要环节。事实上,《实施方案》已为职教高考测试制度的设计指明了方向,即完善"文化素质+职业技能"的考试招生办法。然而,《实施方案》对于"文化素质"和"职业技能"的考查内容、要求以及两者所占比例并没有详细规定,其有待于进一步探索厘定。笔者认为,高等职业教育人才培养对学生知识结构与能力素养的基本要求是职教高考测试制度设计的逻辑基础,当然,同时还应兼顾中等职业教育课程标准,注重中职教育与高职教育之间的衔接问题。其中,"文化素质"的测试应注重知识结构与公共素养的考查,宜采取全国统一考试的形式实施,因为统一考试有利于降低成本、控制标准、确保质量和促进公平。"职业技能"则应注重专业技能、应用技巧、实操能力等的测试,宜采取"校测"的形式实施,因为"校测"有利于体现教育理念、办学特色、培养目标以及精准选拔。当然,在测试手段或方式上应体现不同职业专业的特点,宜采取现场模拟、任务达成、作品展示等多种方式。简言之,职教高考测试制度应采取"统一文化素质考试+学校自主组织职业技能测试"的综合化、多元化与实操化的基本模式。

(二)职教高考的录取制度

录取即涉及怎么招的问题,它是职教高考"文化素质"与"职业技能"综合评价的结果,即高等职业院校根据一定的招生计划或名额,按照综合测试评价的结果择优选才。某种意义上,职教高考的测试与管理活动都是围绕录取这一目的而展开的,因此,录取制度是职教高考制度设计的关键所在,其本质是关于高等职业院校与考生之间选择与被选择的规则设计。从普通高考录取制度的改革经验来看,职教高考录取制度的设计主要包括招生体制、招生名额、录取方式、志愿填报、录取技术等系列问题。其中,招生体制应采取政府宏观调控,省级教育考试部门负责组织实施,招生单位自主录取,社会广泛监督的运作模式。招生名额应以劳动力市场需求为导向,高等职业院校自主调控确定招生计划。录取方式宜采取择优录取、自主录取、推荐录取、定向录取、委培录取、提前录取、滚动录取等多元入学方式。志愿填报应遵循考生志愿优先,以综合评价成绩高低顺序录取为基本原则,确保招生公开、公平、公正。录取技术应积极融入现代网络信息技术,构建职教高考招生录取大数据服务平台和云录取平台等。一言以蔽之,职教高考录取制度设计的核心宗旨在于满足不同类型与层次的高等职业院校招生需求。

(三)职教高考的管理制度

管理是一个涉及权、责、利的核心问题,在本质上是围绕预期目标而进行的各项控制与协调活动,具体是指合理运用人力、物力、财力、信息等各种资源以达到组织目标的过程。职教高考作为与普通高考同等重要的教育选拔考试,不仅涉及百万考生的切身利益,而且影响国家职业教育的现代化发展,因此,职教高考管理制度的设计事关职教高考的成与败。基于管理的基本要素,职教高考的管理主体包括教育部、省级教育主管或教育考试主管部门和高等职业院校;职教高考的管理对象包括命题、施测、公开、录取、防作弊等考试招生全过程,涉及的人员包括主考官、应考者以及考试招生工作的参与者等;职教高考的管理机制应采取由教育部统筹管理,负责考试招生过程的宏观调控,省级教育考试主管部门具体实施,负责考试招生过程的组织与管理,各级各类高等职业院校自主实施校测并完成自主招生,负责招生过程公平竞争、择优录取。在管理策略上,根据管理主体与责任的不同,应采取政府宏观管理、社会监督管理、学校自主管理、招生绩效动态管理等多种管理模式。此外,还应加强职教高考法治建设、"阳光招生"信息服务平台建设等。

最后,需要指出的是,构建职教高考制度是一项艰巨而复杂的系统工程,在借鉴普通高考运作模式的基础上,还应该遵循两大规律:一是高校考试招生录取的组织规律,即必须严格遵守考试招生组织、实施及管理的各环节与流程;二是高等职业人才的教育规律,即新生选拔必须基于文化素质与职业技能的综合评价,因为文化素质往往决定着职业人才培养所能达到的职业高度,而职业技能则往往决定着职业人才所能达到的技术深度,两者缺一不可。

(摘自《职教论坛》2021,37(06):44-48)

第 四 编

信息参考

1. 教育部 2021 年工作要点

2021 年是中国共产党成立 100 周年,是"十四五"规划开局之年,也是全面建成小康社会、开启全面建设社会主义现代化国家新征程的关键之年。

教育工作总体要求:以习近平新时代中国特色社会主义思想为指导,贯彻落实党的十九大和十九届二中、三中、四中、五中全会精神,贯彻落实习近平总书记关于教育的重要论述和全国教育大会精神,按照"五位一体"总体布局和"四个全面"战略布局,增强"四个意识"、坚定"四个自信"、做到"两个维护",坚持稳中求进工作总基调,立足新发展阶段,贯彻新发展理念,构建新发展格局,以推动高质量发展为主题,以改革创新为根本动力,坚持系统观念,更好统筹发展与安全,坚持和加强党对教育工作的全面领导,全面贯彻党的教育方针,落实立德树人根本任务,坚持发展抓公平、改革抓体制、安全抓责任、整体抓质量、保证抓党建,全面推进依法治教,巩固拓展新冠肺炎疫情防控和教育改革发展成果,为建设高质量教育体系立柱架梁,推进教育治理体系和治理能力现代化,为建设教育强国开好局、起好步,以优异成绩庆祝建党 100 周年。

一、深入学习宣传阐释习近平新时代中国特色社会主义思想

1. 加强思想理论武装

目标任务:准确领会习近平新时代中国特色社会主义思想的核心要义,掌握贯穿其中的立场观点方法,坚持不懈用党的创新理论武装头脑、指导实践、推动工作。

工作措施:制订 2021 年部党组理论学习中心组及司局级以上干部集体学习方案,优化"4 + N"研学机制。不定期印发《直属机关政治理论学习重点内容安排》,深入推进党史、新中国史、改革开放史、社会主义发展史专题教育,跟进学习习近平总书记最新重要论述。办好"周末理论大讲堂",将党的十九届五中全会精神列入教育部各级各类干部教育培训,列入高校思政课骨干教师、哲学社会科学教学科研骨干研修和高校思想政治工作骨干示范培训的必修课程,作为学校思想政治教育的重要内容。

2. 加强宣传引导

目标任务:紧扣建党 100 周年重大主线,开展全覆盖、全媒体、全方位的宣传教育,全力营造良好舆论氛围。

工作措施:持续加强正面宣传,多形式多渠道宣传解读党中央、国务院决策部署和教育新政策新举措,全面展示政策落实成效,深入报道教育战线先进典型。围绕迎接和庆祝建党 100 周年、学习"四史"、弘扬爱国主义精神等,精心策划组织主题宣传活动。制定出台教育融媒体建设文件,用好"中国教育发布"平台,继续加强教育融媒体试点指导。组织编写出版教育"十四五"规划辅导读本,全面解读文本。

3. 深入研究阐释

目标任务：高校哲学社会科学育人水平、研究质量和社会服务能力显著提高，推动高校加快构建中国特色哲学社会科学学科体系、学术体系、话语体系。

工作措施：充分发挥教育系统习近平新时代中国特色社会主义思想研究中心（院）和高校智库平台优势，深化习近平新时代中国特色社会主义思想原创性学理化学科化研究阐释。紧紧围绕开启全面建设社会主义现代化国家新征程、中国共产党成立100周年等确定一批重点选题，推出一批站得高看得远用得上的重要成果。研制面向2035高校哲学社会科学行动计划，深入实施高校哲学社会科学繁荣计划，加快高校哲学社会科学实验室建设。

二、推动改革和发展深度融合高效联动

4. 全力做好教育"十四五"规划编制工作

目标任务：编制出符合时代要求的高质量规划。

工作措施：编制印发《国家教育事业发展"十四五"规划》。积极配合国家发展改革委做好《国民经济和社会发展第十四个五年规划纲要》教育部分的编制工作。出台教育高质量发展体系、优质均衡基本公共教育服务体系、服务全民终身学习的教育体系、技能中国建设方案等文件。制订规划分工方案，推动目标任务落实落地。指导教育部直属高校编制好"十四五"规划。引导东北地区高校和职业院校在服务东北振兴中提升办学实力和影响力，统筹协调在京高校参与和服务雄安新区建设，促进粤港澳大湾区高等教育结构布局调整优化。加快建设长江教育创新带，开展长三角教育现代化监测评估。推动黄河流域教育高质量发展，建立教育资源互通共享的区域性协作机制，为区域生态保护和经济社会高质量发展提供有力支撑。加快推进教育统计现代化改革及试点工作，探索建立统计数据质量全流程管控机制，变革统计数据生产方式，建立智能化统计信息服务平台，强化统计监测和监督职能。落实统计督察工作整改任务。

5. 扎实推进新时代教育评价改革

目标任务：认真贯彻习近平总书记关于抓好《深化新时代教育评价改革总体方案》落实落地重要指示精神，全面推进《总体方案》各项任务落细落地。

工作措施：实施《总体方案》部门分工和部内分工，指导各省（区、市）、各部属高校和部省合建高校全面清理规范，制定实施工作清单。选择有条件的地方、学校进行试点。分批编发各地各校破"五唯"改革案例汇编。将推进教育评价改革情况纳入纪检监察、巡视工作、经费监管以及改革督察、教育督导的重要内容。推动出台中学生综合素质评价实施指南、义务教育质量评价指南、幼儿园保教质量评估指南、普通高中办学质量评价指南、深化高校教师职称制度改革的指导意见等配套政策。

6. 深化考试招生制度改革

目标任务：高考综合改革稳妥推进。高考内容改革不断深化，艺术体育等特殊类型招生

进一步规范。中考招生录取综合改革试点落地省份在省域范围全面推进招生录取综合改革。

工作措施:指导河北等八省市借鉴改革试点省份经验,制定考试和录取方案,开展模拟演练,稳妥做好招生录取工作,确保新高考平稳落地。深化高考内容改革,进一步体现德智体美劳全面发展要求,创新试题形式,加强对学生关键能力的考查。严格规范体育艺术等特殊类型招生工作,进一步健全制度、规范程序、严格管理、强化监督,提高体育艺术人才选拔质量。深入推进中考改革,有序扩大招生录取改革范围,完善省级统一的中考命题机制,着力提高命题质量。

7. 推进民办教育规范发展

目标任务:理顺民办中小学党建工作管理体制机制,加快独立学院转设工作,规范民办教育发展。

工作措施:会同中央组织部开展民办中小学党建工作年度督查调研,理顺民办中小学党建工作管理体制机制。研究起草《民办中小学年度检查指标体系》。印发规范民办义务教育有关文件,深入开展民办义务教育规范整治专项工作。研究制定关于规范民办普通高中招生工作的实施意见,推动全面落实公民办普通高中同步招生政策。深化民办教育行政审批制度改革。继续把独立学院转设作为高校设置工作的重中之重,指导各省建立健全鼓励和推动独立学院转设的政策体系,切实加快转设进度,持续做好高等教育资源结构调整和质量提升工作。

8. 系统推进教育督导体制机制改革

目标任务:完善督导体制机制,健全对地方各级政府履行教育职责的分级督导评价机制,加强对各级各类学校办学行为、教育质量和教育热点难点的评估监测。

工作措施:贯彻落实《关于深化新时代教育督导体制机制改革的意见》,指导各地结合实际深化教育督导体制机制改革实施方案。持续开展 2021 年对省级人民政府履行教育职责评价工作。推进《教育督导条例》修订工作,推动由国家法律、行政法规、部门规章以及规范性文件组成的完整教育督导法律法规体系建设。组织开展县域学前教育普及普惠督导评估,抓好幼儿园办园行为督导评估工作。做好县域义务教育均衡发展督导评估认定工作。组织开展 2021 年国家义务教育质量监测。开展大中小学教材建设规划和四个教材管理办法实施专项督导,全面评估落实情况。完成第三轮职业院校督导评估工作,形成 2020 年国家督导评估报告。印发《普通高等学校本科教育教学审核评估实施方案(2021—2025 年)》,开展试点评估,各省各有关高校按要求将审核评估工作列入"十四五"规划。做好高校本科教学工作合格评估、本科专业认证和教育教学质量常态监测。组织开展博士硕士学位论文抽检和研究生专业学位水平评估。开展高校评估整改落实情况督导复查,探索开展质量预警。启动中小学校(幼儿园)校(园)长任期结束时综合督导试点。建立健全督学培训管理制度。

9. 全面推进依法治教

目标任务：提升教育领域依法治理能力和水平。深入推进简政放权、放管结合、优化服务改革。

工作措施：落实《学习贯彻中央全面依法治国工作会议实施方案》，统筹推进习近平法治思想学习宣传、研究阐释和贯彻实施。配合做好教育法修正案、职业教育法修订草案审议工作，推动学前教育法、学位法立法进程，研究形成教师法修订草案。组织开展中外合作办学条例、学校卫生工作条例、学校体育工作条例立法调研。起草制定《教育行政处罚实施办法》等部门规章，编制教育部行政处罚事项清单和裁量基准、教育部权责清单。实施提升依法治校能力攻坚行动，继续做好中央部门所属高校章程修订核准工作。持续开展全国学生"学宪法 讲宪法"活动和"宪法晨读"活动。推进教师网络法治教育培训。持续推进高等教育领域"放管服"改革，进一步向高校放权赋能。落实《关于进一步激发中小学办学活力的若干意见》。推进更多运用教育标准、"双随机、一公开"、依法监管等方式，持续规范"三评一竞赛"，推进减证便民行动。

10. 积极推进教育信息化建设

目标任务：加快推进教育信息化高质量发展，积极发展"互联网+教育"，全面保障教育系统网络安全。

工作措施：印发《教育信息化中长期发展规划（2021—2035年）》和《教育信息化"十四五"规划》，召开第三次全国教育信息化工作会议。印发《关于推进"互联网+教育"发展的指导意见》。以信息化为重点，以提升质量为目标，推进教育新型设施建设，研究构建高质量教育支撑体系。深入实施教育信息化2.0行动计划，加快推进教育专网建设，普及数字校园建设与应用。印发关于加强中小学线上教育教学资源建设与应用的意见，完善国家数字教育资源公共服务体系，建设国家中小学网络云平台。深化网络学习空间应用普及行动，全面提升师生信息素养。持续开展网络条件下的精准扶智，深化"三个课堂"应用。探索教育信息化试点示范，推进智慧教育创新发展行动和百区千校万课引领行动。推动形成教育系统数据资源目录和数据溯源图谱，制定教育基础数据标准规范，实现有序共享。推进教育"互联网+政务服务"工作。

11. 推进高水平教育对外开放

目标任务：加快和扩大新时代教育对外开放，优化全球布局，加强人才培养和科研国际合作，推动教育对外开放高质量、内涵式发展。

工作措施：优化出国留学工作布局，深化出国留学体制机制改革。筹备有关中外高级别人文交流机制会议。支持海南自由贸易港、粤港澳大湾区、长三角地区、雄安新区打造教育对外开放新高地。推进《中华人民共和国中外合作办学条例》及其实施办法修订，研制《中外合作办学评估管理办法》《推进海外中国国际学校建设工作方案》，推动海外中国国际学校试点建设。出台《关于促进普通高中中外合作办学规范发展的指导意见》《高等学校国际学生勤工助学活动管理办法》,建设并推广"留学中国"网。出台《共建"一带一路"教育行动工作计划(2021—2025)》,推进鲁班工坊建设。深入参与二十国集团、金砖国家、亚太经合组织等多边机制教育领域活动。实施《外籍教师聘任和管理办法》。修订《关于开办外籍人员子女学校暂行管理办法》。研制港澳学校赴内地办学改革举措。稳步推进港澳台招生培养工作,进一步加强国情教育。完善保障台湾同胞在大陆享受同等教育待遇的制度和政策。深化与联合国教科文组织合作,筹办第44届世界遗产大会。推进世界女童和妇女教育发展。继续合作办好国际人工智能与教育会议、"一带一路"青年创意与遗产论坛等活动。实施网络中文课堂和中文学习测试中心全球布局,支持以"中文联盟"为核心的在线中文教学平台和教学资源群建设。

三、发挥教育人力资本优势更好服务国家创新体系建设

12. 构建新时代中国特色职业教育体系

目标任务:建立健全以纵向贯通、横向融通为核心的现代职业教育体系,推动职业教育"长入"经济,"汇入"生活,"融入"文化,"渗入"人心,"进入"议程。

工作措施:召开并落实好全国职业教育大会。推进实施《职业教育提质培优行动计划(2020—2023年)》,全面推动"职教20条"落实落地。以部省共建职业教育创新发展高地为抓手,打造一批新时代职教样板,整省推进构建职业教育发展空间格局。完善"文化素质+职业技能"考试招生办法,落实2020—2021年高职院校扩招200万的任务。推进示范性职业教育集团(联盟)建设,推动各地建立省级产教融合型企业认证制度,探索混合所有制改革。持续完善中职、高职(专科)、本科层次职业教育体系建设,动态调整更新专业目录,指导推动职业院校科学设置专业,实现专业升级和数字化改造。落实"双高计划"绩效管理办法,开展项目中期绩效管理和评价。稳步推进本科层次职业教育试点,出台职教本科学士学位授权与授予管理工作有关规定。总结推广1+X证书制度试点经验,探索具有中国特色学徒制。遴选一批校企双元合作开发的职业教育规划教材。组建新一届全国行业职业教育教学指导委员会。继续举办全国职业院校技能大赛和职业教育活动周。召开国际产学研用合作会议。

13. 推进高等教育提质创新发展

目标任务:高等教育高质量发展体系不断完善,紧缺人才培养质量持续提高,高校学科专业结构有效优化,高等教育优质资源供给加大,"双一流"建设深入推进。高校毕业生就业工作取得实效。

工作措施:全面实施"六卓越一拔尖"计划2.0,开展本科专业三级认证。推进新工科、新医科、新农科、新文科建设,研制发布《关于加快新农科建设 推进高等农林教育创新发展的意见》。实施一流专业建设和一流课程建设"双万计划"。全面推进高校课程思政建设,选树一批课程思政示范课程和教学研究示范中心。开展基础学科深化建设行动,研制《关于加

强基础学科人才培养的若干意见》《基础学科人才培养规划（2021—2035 年）》，深化医学和人文社科领域基础学科人才培养模式改革，探索基础学科本硕博连读培养模式。加快建立紧缺人才预警机制、专业重点建设机制，动态调整"国家关键领域急需高层次人才培养专项招生计划"支持范围，继续做好中西部农村订单定向免费本科医学生培养工作。加快重点领域知识图谱性教学资源库建设，加大特定领域产学合作协同育人项目支持力度，推进人工智能、集成电路、储能等国家产教融合创新平台建设。布局建设未来技术学院，支持建设一批高水平公共卫生学院、示范性微电子学院和特色化示范性软件学院等，加快建设一批现代产业学院。召开教育部直属高校工作咨询委员会第 30 次全体会议。印发实施《关于新时代振兴中西部高等教育的若干意见》，并召开工作会议。研究修订普通本科高校设置标准。推动具备条件的普通本科高校向应用型转变。落实全国研究生教育会议精神，加快高层次紧缺人才培养，制订研究生导师发展相关文件，加强研究生课程教材建设，建设国家产教融合研究生联合培养基地。实施新一轮学科专业目录修订，研究制订国家重点支持的学科专业清单。印发交叉学科设置与管理办法，在部分符合条件的高校设置一批交叉学科中心。完成首轮"双一流"建设成效评价，实施一流学科培优行动。推进大众创业、万众创新向纵深发展，促进产学研用深度融合，办好第七届中国国际"互联网+"大学生创新创业大赛。

14. 加强普通高校毕业生就业工作

目标任务：促进落实就业优先政策，完善高校毕业生就业支持体系，千方百计确保 2021 届高校毕业生就业总体稳定。

工作措施：实施"2021 届普通高校毕业生就业创业促进行动"，实施岗位拓展、政策引领等七方面政策措施。成立全国普通高校毕业生就业创业指导委员会，促进校地、校企就业创业供需对接。加强就业指导服务，优化升级"24365 校园招聘服务活动"，建设"24365 智慧就业平台"，建立"全国高校毕业生就业实习信息平台"，组织开展"高校毕业生创业服务专项活动"。拓宽基层就业渠道，做好基层项目组织招录工作，落实好学费补偿代偿、升学优惠等政策，引导毕业生围绕城乡基层社区各类服务需求就业创业。打出提前量，统筹协调好政策性岗位招录、升学考试等工作安排。实施贫困生、少数民族、残疾等重点群体毕业生就业创业能力提升行动。落实就业工作"一把手工程"，将就业工作列入各地各高校领导班子重要议事日程。把毕业生就业工作纳入党中央重大教育决策部署督察、省级人民政府履行教育职责评价、学科专业评估、领导班子年度考核等重要内容。

15. 推进高质量高校科技创新发展体系建设

目标任务：加快科技平台前瞻性、战略性布局，推进构建高质量高校科技创新发展体系，实现重大原创性成果和关键核心技术的突破，营造良好的创新文化。

工作措施：印发《高等学校中长期科技发展规划纲要（2021—2035 年）》《高等学校"十四五"科技发展规划》。深入实施"高等学校基础研究珠峰计划"。加快前沿科学中心建设，加强高校重大科技基础设施和条件保障类基地建设。围绕国家战略急需领域新建若干关键核心技术集成攻关大平台。有重点、有选择地在新兴交叉学科、薄弱学科和关键急需领域新增布局教育部重点实验室、教育部工程研究中心、省部共建协同创新中心。推动产学研深度融合,深入推进高校科技成果转化和技术转移工作。推进高水平实质性国际科技合作。加强高校科研平台实体化建设。围绕国家安全和经济社会发展关键领域,研究推动顶尖学科建设。规范科技伦理,大力弘扬新时代科学家精神,加大对学术不端行为的查处力度,推动形成鼓励创新、潜心研究、水到渠成的创新文化。

四、全面落实立德树人根本任务

16. 提升思想政治工作质量

目标任务:弘扬伟大抗疫精神,深化爱国主义教育,增强广大师生的"四个自信"。充分发挥思政课作为落实立德树人根本任务关键课程作用。常态化开展精准画像工作,一体化构建思想政治工作体系。

工作措施:推进大中小学思政课一体化建设。推动以习近平新时代中国特色社会主义思想为核心内容的高校思政课课程群建设,实施深化新时代思政课改革创新质量提升专项行动,深入实施"一省一策思政课"集体行动。开展加强"四史"学习研究教育"攻坚行动"。督促各地各高校台账式落实《教育部等八部门关于加快构建高校思想政治工作体系的意见》。推动领导干部、"两院"院士等专家学者、英雄模范人物进校园开展思想政治教育。围绕"明理""共情""弘文""力行"四大板块实施八大行动,持续开展"我和我的学校""青春告白祖国""小我融入大我,青春献给祖国""奋斗的我 最美的国""新时代先进人物进校园"等品牌工作,全面推进《新时代爱国主义教育实施纲要》贯彻落实。指导各地"一校一案"落实《中小学德育工作指南》。开展"从小学党史,永远跟党走""学习新思想,做好接班人""开学第一课""全国中小学生电影周"等主题活动,强化红色教育实践活动。加强和改进职业院校德育工作。创新开展职业院校"文明风采"活动。深入实施"青年红色筑梦之旅"活动。推进职业院校"三全育人"综合改革。组织好"网上重走长征路"学习教育工作。指导各地各高校进一步明确网络思政的建设内容、主要任务与重点资源保障。加强学生心理健康教育。建立完善高校专职辅导员职业发展体系和专职辅导员管理岗位(职员等级)晋升制度。

17. 用心打造培根铸魂、启智增慧的精品教材

目标任务:统筹推进大中小学课程教材建设,进一步提升教材质量。完善和细化教材审核制度、选用办法等相关管理制度。

工作措施:完成《习近平新时代中国特色社会主义思想学生读本》编审并投入使用。推进落实《全国大中小学教材建设规划(2019—2022年)》,开展实施状况调研评估。推进国家教材建设重点研究基地工作。加强思政课教材建设。完成《义务教育课程方案》和义务教育各学科课程标准修订。修订完善并用好中小学三科统编教材。推进中等职业学校思想政治、语文、历史三科和其他公共基础课程教材编写(修订)工作。出台《新时代马工程重点教

材建设规划》。启动首批中国经济学教材建设工作。启动编写习近平法治思想教材,编写马克思主义经典作家关于哲学社会科学及各学科重要论述摘编。出台《"党的领导"相关内容进教材编写指南》《宪法相关内容进教材编写指南》。编写出版中华民族共同体教育读本,推进高校少数民族预科教材《民族理论与民族政策》和高校国家安全教育读本编写工作。印发实施《中小学教材审核细则》。完成首届全国教材建设奖评选工作。修订印发中小学教材选用管理办法,修订中小学教辅管理办法,印发数字教材管理办法、校外培训机构教学材料管理办法、中小学课外读物进校园管理办法、高等学历继续教育教材建设与管理办法、《全国中小学图书馆推荐书目》(2021年版)等文件。加强教材宣传工作,创造良好使用氛围。

18. 深化基础教育教学改革

目标任务:深化教育教学改革,进一步完善教研工作体系,加强教育教学政策研究。

工作措施:推进中央"三文一会"贯彻落实。遴选基础教育精品课堂,召开融合信息技术深化教育教学改革工作现场推进会。推进国家优秀教学成果奖推广应用工作。指导各省分学科制定课堂教学基本要求。指导各地进一步完善教研工作体系。发挥基础教育教学指导委员会作用,深入开展教育教学政策研究,参与教学成果推广应用,跟踪指导课程教材使用和教学改革等。组织全国实验教学改革试验区、实验校遴选工作。

19. 促进青少年身心健康发展

目标任务:加强体育美育工作,在教师队伍、条件改善、评价机制等方面再改善、再提升。各地儿童青少年总体近视率比2020年下降0.5至1个百分点以上。促进学生军事训练的制度化、规范化。促进劳动教育常态化实施。

工作措施:落实《关于全面加强和改进新时代学校体育工作的意见》。完善学校体育"健康知识+基本运动技能+专项运动技能"教学模式。组织遴选校园足球、篮球、排球、冰雪体育传统特色学校,"满天星"训练营和奥林匹克教育示范校。全面实施《国家学生体质健康标准》。鼓励地方结合实际制定学校体育教师、场地器材建设配备三年行动计划,实施好"体育美育浸润行动计划"。建立"校内竞赛—校际联赛—选拔性竞赛—国际交流比赛"为一体的小学、初中、高中、大学竞赛体系,构建校、县(区)、地(市)、省、国家五级学校体育竞赛制度。把体育工作与效果作为高校办学评价的重要指标,纳入高校本科教育教学评估和"双一流"建设评价指标体系,纳入文明城市及健康中国评价体系。举办第十四届全国学生运动会。办好成都第31届世界大学生运动会和晋江第18届世界中学生夏季运动会。研制《加强学生军事训练基地管理的意见》。落实《关于全面加强和改进新时代学校美育工作的意见》,鼓励各地结合实际制定实施学校美育教师配备和场地器材建设三年行动计划,全面实施中小学生艺术素质测评。举办全国第六届大学生艺术展演。印发《关于全面加强和改进新时代学校卫生与健康教育工作的意见》。向各省(区、市)人民政府通报2019年综合防控儿童青少年近视工作评议考核结果。推进大中小学劳动教育课程建设,召开全国中小学劳动教育现场推进会,推动中小学劳动教育实验区工作。加强作业、睡眠、手机、读物、体质等五项管理,研究出台相关政策文件。开展中小学校园欺凌专项治理。宣传推广《心理健康教育指导手册》,研究建立中小学心理健康状况常态化监测机制。

20. 强化家校社协同育人

目标任务:发挥学校指导作用,明确家长主体责任,研究建立学校家庭社会协同育人体系。

工作措施:制订家校社协同育人有关文件。发挥家长学校、家长委员会、家长会等作用。有序推进《家庭教育指导手册》的宣传推广和应用工作。落实《家长家庭教育基本行为规范》。强化综合实践育人,积极开展研学实践、志愿服务等综合实践教育。

21. 发挥国家通用语言文字教育在铸牢中华民族共同体意识方面的作用

目标任务:坚定不移推广普及国家通用语言文字,全面加强国家通用语言文字教育教学。促进中华优秀语言文化传承弘扬。推动语言文字规范标准体系和信息化建设。

工作措施:研究制定语言文字事业"十四五"规划和国家语委"十四五"科研规划,启动国家语言发展规划编制工作。推动修订国家通用语言文字法。实施国家通用语言文字普及提升工程和推普助力乡村振兴计划,推进民族地区学前儿童普通话教育。深入实施中华经典诵读工程,组织举办第三届中华经典诵写讲大赛,开展中国诗词大会等品牌活动,实施经典润乡土计划、"家园中国"民族地区中华经典传承推广活动。在中小学培育建设中华经典传承推广特色学校。推进国家语言文字推广基地建设。指导各级各类学校开展语言文字工作达标建设。创新开展第24届全国推广普通话宣传周。支持和服务港澳同胞学习普通话,深化"港澳台"语言文化交流合作,拓展语言文化国际交流。实施"古文字与中华文明传承发展工程"。推进中国语言资源保护工程二期建设。完善语言文字规范标准体系。进一步优化全球中文学习平台建设,打造中文在线教育品牌。发布实施《信息技术产品语言文字使用管理规定》。成立国家应急语言服务团并加强建设。加强国家语委研究型基地建设,实施高水平专家队伍建设专项计划。

五、提升人民群众教育获得感

22. 深化校外培训机构治理

目标任务:经过一年的努力,学校教育教学质量进一步提升,校外培训机构培训行为更加规范,学生过重课外负担、家庭教育支出和家长相应精力负担有效减轻,人民群众教育满意度进一步提升。

工作措施:提升中小学课后服务水平,丰富课后服务内容,满足学生多种需求,让学生在校内学足学好。制订专门文件,深化校外培训机构治理,完善监督管理机制,召开会议部署,切实减轻学生过重作业负担和校外培训负担及家庭经济负担。

23. 推动学前教育深化改革规范发展

目标任务:多渠道扩大普惠性学前教育资源,健全学前教育保障机制,提高保教质量。

工作措施:会同有关部门启动实施第四期学前教育行动计划。大力发展公办园,积极扶持民办园提供普惠性服务,补齐农村地区、边远贫困地区和城市新增人口集中地区学前教育资源。加大学前教育财政投入,健全普惠性学前教育投入和成本分担机制,推动各地科学核定办园成本,落实公办园生均公用经费标准或生均财政拨款标准、普惠性民办园补助标准,建立公办园收费标准动态调整机制,加强对非营利性民办幼儿园收费监管,落实好支持社会力量办园政策。出台并推动落实《幼儿园与小学科学衔接行动计划》。实施"安吉游戏"推广计划,推进科学保教。

24. 推动城乡义务教育一体化发展

目标任务:深化基础教育综合改革,进一步完善义务教育有保障长效机制,巩固控辍保学成果,加快补齐农村办学条件短板,不断提高义务教育巩固水平。

工作措施:指导各地完善优化城乡义务教育学校规划布局,加强乡村小规模和乡镇寄宿制学校建设,推动脱贫攻坚成果同乡村振兴有效衔接。进一步消除义务教育大班额。深入落实义务教育"公民同招"和免试就近入学政策,不断提高进城务工人员子女在公办学校就读(含政府购买学位)比例。持续常态化开展控辍保学工作,健全责任体系,深入推进乡村温馨校园建设,确保学生"劝得回、留得住、学得好"。加强农村留守儿童教育关爱。

25. 推动普通高中多样化有特色发展

目标任务:在提高普及水平基础上,推动普通高中多样化有特色发展。

工作措施:制订出台《县域普通高中振兴行动计划》。继续支持普通高中建设,加快消除普通高中大班额,着力提高"县中"办学水平。推进新课程新教材实施,力争到2021年全国绝大多数省份均实施新课程新教材。加强普通高中新课程新教材实施国家级示范区示范校建设。继续组织开展统编三科教材国家级示范网络培训,继续举办中西部新课程专项培训。

26. 推动巩固拓展教育脱贫攻坚成果同乡村振兴有效衔接

目标任务:建立健全巩固拓展教育脱贫攻坚成果长效机制,统筹推进振兴乡村教育和教育振兴乡村工作。

工作措施:落实过渡期"四个不摘"要求,制订教育主要帮扶政策分类优化调整的意见,保持政策总体稳定和工作平稳过渡。有序对接农村低收入人口和欠发达地区帮扶机制,全力推进乡村教育振兴,不断缩小城乡教育差距。加快构建职业院校、高校服务乡村振兴的工作体系。继续推进直属高校定点帮扶工作。落实好持续推进的教育脱贫攻坚巡视整改任务。全方位总结宣传党的十八大以来教育脱贫攻坚取得的进展成效。

27. 提高民族地区教育质量和水平

目标任务:强化以爱国主义和民族团结进步教育为重点的德育工作。推进高校民族预科教育和少数民族高层次骨干人才培养计划改革。

工作措施:增强铸牢中华民族共同体意识教育有效性,统筹大中小学民族团结进步教育一体化建设。制订深化新时代学校民族团结进步教育指导纲要,中小学民族团结教育教材纳入中小学教学用书目录,统一使用。坚定不移、扎实推进三科统编教材使用,加大教师国家通用语言文字和学科教学培训。强化少数民族文字教材管理。编制内地新疆班五年发展规划,优化内地西藏班新疆班规模结构布局。制订内地班德育指导意见,深入推进混班教学混合住宿,加强内地班骨干教师和管理人员培训。完善高校民族预科及贫困地区民族专项计划。改革少数民族高层次骨干人才培养计划,加强理工农医应用型人才培养。协调推进教育援藏援疆重点任务落实。

28. 进一步提升特殊教育发展水平

目标任务:以适宜融合为目标办好特殊教育,进一步巩固和提高特殊教育普及水平,完善特殊教育保障机制,提升特殊教育教学质量。

工作举措:组织编制和启动实施第三期特殊教育提升计划(2021—2025 年)。会同相关部门健全残疾儿童少年入学数据核对机制,落实"一人一案",巩固残疾儿童少年义务教育普及水平。加快特殊教育向"两头"延伸。鼓励 20 万人口以上县特殊教育学校建设,推动孤独症学校建设。全面推进融合教育,进一步加强特殊教育资源中心和普通学校资源教室建设。贯彻落实三类特殊教育学校课程标准,组织审查部编教材,启动新课标教材国家级培训。加强特殊教育师资队伍建设。

29. 提升继续教育优质资源服务全民终身学习水平

目标任务:加快发展继续教育、社区教育、老年教育,引导相关院校开展面向重点人群的继续教育和培训。

工作措施:深入实施高等学历继续教育专业设置管理办法,把好学历继续教育专业设置关口。推动开放大学和高等教育自学考试创优提质,指导开放大学深化改革发展,推进职业教育国家学分银行建设。加快发展社区教育、老年教育。加强学习型城市建设监测工作,持续开展"全民终身学习活动周"。继续落实《职业院校全面开展职业培训 促进就业创业行动计划》。

六、提升教师教书育人能力素质

30. 推动师德师风建设常态化长效化

目标任务:落实师德师风第一标准,强化师德建设主体责任,深化拓展师德师风治理成果。

工作措施:深化落实新时代高校、中小学、幼儿园教师职业行为十项准则。与最高检、公安部联合建立信息共享工作机制,统筹、指导各地教育行政部门实施教职员工准入查询性侵违法犯罪信息制度。完善教师荣誉表彰制度体系。加强高校教师思想政治工作。

31. 大力加强艰苦边远地区教师队伍建设

目标任务:关于加强新时代乡村教师队伍建设的意见得到进一步落实。欠发达地区教师定向培养和精准培训力度进一步加大。引导人才向基层一线流动。

工作措施:深入落实《关于加强新时代乡村教师队伍建设的意见》。启动国家级优秀农村教师定向培养工作,推动实施地方师范生公费教育。实施乡村优秀青年教师培养奖励计划。继续实施"特岗计划"和集中连片特困地区乡村教师生活补助政策。选派援藏援疆支教教师。深入实施银龄讲学计划。继续推进高校银龄教师支援西部计划。启动实施新一轮边远贫困地区、边疆民族地区和革命老区人才计划教师专项计划。

32. 推进教师教育高质量发展

目标任务:深入落实教师教育振兴决策部署,构建高水平教师教育体系。

工作措施:启动国家师范教育基地和教师教育改革试验区建设。改进部属师范大学公费师范生履约管理,深入实施卓越教师培养计划2.0,加大研究生层次中学教师培养改革力度。稳步推进三级五类师范类专业认证。启动实施新周期"国培计划"和名师名校长领航工程。印发新周期职业院校教师素质提高计划,分批遴选国家级职业教育教师教学创新团队,推动教师企业实践基地和产业导师库建设。

33. 持续抓好义务教育教师工资待遇落实

目标任务:强化地方主体责任,落实义务教育教师年平均工资收入水平不低于当地公务员政策,推动地方对拖欠教师工资情况进行整改。

工作措施:健全教师工资待遇保障长效机制,强化地方主体责任,加强督查,保障义务教育教师年平均工资收入水平不低于当地公务员平均工资收入水平,督促地方将拖欠教师工资待遇情况整改到位。

34. 深化教师管理综合改革

目标任务:进一步完善教师资格制度,严把教师准入关口。落实中小学教师减负文件。完善国家教师管理服务信息化平台。

工作措施:全面推开中小学教师资格考试制度改革。推进义务教育教师"县管校聘"管理改革。会同中央编办推动落实挖潜创新加强中小学教职工编制管理要求。研究完善中小学岗位设置管理。落实关于加强新时代高校教师队伍建设改革的指导意见。督促指导各地落实教师减负清单,健全教师减负长效机制。加快完善全国教师管理信息系统和教师资格管理信息系统。

七、坚持和加强党对教育工作的全面领导

35. 健全保障教育事业优先发展的经费投入体制机制

目标任务:持续巩固4%成果,调整优化结构。督促指导地方各级政府落实教育投入政策和支出责任,确保"两个只增不减"。

工作措施:加强对地方政府教育经费预算编制、预算执行情况的分析研判,督促指导地方各级政府落实教育投入政策和支出责任。进一步完善各级各类教育生均拨款制度,建立动态调整机制。完善教育经费统计体系,充分发挥其决策咨询、监测监督作用。完善义务教育免费教科书政策。完善非义务教育学校培养成本分担机制,推动各地建立拨款、资助、收费标准同

步动态调整机制。提升经费使用效益,推动各地合理确定阶段性目标和任务,及时调整超越发展阶段、违背教育规律、不可持续的政策,不断调整优化结构,突出抓重点、补短板、强弱项,向贫困地区和薄弱环节倾斜、向教师队伍建设倾斜、向教育重大改革措施倾斜。统筹推进全面实施预算绩效管理工作。继续加强学生资助工作,不断推进精准资助,进一步完善助学贷款政策和退役士兵学生资助政策。建立中国政府奖学金绩效评价机制,研究制定《国家公派留学奖学金资助管理办法》。积极稳妥推进中央高校所属企业体制改革工作,做好与集中统一监管改革的衔接。完善教育部经济责任审计工作规程,推动审计发现问题整改。

36. 加强教育系统基层党建工作

目标任务:落实质量建党要求,树立大抓基层的鲜明导向,推动党建工作和业务工作深度融合,推动基层党组织全面进步、全面过硬。

工作措施:深入实施迎接建党 100 周年“百年行动”,深化“学习·诊断·建设”行动。深化创建“让党中央放心、让人民群众满意的模范机关”。巩固深化直属机关“不忘初心、牢记使命”主题教育成果。建立半年调度机制,推动加强党的政治建设的意见重点任务落实落细。召开直属机关第八次党代会。按照《直属机关党支部达标创优建设标准》,推动直属机关党支部凝练特色、争创标杆。全面落实新修订的《中国共产党普通高等学校基层组织工作条例》,召开第 27 次全国高校党的建设工作会议。深入实施高校党组织“对标争先”建设计划。持续落实《教育部直属高校党组织迎接建党 100 周年行动方案》,推动高校建立“不忘初心、牢记使命”的制度,组织一批专题示范“微党课”。出台中小学领导体制改革文件,推动建立党组织领导的校长负责制。做好在大学生、高知识群体中发展党员工作。完善高校党委教师工作部设置及运行机制,加强高校教师党支部及“双带头人”支部书记队伍建设。抓好《民办学校党建工作重点任务》落实,加强高职院校党建工作指导。围绕建党 100 周年,发挥好教育系统广大“五老”优势,组织开展好关心下一代系列品牌活动。充分发挥老同志独特优势和作用,全面提升离退休干部党建工作规范化和服务保障水平。

37. 努力锻造高素质干部人才队伍

目标任务:全面贯彻新时代党的组织路线,加强干部队伍建设,以正确用人导向引领干事创业导向。有效破除人才工作高质量发展的体制机制性障碍。深化人事制度改革。

工作措施:坚持“干部政治素质、班子政治功能、单位政治生态”三位一体,统筹谋划直属系统领导班子和干部队伍建设。落实好干部标准,完善政治素质考察方式方法,持续优化领导班子结构。完善选贤任能制度体系,出台提高直属高校党委和领导班子政治能力的意见。持续加大优秀年轻干部发现培养使用力度。强化教育培训和实践锻炼,提高直属系统领导班子和干部队伍能力水平。落实各项干部管理监督制度和关心关爱办法,健全干部考核体系,加强对敢担当善作为干部的激励保护。着眼未来五年全面规划新时代高校高层次人才队伍建设。推动《关于正确认识和规范使用高校人才称号的若干意见》落地落实。以国家有关重大人才项目为牵引,实现人才培养和引进一体化推进。加强对高层次人才的政治引领和政治吸纳。统筹做好国际组织人才培养推送。科学配置直属系统机构编制资源。优化直属机关人事管理制度体系。推动深化直属高校人事制度改革,完善岗位设置管理,推进高层次人才工资分配激励机制文件落实。

38. 坚定不移全面从严治党

目标任务:持之以恒正风肃纪反腐,不断完善一体推进不敢腐、不能腐、不想腐体制机制,努力实现存量清楚、增量清零、生态清明。规范化高质量开展教育巡视巡察。

工作措施:聚焦"两个维护"强化政治监督,严明政治纪律政治规矩。认真执行教育部党组、党组书记、党组其他成员落实全面从严治党责任清单,压实压紧责任链条。修订部党组主动接受驻部纪检组监督的实施办法,完善部党组与驻部纪检监察组定期会商等工作机制。召开 2021 年教育系统全面从严治党工作会议、警示教育会议。深化运用监督执纪"四种形态"。坚决破除形式主义、官僚主义,坚决整治群众身边不正之风和微腐败问题,推动中央八项规定精神落地生根。开好 2021 年度民主生活会和组织生活会。制定关于加强和改进教育部机关司局、直属单位纪检组织建设的办法。突出政治监督要求,将学习贯彻党的十九届五中全会精神、贯彻落实习近平总书记重要指示批示精神、实施"百年行动"等情况纳入巡视巡察监督重点检查内容。加强对直属高校党委巡察工作的督促指导,完善巡视巡察上下联动机制。推动在考核领导班子、考察干部、研究制定政策、推动重点工作落实等方面充分利用巡视巡察成果。

39. 毫不放松抓好常态化疫情防控

目标任务:构建统筹教育系统常态化疫情防控和教育改革发展工作协调机制,应对教育系统"疫后综合征",着力提高应对重大突发公共卫生事件的能力和水平。

工作措施:统筹推进疫情防控和教育事业改革发展,科学精准做好新冠肺炎疫情常态化防控。加强校园公共卫生体系建设,不断完善校园疾病预防控制体系,完善应对局地局部聚集性疫情应急预案。推进疫情防控科研攻关工作。推动应对"疫后综合征"各项具体工作落地落实。深入开展新时代校园爱国卫生运动。在常态化疫情防控背景下做好来华留学生、在内地(大陆)港澳台师生、外籍教师等群体的管理与服务。落实"双稳"方针,维护海外留学人员健康与安全。

40. 抓好"奋进之笔"项目实施

目标任务:以"奋进之笔"项目实施为抓手,全面提升教育改革效能和教育治理能力水平。

工作措施:将奋进文化融入"选育管用"全过程,激励直属系统广大干部主动担当作为。组织实施"司长风采项目""处长奋进纪实档案",完善落实层层负责的责任机制。组织引导各省(区、市)和直属高校、部省合建高校实施"教育工委书记、厅长开局项目""高校书记校长开局项目"。

(来源:教育部)

2. 2020 年全国教育事业发展统计公报[1]

2020 年,面对严峻复杂的国内外环境特别是新冠肺炎疫情严重冲击,教育系统坚持以习近平新时代中国特色社会主义思想为指导,认真贯彻落实党中央、国务院各项决策部署,积极推进教育事业改革发展,各项工作取得了新的突破性进展,各级各类教育均取得较大成就,如期实现教育"十三五"规划确定的各项主要目标。

一、综合

全国共有各级各类学校 53.71 万所,比上年增加 0.70 万所,增长 1.33%;各级各类学历教育在校生 2.89 亿人,比上年增加 674.48 万人,增长 2.39%;专任教师 1 792.97 万人,比上年增加 60.94 万人,增长 3.52%。

全国新增劳动力平均受教育年限 13.8 年,比上年提高 0.1 年,其中,受过高等教育比例达到 53.5%,比上年提高 2.6 个百分点,如图 1 所示。

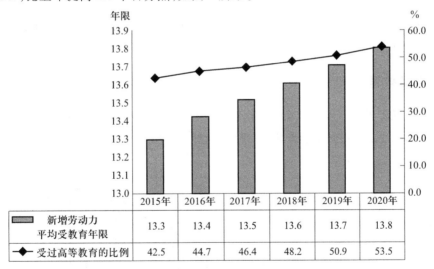

	2015年	2016年	2017年	2018年	2019年	2020年
新增劳动力平均受教育年限	13.3	13.4	13.5	13.6	13.7	13.8
受过高等教育的比例	42.5	44.7	46.4	48.2	50.9	53.5

图 1 "十三五"时期人力资源开发主要指标

二、学前教育

全国共有幼儿园 29.17 万所,比上年增加 1.05 万所,增长 3.75%。其中,普惠性幼儿园 23.41 万所,比上年增加 3.12 万所,增长 15.40%,占全国幼儿园的比例 80.24%。

学前教育入园幼儿[2] 1 791.40 万人;在园幼儿[3] 4 818.26 万人,比上年增加 104.38 万人,增长 2.21%。其中,普惠性幼儿园在园幼儿 4 082.83 万人,比上年增加 499.88 万人,增长

13.95%，占全国在园幼儿的比例 84.74%。

学前教育毛入园率[4]达到 85.2%，比上年提高 1.8 个百分点，如图 2 所示。

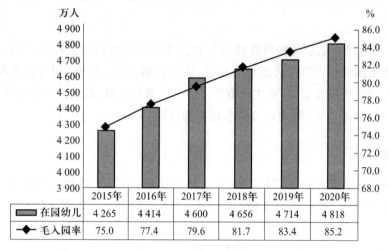

	2015年	2016年	2017年	2018年	2019年	2020年
在园幼儿	4 265	4 414	4 600	4 656	4 714	4 818
毛入园率	75.0	77.4	79.6	81.7	83.4	85.2

图 2　"十三五"时期学前教育在园幼儿和毛入园率

幼儿园教职工 519.82 万人，比上年增加 28.24 万人，增长 5.75%；专任教师 291.34 万人，比上年增加 15.03 万人，增长 5.44%。

三、义务教育

全国共有义务教育阶段学校 21.08 万所，招生 3 440.19 万人，在校生 1.56 亿人，专任教师 1 029.49 万人，九年义务教育巩固率[5]95.2%，如图 3 所示。

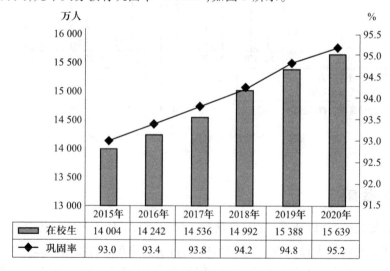

	2015年	2016年	2017年	2018年	2019年	2020年
在校生	14 004	14 242	14 536	14 992	15 388	15 639
巩固率	93.0	93.4	93.8	94.2	94.8	95.2

图 3　"十三五"时期义务教育在校生和巩固率

1. 小学阶段教育

全国共有普通小学 15.80 万所,比上年减少 2 169 所,下降 1.35%。另有小学教学点9.03万个,比上年减少 0.62 万个。招生 1 808.09 万人,比上年减少 60.95 万人,下降 3.26%;在校生 10 725.35 万人,比上年增加 164.12 万人,增长 1.55%;毕业生 1 640.32 万人,比上年减少 7.58 万人,下降 0.46%。小学学龄儿童净入学率[6]99.96%。

小学教职工[7]596.63 万人,比上年增加 11.37 万人,增长 1.94%;专任教师[8]643.42 万人,比上年增加 16.51 万人,增长 2.63%。专任教师学历合格率[9]99.98%,生师比 16.67∶1(见表 1)。

表 1　小学学校数、教职工、专任教师情况

	学校数(所)	教职工数(人)	专任教师数(人)
普通小学	157 979	5 966 300	6 434 178
其中:小学	157 979	5 590 333	5 233 888
九年一贯制学校	—	—	742 110
十二年一贯制学校	—	—	99 964
小学教学点(不计校数)	(90 295)	375 967	358 216

普通小学(含教学点)校舍建筑面积 84 577.25 万平方米,比上年增加 2 990.92 万平方米。设施设备配备达标[10]的学校比例情况分别为:体育运动场(馆)面积达标学校 92.04%,体育器械配备达标学校 96.67%,音乐器材配备达标学校 96.39%,美术器材配备达标学校 96.27%,数学自然实验仪器达标学校 95.96%,各项比例比上年均有提高。

小学总班数 286.05 万个,比上年增加 5.26 万个。其中,56~65 人的大班 3.21 万个,比上年减少 7.01 万个,占总班数的比例 1.12%,比上年下降 2.52 个百分点;66 人以上的超大班 923 个,比上年减少 5 462 个,占总班数的比例 0.03%,比上年下降 0.20 个百分点。

2. 初中阶段教育

全国共有初中 5.28 万所(含职业初中 10 所),比上年增加 390 所,增长 0.74%。招生 1 632.10 万人,比上年减少 6.75 万人,下降 0.41%;在校生 4 914.09 万人,比上年增加 86.95 万人,增长 1.80%;毕业生 1 535.29 万人,比上年增加 81.20 万人,增长 5.58%。初中阶段毛入学率[4]102.5%。

初中教职工 450.31 万人,比上年增加 15.27 万人,增长 3.51%;专任教师[11]386.07 万人,比上年增加 11.33 万人,增长 3.02%。初中专任教师学历合格率 99.89%,生师比 12.73∶1(见表 2)。

表2　初中学校数、教职工、专任教师情况

	学校数（所）	教职工数（人）	专任教师数（人）
初中	52 805	4 503 084	3 860 741
其中：初级中学	34 895	2 858 998	2 632 799
九年一贯制学校	17 900	1 643 718	685 350
十二年一贯制学校	—	—	112 093
完全中学	—	—	430 186
职业初中	10	368	313

初中校舍建筑面积71 842.61万平方米，比上年增加3 879.80万平方米。设施设备配备达标的学校比例情况分别为：体育运动场（馆）面积达标学校94.85%，体育器械配备达标学校97.55%，音乐器材配备达标学校97.28%，美术器材配备达标学校97.14%，理科实验仪器达标学校97.13%，各项比例较上年均有提高。

初中总班数107.34万个，比上年增加2.93万个。其中，56~65人的大班1.25万个，比上年减少2.97万个，占总班数的比例1.16%，比上年下降2.87个百分点；66人以上的超大班225个，比上年减少2 500个，占总班数的比例0.02%，比上年下降0.24个百分点。

3. 进城务工人员随迁子女[12]

义务教育阶段在校生中进城务工人员随迁子女1 429.73万人。其中，在小学就读1 034.86万人，在初中就读394.88万人。

四、特殊教育

全国共有特殊教育学校2 244所，比上年增加52所，增长2.37%；特殊教育学校共有专任教师6.62万人，比上年增加0.38万人，增长6.11%。

招收各种形式[13]的特殊教育学生14.90万人，比上年增加0.48万人，增长3.35%；在校生88.08万人，比上年增加8.62万人，增长10.85%。其中，附设特教班在校生4 211人，占特殊教育在校生的比例0.48%；随班就读在校生43.58万人，占特殊教育在校生的比例49.47%；送教上门[14]在校生20.26万人，占特殊教育在校生23.00%。

五、高中阶段教育[15]

全国共有高中阶段教育学校2.45万所，比上年增加82所，增长0.34%；招生1 521.10万人，比上年增加81.24万人，增长5.64%；在校生4 163.02万人，比上年增加168.12万人，增长4.21%。高中阶段毛入学率91.2%，比上年提高1.7个百分点，如图4所示。

1. 普通高中教育

全国共有普通高中1.42万所，比上年增加271所；招生876.44万人，比上年增加36.95

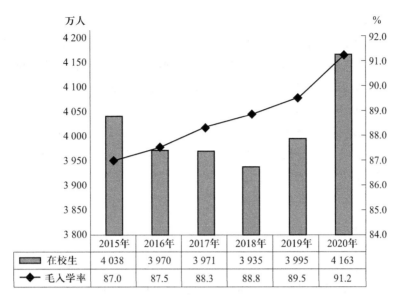

	2015年	2016年	2017年	2018年	2019年	2020年
在校生	4 038	3 970	3 971	3 935	3 995	4 163
毛入学率	87.0	87.5	88.3	88.8	89.5	91.2

图 4　"十三五"时期高中阶段教育在校生和毛入学率

万人,增长 4.40%;在校生 2 494.45 万人,比上年增加 80.15 万人,增长 3.32%;毕业生 786.53 万人,比上年减少 2.72 万人,下降 0.34%。

普通高中教职工 294.87 万人,比上年增加 11.50 万人,增长 4.06%;专任教师 193.32 万人,比上年增加 7.40 万人,增长 3.98%。生师比 12.90∶1;专任教师学历合格率 98.79%,比上年提高 0.17 个百分点(见表3)。

表 3　普通高中学校数、教职工、专任教师情况

	学校数(所)	教职工数(人)	专任教师数(人)
普通高中	14 235	2 948 694	1 933 228
其中:完全中学	5 353	1 112 287	566 062
高级中学	7 202	1 422 998	1 268 407
十二年一贯制学校	1 680	413 409	98 759

普通高中校舍建筑面积 60 050.11 万平方米,比上年增加 3 261.55 万平方米。普通高中设施设备配备达标的学校比例情况分别为:体育运动场(馆)面积达标学校 93.05%,体育器械配备达标学校 95.10%,音乐器材配备达标学校 94.31%,美术器材配备达标学校 94.41%,理科实验仪器达标学校 94.91%。

2. 成人高中

全国共有成人高中 326 所,比上年减少 7 所。在校生 5.20 万人,毕业生 3.95 万人。成人高中教职工 2 361 人,专任教师 1 769 人。

3. 中等职业教育[16]

全国共有中等职业教育学校 9 896 所,比上年减少 182 所。招生 644.66 万人,比上年增加 44.30 万人,增长 7.38%,占高中阶段教育招生总数的 42.38%。在校生 1 663.37 万人,比上年增加 86.90 万人,增长 5.51%,占高中阶段教育在校生总数的 39.96%。毕业生 484.87 万人,比上年减少 8.60 万人,下降 1.74%。

中等职业学校教职工 108.30 万人,比上年增加 0.98 万人,增长 0.91%。专任教师 85.74 万人,比上年增加 1.45 万人,增长 1.72%。生师比 19.54∶1;专任教师本科及以上学历比例 92.92%,比上年提高 0.31 个百分点;"双师型"教师比例[17]占 30.87%,比上年提高 0.29 个百分点。

六、高等教育

全国共有普通高校 2 738 所,比上年增加 50 所。其中,本科院校 1 270 所(含本科层次职业学校 21 所),比上年增加 5 所;高职(专科)院校 1 468 所,比上年增加 45 所。成人高等学校 265 所,比上年减少 3 所;研究生培养机构 827 个,其中,普通高等学校 594 个,科研机构 233 个。

全国各类高等教育在学总规模[18] 4 183 万人,比上年增加 181 万人。高等教育毛入学率 54.4%,比上年增加 2.8 个百分点。普通高等学校校均规模[19] 11 982 人,其中,本科院校 15 749 人,高职(专科)院校 8 723 人,如图 5 所示。

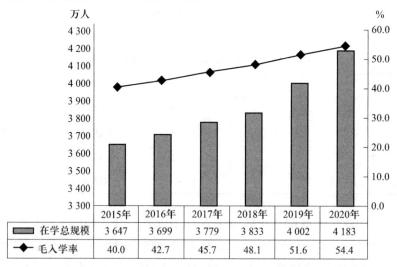

	2015年	2016年	2017年	2018年	2019年	2020年
在学总规模	3 647	3 699	3 779	3 833	4 002	4 183
毛入学率	40.0	42.7	45.7	48.1	51.6	54.4

图 5 "十三五"时期高等教育在学总规模和毛入学率

研究生招生[20] 110.66 万人,比上年增加 19.00 万人,增长 20.74%。其中,博士生 11.60 万人,硕士生 99.05 万人。在学研究生 313.96 万人,比上年增加 27.59 万人,增长 9.63%。其中,博士生 46.65 万人,在学硕士生 267.30 万人。毕业研究生 72.86 万人,其中,毕业博士生 6.62 万人,毕业硕士生 66.25 万人。

普通本专科招生 967.45 万人,比上年增加 52.55 万人,增长 5.74%;在校生 3 285.29 万人,比上年增加 253.77 万人,增长 8.37%;毕业生 797.20 万人,比上年增加 38.67 万人,增长 5.10%。另有五年制高职转入专科招生 46.28 万人;专科起点本科招生 61.79 万人(见表 4)。

表 4　普通本专科学生情况

	毕业生数(人)	招生数(人)	在校生数(人)
普通本专科	7 971 991	9 674 518	32 852 948
其中:本科	4 205 097	4 431 154	18 257 460
专科	3 766 894	5 243 364	14 595 488

成人本专科招生 363.76 万人,比上年增加 61.55 万人,增长 20.37%;在校生 777.29 万人,比上年增加 108.73 万人,增长 16.26%;毕业生 246.96 万人,比上年增加 33.82 万人,增长 15.87%。

网络本专科招生 277.91 万人,比上年减少 10.63 万人,下降 3.69%;在校生 846.45 万人,比上年减少 11.39 万人,下降 1.33%;毕业生 272.25 万人,比上年增加 39.94 万人,增长 17.19%。

普通高等学校教职工 266.87 万人,比上年增加 10.20 万人,增长 3.97%;专任教师183.30 万人,比上年增加 9.28 万人,增长 5.34%。普通高校生师比[21]为 18.37∶1,其中,本科院校 17.51∶1,高职(专科)院校 20.28∶1。成人高等学校教职工 3.25 万人,比上年减少 3 613 人;专任教师 1.90 万人,比上年减少 1 690 人。

普通高等学校校舍建筑面积 92 034.13 万平方米,比上年增加 2 785.40 万平方米,增长 3.12%。另有由学校独立使用的非学校产权建筑面积 13 260.79 万平方米。普通高校生均占地面积 58.32 平方米,生均校舍建筑面积 28.77 平方米,生均教学科研仪器设备值为 16 522.36元。

七、民办教育

全国共有各级各类民办学校 18.67 万所,比上年减少 4 820 所,占全国比重 34.76%;招生 1 730.47 万人,比上年减少 43.87 万人,下降 2.47%;在校生 5 564.45 万人,比上年减少52.16 万人,下降 0.93%。如图 6 所示。其中:

民办幼儿园 16.80 万所,比上年减少 5 280 所,下降 3.05%;入园儿童 819.32 万人,比上年减少 85.36 万人,下降 9.44%;在园幼儿 2 378.55 万人,比上年减少 270.89 万人,下降 10.22%。

民办普通小学 6 187 所,比上年减少 41 所,下降 0.66%;招生 145.20 万人,比上年减少

13.85 万人,下降 8.71%;在校生 966.03 万人,比上年增加 21.13 万人,增长 2.24%。

民办初中 6 041 所,比上年增加 248 所,增长 4.28%;招生 243.67 万人,比上年增加 0.57 万人,增长 0.23%;在校生 718.96 万人,比上年增加 31.56 万人,增长 4.59%。

民办普通高中 3 694 所,比上年增加 267 所,增长 7.79%;招生 153.39 万人,比上年增加 17.53 万人,增长 12.91%;在校生 401.29 万人,比上年增加 41.61 万人,增长 11.57%。

民办中等职业学校[22] 1 953 所,比上年减少 32 所,下降 1.61%;招生 101.46 万人,比上年增加 11.46 万人,增长 12.74%;在校生 249.40 万人,比上年增加 25.04 万人,增长 11.16%。

民办普通高校 771 所(含独立学院 241 所),比上年增加 15 所。普通本专科招生 236.07 万人,比上年增加 16.38 万人,增长 7.46%;在校生 791.34 万人,比上年增加 82.51 万人,增长 11.64%。硕士研究生招生 1 260 人,在学 2 556 人。

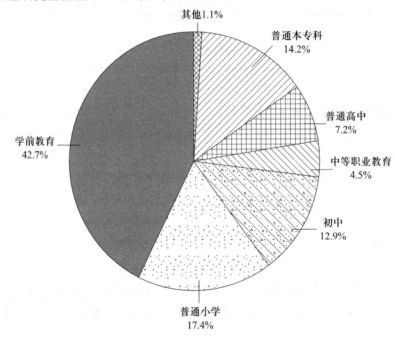

图 6　民办教育在校生规模结构

注释:

[1] 各项统计数据均未包括香港特别行政区、澳门特别行政区和台湾地区。部分数据因四舍五入的原因,存在着与分项合计不等的情况。

[2] 含独立设置的幼儿园和附设幼儿班幼儿。

[3] 含独立设置的幼儿园和附设幼儿班幼儿。

[4] 毛入学率,是指某一级教育不分年龄的在校学生总数占该级教育国家规定年龄组人口数的百分比。由于包含非正规年龄组(低龄或超龄)学生,毛入学率可能会超过 100%。

[5] 九年义务教育巩固率,是指初中毕业班学生数占该年级入小学一年级时学生数的百分比。

[6] 小学学龄儿童净入学率,是指小学教育在校学龄人口数占小学教育国家规定年龄组人口总数的百分比,是按各地不同入学年龄和学制分别计算的。

[7] 因九年一贯制学校的教职工数计入初中阶段教育,完全中学、十二年一贯制学校的教职工数计入高中阶段教育,而专任教师是按照教育层次进行归类,存在小学教职工数据小于专任教师数据的情况。

[8] 含九年一贯制学校和十二年一贯制学校小学段专任教师。

[9] 专任教师学历合格率,是指某一级教育具有国家规定的最低学历要求的专任教师数占该级教育专任教师总数的百分比。各级教育教师的最低学历要求,参照《中华人民共和国教师法》中的相关规定:取得小学教师资格,应当具备中等师范学校毕业及其以上学历;取得初级中学教师、初级职业学校文化、专业课教师资格,应当具备高等师范专科学校或者其他大学专科毕业及其以上学历;取得高级中学教师资格和中等专业学校、技工学校、职业高中文化课、专业课教师资格,应当具备高等师范院校本科或者其他大学本科毕业及其以上学历。

[10] 设施设备配备达标的学校,是指体育运动场(馆)面积、体育器械配备达到《教育部 卫生部 财政部关于印发〈国家学校体育卫生条件试行基本标准〉的通知》(教体艺〔2008〕5号)的相关标准;音乐器材配备、美术器材配备、数学自然实验仪器、理科实验仪器等达到各省、自治区、直辖市规定的仪器配备相关标准。含普通小学、初中和普通高中。

[11] 含九年一贯制学校、十二年一贯制学校和完全中学初中段专任教师。

[12] 进城务工人员随迁子女,是指户籍登记在外省(区、市)、本省外县(区)的乡村,随务工父母到输入地的城区、镇区(同住)并接受义务教育的适龄儿童少年。

[13] 含特殊教育学校、附设特教班、随班就读和送教上门学生。

[14] 含特殊教育学校、普通小学、初中送教上门学生。

[15] 高中阶段包括普通高中、成人高中、中等职业学校。

[16] 中等职业教育包括普通中等专业学校、职业高中、技工学校和成人中等专业学校。

[17] 中等职业教育生师比、本科及以上学历比例、"双师型"教师比例,均不含技工学校数据。

[18] 包括研究生、普通本专科、成人本专科、网络本专科、高等教育自学考试本专科等各种形式的高等教育在学人数。

[19] 普通高等学校校均规模,仅含普通本专科在校生,不含分校点数据。

[20] 根据《教育部办公厅关于统筹全日制和非全日制研究生管理工作的通知》(教研厅〔2016〕2号)有关要求,2017年起研究生招生、在校生指标内涵发生变化,增加了非全

日制研究生数据。

[21]普通高等学校生师比,不含分校点数据,学生总数为折合学生数。

[22]民办中等职业教育未含技工学校数据。

资料来源:

技工学校数据来自人力资源和社会保障部;其他数据均来自教育部。

(来源:教育部)

3. 第二批示范性职业教育集团(联盟)培育单位名单

二维码:

第二批示范性职业教育集团(联盟)培育单位名单

(来源:教育部网站《关于公布第二批示范性职业教育集团(联盟)培育单位名单的通知》(教职成司函〔2021〕25 号))

4. 职业教育示范性虚拟仿真实训基地培育项目名单

二维码：

职业教育示范性虚拟仿真实训基地培育项目名单

（来源：教育部网站《关于公布职业教育示范性虚拟仿真实训基地培育项目名单的通知》（教职成司函〔2021〕35号））

5. 第三批现代学徒制试点单位验收结果汇总表

二维码：

第三批现代学徒制试点单位验收结果汇总表

（来源：教育部网站《关于公布现代学徒制第三批试点验收结果的通知》（教职成司函〔2021〕40号））

6. 2021 年职业教育专业教学资源库验收项目名单

二维码：

2021 年职业教育专业教学资源库验收项目名单

（来源：教育部网站《关于开展职业教育专业教学资源库 2021 年项目验收评议工作的通知》（教职成司函〔2021〕36 号））

7. 第二批国家级职业教育教师教学创新团队立项建设单位名单

二维码：

第二批国家级职业教育教师教学创新团队立项建设单位名单

（来源：教育部网站《关于公布第二批国家级职业教育教师教学创新团队立项建设单位和培育建设单位名单的通知》（教师函〔2021〕7号））

8. 2021年高校增设国家控制的高职(专科)专业审批结果

二维码:

2021年高校增设国家控制的高职(专科)专业审批结果

(来源:教育部网站《教育部关于公布2021年高校增设国家控制的高职(专科)专业审批结果的通知》(教职成函〔2021〕1号)附件)